"中国新闻学丛书"编辑委员会

主　任：李　彬　赵月枝

委　员：（按姓氏笔画顺序）

　　　　王君超　王润泽　王维佳　史安斌　吕新雨　李　珮
　　　　李　彬　李希光　杨萌芽　吴　玫　吴　靖　张　垒
　　　　张　桐　赵月枝　胡　钰　俞　凡　洪　宇　程曼丽

"中国新闻学丛书"出版委员会

主　任：杨国安　杨萌芽

委　员：（按姓氏笔画顺序）

　　　　马　龙　王鹏飞　纪庆芳　杨　波　杨国安　杨萌芽
　　　　陈建恩　郑　鑫　胡玲霞　姜　畅　谌洪波　薛建立

中国新闻业的源起
——从嵌入到融入的实践考察

张垒 著

河南大学出版社
HENAN UNIVERSITY PRESS

·郑州·

图书在版编目（CIP）数据

中国新闻业的源起：从嵌入到融入的实践考察/张垒著.--郑州：河南大学出版社，2021.6
ISBN 978-7-5649-3858-1

Ⅰ.①中… Ⅱ.①张… Ⅲ.①新闻事业－研究－中国 Ⅳ.①G219.2

中国版本图书馆CIP数据核字(2019)第180156号

责任编辑	谌洪波
责任校对	时　娇
装帧设计	翟淼淼　高枫叶

出版发行	河南大学出版社
	地址：郑州市郑东新区商务外环中华大厦2401号　邮　编：450046
	电话：0371-86059715（高等教育与职业教育出版分社）
	0371-86059701（营销部）
	网址：hupress.henu.edu.cn
排　版	河南大学出版社设计排版部
印　刷	河南瑞之光印刷股份有限公司
经　销	全国新华书店
版　次	2021年6月第1版	印　次	2021年6月第1次印刷
开　本	710 mm×1010 mm　1/16	印　张	12.5
字　数	274千字	定　价	38.00元

（本书如有印装质量问题，请与河南大学出版社营销部联系调换。）

总序：新时代　新征程　新闻学　新探索

李　彬　赵月枝

中国共产党成立一百年前夕，酝酿有年的"中国新闻学丛书"开始问世。所谓"中国新闻学"自然指立足中国的新闻学，离不开中华民族5000多年源远流长的文明史、中国人民近代以来180余年屡挫屡奋的斗争史、中国共产党100年来艰苦卓绝的奋斗史、中华人民共和国70多年正道沧桑的发展史，以及其中蔚为大观的新闻与传播实践史，包括新闻学与传播学的学术传统。同时，由于主流传统同马克思主义道统水乳交融，中国新闻学又始终心系天下，关注人类命运共同体及其新闻传播实践，离不开《国际歌》寄寓的国际主义情怀——"英特纳雄耐尔"（international）。充分展现这些学术内涵，不是一篇总序而是全套丛书的工作。而说明丛书的缘起，至少可以彰显"中国新闻学"的立意与定位。

早在2002年，范敬宜甫任清华大学新闻与传播学院首任院长之际，高瞻远瞩，身体力行，大力倡导以马克思主义为指导，具有"中国特色、中国气派、中国作风"的新闻学及其学科体系与教育体系，一时风起云涌，得到广泛响应。2008年，由于金融危机爆发以及全球资本主义体系危机加剧，"马克思归来"成为汇聚中外前沿学术思想的时代强音，而如何赓续中国新闻学的马克思主义中国化传统，进而创新网络时代的新闻学，愈发成为中国新闻学人迫在眉睫的时代使命。

党的十八大后，随着新时代的气息春风徐来，新闻学也迎来前所未有的良机。2016年，习近平主持召开全国哲学社会科学工作座谈会并发表讲话，明确提出要着力构建中国特色的哲学社会科学及其学科体系、学术体系和话语体系，与此同时要加快完善对哲学社会科学具有支撑作用的学科，其中引人注目地包括新闻学，令新闻传播学界无不倍感鼓舞。

为了响应新时代召唤，中信改革发展研究基金会于2014年成立，聚焦了一批各学科守正创新的一流学者，致力于推进中国特色、中国气派、中国风格的哲学社会科学建设。2017年，中国特色新闻学研究会在清华大学成立伊始，就与中信基金会密切合作，举办了首届"中国特色新闻学高级研讨班"。其间，我们同来自五湖四海的青年学者一起，从不忘本来、吸收外来、面向未来的视角，畅谈了理论逻辑、历史逻辑、实践逻辑有机统一，普遍意义与中国特色若合一契的中国新闻学构想。

在此基础上，基金会将"中国新闻学丛书"作为重点项目列入研究计划。之所以亮出"中国"的旗号，既不是以本土主义对抗西方中心主义，也不可能是"囊括四海，并吞八荒"，而是旨在凸显梁启超所谓"中国之中国、亚洲之中国、世界之中国"的自觉意识，表明更自觉地从全球史视野的高度，面向中国实践、更深入地扎根中国大地、更自信地践行中国道路的学术追求，也就是中信改革发展研究基金会的宗旨——坚持实事求是，践行中国道路，发展中国学派。

——坚持实事求是。丛书作者术有专攻，各抱地势，但无论深入历史，还是透视现实，无论穷究学理，还是钻研实务，无不遵循实事求是的治学精神，如一代马克思主义新闻学家甘惜分晚年希冀的："立足中国土，请教马克思。"

——践行中国道路。坚持实事求是为的是践行中国道路，正如解释世界为的是改变世界。何谓中国道路？一句话，就是中国共产党领导的革命、建设、改革所开辟的道路。而这条道路的灵魂在于社会主义，即习近平总书记所言，中国特色社会主义不是别的什么主义而是社会主义。中国新闻学说到底也是为社会主义新闻业立魂、立言、立心。

——发展中国学派。随着中国道路日渐开阔，以及文化自觉与学术自觉日益醒悟，中国学派也呼之欲出。近代以来，特别是新中国成立七十余年来，中国新闻学已经取得长足进展，从梁启超到邵飘萍，从邹韬奋到范长江，从邓拓到穆青，从延安窑洞人民广播的手摇发电机到数字时代融媒体，一代代中国记者以及学者以其辛勤耕耘和开创性工作奉献了无数心血和智慧，也为中国新闻学及其学派奠定了厚实基础。现在的关键在于我辈是否具有足够自信，摆脱某种制约中国新闻学想象力与创造力的"学术殖民"心态以及学术话语，用中信基金会理事长孔丹的话说，将"他信"变为"自信"，将著书立说的立足点从"彼岸"转到"此岸"。

19世纪初，西方文脉俨然在欧陆，德国洪堡大学等更是文化圣地，吸引着东西南北的欧美知识精英，而在立国不过半个世纪、偏处海角天涯的美国，哈佛文人 R. W. 爱默生（Ralph Waldo Emerson），却提出了美国文化走自己路的主张，发表了美国文化的独立宣言《美国学者》（*American Scholar*）。如今，经过七十余年锻造的中华人民共和国,已经开启了全面建设社会主义现代化国家的新征程,发展中国学派以审视中国经验、提炼中国理论、贡献中国方案,更可谓名正言顺,水到渠成。

2019年立春时节,河南大学新闻与传播学院和河南大学出版社同意将这套丛书纳入河南大学献礼中华人民共和国成立70周年的重点图书,2020年这套丛书又入选国家出版基金资助项目。中州自古英雄气,"逐鹿中原,问鼎天下"一向激荡人心。作为百年名校,河南大学也是文脉悠长,俊采星驰,包括名记者邓拓等校友。"中国新闻学丛书"能够落户河南大学出版社,也是得其所哉。

大鹏之动,非一羽之轻也;骐骥之速,非一足之力也。十多年来,我们一直勉力耕耘,与各方有生力量一道共同推进中国特色、中国气派、中国风格的新闻学建设,这套丛书就是一批阶段性成果。我们深知,如同伟大的中国革命与社会主义事业,我们的社会主义学术事业包括中国新闻学也不可能一蹴而就,更不可能凭少数人埋头苦干,而是需要持之以恒的扎实工作,更需要一批又一批、一代又一代的同道共襄此举。

2021年6月

(李　彬,清华大学新闻与传播学院教授、博士生导师,曾任河南大学黄河学者,兼任澳门科技大学博士生导师)

(赵月枝,加拿大皇家学会院士,西门菲莎大学全球传播政治经济学加拿大国家特聘教授,兼任清华大学新闻与传播学院卓越访问教授)

序

王润泽

中国学术向来有重视实践的传统。钱穆先生比较中西学术差异时曾提出，中学为"治平"之学，重在从实践中发现问题并解决问题；而西学为"学术"之学，重视概念和理论的构建与创造。新闻业是一门实践性很强的学科，不仅体现在新闻业务领域需要较强的实践操作能力上，更体现在新闻事业的历史就是充满变化的实践史上，体现在其与政治、经济、科技、文化等社会其他领域千丝万缕的互动过程上。看不到这一点，就看不到新闻事业的生动样貌。

实践史是研究新闻史的新路径，是马克思主义唯物史观在新闻史研究领域的核心体现。最近几年笔者一直在倡导推进。

首先，新闻实践史强调研究的对象是"实践"，实践是改造社会和自然的有意识的活动，是人类"活"的历史；实践的本质在于事物的运动、发展和变化；没有运动，就没有实践。其次，新闻实践史强调的"新闻"与以往"新闻"概念并不一致，展现出更为宽泛和深远的历史意味，即新闻是人类构建世界的一种主体的实践，这种实践不仅构建了群体对于世界的认知，也构建了记者和新闻本身（美国学者詹姆斯·凯瑞）。这个观点已经把"新闻"的概念从狭隘的某类文本的层面拓展到了人类主体活动的层面，大大拓展了新闻活动的研究边界。

中国现代新闻事业的诞生过程，是充满探索、冲突、改变，不断走向独立和成熟的伟大实践。如果将这一过程比作一个人的成长，那清末近代报业的活动，犹如人的胎儿阶段。作为舶来品的近代西方新闻事业，如何"嵌入""植入""融入"中国文化社会的母体，适应并改造中国社会的历史过程，生动丰富而又波澜壮阔。身兼"新知""新文化""新媒介"的多重属性，西方新闻业来到中国，经历了与中国文化最初的碰撞与抵抗，以一种全新的事业进入到中华文明体系中，必然经过历史悠久且强大的本土文化改造。用清末著名报人彭翼仲的话说："油墨、纸张、机器都是那外国人的，但办报的心是中国的……"实际上，岂止是油墨、纸张和机器，近代新闻事业之于中国是全新事物，是从传播形式到传播内容、从功能理念到价值理念层面的全新介入，它完全颠覆了古代邸报的外表样貌、内容聚焦和发布轨迹。以它为中心吸引和聚集的新兴力量，甚至成为解构清朝延续的中国古代社会长期形成的超稳定结构的有力武器。

但中国传统文化在新式传媒面前，并不是完全被动和接受的，作为文化母体，它对这种新媒介及其所携带的价值基因进行了抵抗和改造。虽然在当时社会所造成的局部反响是巨大而瞩目的，但放眼历史长河，这种抵抗和改造仅仅是一朵朵小小的浪花。新闻媒介介入中国社会，两者之间如何相互影响、相互作用，中间经过怎样的交锋抵触、琴瑟和鸣等种种心路历程，无论理论给出多少符合逻辑的推定，都不如实践给出的细节更生动、更接近真理。

关于这段时期的新闻史，目前已有很多成果。从断代史角度看，比较重要的有方汉奇教授在1981年出版的《中国近代报刊史》，卓南生教授2002年出版的《中国近代报业发展史：1815～1874》等，为这一时期新闻史研究的奠基之作。而同时期很多重要媒体类型，也被一一研究过，如晚清的宗教报刊、外国在华创办的报刊、晚清的官报等；对一些重要的媒体个案，如晚清《申报》《万国公报》《字林西报》《新闻报》《大公报》《湘报》等，也多有研究成果问世。这些成果筚路蓝缕，大量一手资料、内容的挖掘，为学界呈现出完整清晰的晚清中国新闻界或曰报界的景象。后来者再涉足这一领域，要研究出新意，确实不容易。中国台湾李仁渊2012年出版的《晚清的新式传播媒体与知识分子》，从传播学的角度分析媒介与社会、媒介与知识分子之间的互动与关联，成为研究创新之作的代表。之后这一领域研究的问题意识越来越清晰和细致，新闻思想、新闻学术、团体建设等不同内容和领域的研究涉猎广泛。

不过，研究很少涉及中国特色新闻学如何从此时开始探索的思考。

呈现在读者面前的这本《中国新闻业的源起——从嵌入到融入的实践考察》，是青年学者张垒的博士论文修改完善后的著作。他敏锐意识到，这段时间是中国特色新闻学的孕育起源之时，而研究这一问题的方法和路径就是"回归到实践"，即"实践史"是探索中国新闻史的新视野，其目标宗旨和归宿就是创立中国特色新闻学。可以说，只有从实践出发，才能获得中国新闻自我成长的特色和道路。张垒的著作，从实践的方法论出发，明确提出这是重回新闻学和新闻业的逻辑起点，这种学术视野和创新勇气是值得赞许和提倡的。

张垒博士与我相识多年，在新华社新闻研究所工作期间，我们常有学术上的沟通交流，最近几年一起在中共中央宣传部马克思主义理论研究和建设工程《新闻学概论》项目组共事，有了更频繁的接触。张博士为人谦和踏实、学术功底扎实、理论素养深厚、工作认真，整个项目组的合作非常愉快。细读本书，书中，张博士从新闻思想理念、报刊与社会的互动、报刊内容的逐步拓展、报人群体身份的转换和认同等几个方面，深入细致地展现了以往研究中被忽略和淡化的部分，其中有的内容正是当时报人所重视的实践细节。比如张垒注意到社会新闻成为报纸的主角时，报纸上"满是'神怪'的世界"，这种新闻和社会场景再现，只有在实践史视野下才能如此清晰真实。科技不发达的清末，民众甚至统治者理解和解释世界的普遍路径就是各种不可抗力和鬼神之道。但也正是有了报刊这种新式媒体的介入，普通民众对世界的理解和认知水平渐次提升，喧嚣一时的神怪新闻最终慢慢销声匿迹了。

中国江南流传的"剪辫叫魂"是根深蒂固的传统文化现象。哈佛大学孔飞力教授的力作《叫魂》揭示了1768年乾隆年间发生在中国的此类事件。这一事件最后酝酿成为历时三年、席卷大半个中国、涉及官员无数，其间糊涂丧命的各种人士达300余名的重大政治事件。1876年，江南再次兴起此类事件，不过幸运的是，那时上海已经有了《申报》《万国公报》等比较重要和成熟的西方报纸。我们发现这场势头强劲的"剪辫叫魂"谣言风潮，因为近代媒体的介入，其发展走势发生了明显变化。由于媒体及时发布事件最新进展，公开表明对此类荒谬事件真实性的质疑态度，公开讨论官府之作为以及民众应有之正确态度，及时公布事件处理情况，甚至《万国公报》等借此机会进行了科学知识和科学精神的普及等，让这场"剪辫叫魂"事件仅仅持续了半年，波及范围仅限于江南几省，因事件牵连而死亡的人不超过10个，更为重要的是，江南一带流行千年的"剪辫叫魂"文化现象就此趋于弱化，最终成为一种民间传说和迷信，不再进入社会主流观察和讨论的视野。

这是一起典型的案例：近代西方新闻媒介介入中国传统文化的传播，相对进步的近代新闻传播成功改变了传统文化的内涵和方向，同时也生动具体地展现了西方近代媒体是如何融入中国社会的过程的。

中国新闻事业的实践与理念，是有独特性的。最近关于中国特色新闻学的研究越来越多，但理论框架的构建，必须以历史实践为基础，所谓论从史出，从历史实践中发现中国新闻实践和理论之特色，才能经得起历史检验。

理论是灰色的，而实践之树常青。是为序。

2021年6月于北京阅园

（作者系中国人民大学新闻学院教授、博士生导师、副院长，中国新闻史学会会长，教育部长江学者特聘教授）

目 录

绪论：寻找中国新闻人的"文化自信" …………………………… 001

第一章 回归实践：中国道路视野下的新闻学和新闻业 …………… 005
  一、中国道路与中国特色新闻学 ……………………………… 005
  二、新闻实践的难题：何为实践、何种实践 ………………… 008
  三、整体性的方法论：中西不同社会政治结构中的新闻实践 … 013
  四、从实践出发：重回新闻学和新闻业的逻辑起点 ………… 017

第二章 跳出"职业"的藩篱：对西方新闻理念的反思 …………… 022
  一、理念、认同与新闻专业主义 ……………………………… 023
  二、职业、职业群体背后的中西历史与社会 ………………… 028
  三、从职业理念到新闻理念 …………………………………… 034

第三章 商业混杂政治：近代报纸折射的社会变迁 ………………… 037
  一、早期近代报纸中的新闻 …………………………………… 038
  二、《香港船头货价纸》的特点与西方报业 ………………… 041
  三、香港绅商社会的形成与《香港船头货价纸》的转变 …… 044

第四章 从义理到新知："文人论政"与近代报纸的主体性生成 … 055
  一、道德化色彩下的猜测与传闻：《循环日报》的时政报道 … 056
  二、满是"神怪"的世界：社会新闻成为报纸主角 ………… 060
  三、《循环日报》新闻呈现的转变与"文人论政" ………… 065
  四、义理与新知：《循环日报》的新旧之间 ………………… 069

第五章 旧文人与新职业：报人群体的身份转换 …………………… 075
  一、王韬和他的朋友们 ………………………………………… 076
  二、王韬和朋友们的身份转换 ………………………………… 083

三、作为一种职业的报人：新旧文人转化的特殊通道 …………… 088

第六章　大众化、政治化与公共性追求：近代报纸的演化逻辑 ……… 094
　　一、《国闻报》的演进与结构 ……………………………………… 096
　　二、《国闻报》的时政报道 ………………………………………… 104
　　三、《国闻报》与人们日常生活的新闻呈现 ……………………… 110
　　四、大众化、政治化与公共性：《国闻报》的演变逻辑 ………… 115

第七章　新闻话语、功能与职业：近代报纸的历史遗产 ……………… 127
　　一、《京报》与政治：历史地理解新闻话语 ……………………… 128
　　二、信息与治理：历史地理解新闻功能 …………………………… 135
　　三、事实与表述：历史地理解新闻职业 …………………………… 142

附一：呼唤新闻传播学的"嵌入式"研究
　　　　——浅析新闻传播理论发展的一种可能 ……………………… 150
　　一、被忽视的人文传统：从亚里士多德到伽达默尔 ……………… 151
　　二、作为社会理论的"实践哲学"：葛兰西的重新定义 ………… 154
　　三、实践哲学对新闻学的启示意义：嵌入式的社会实践 ………… 160

附二：公共舆论平台还是精英"看门狗"？
　　　　——重思苏联解体中传媒和舆论角色 ………………………… 163
　　一、失控还是失灵？——观察苏联解体中的传媒角色需要新视角… 163
　　二、赋权还是操纵？——少数人的自由操纵还是多数人的独立思考… 167
　　三、一律还是多样？——走向市场化的媒体带来什么 …………… 171

附三：素质问题还是职业危机：新闻伦理困境的再思考
　　　　——一种职业社会学的视角 …………………………………… 176
　　一、作为一种社会建构的新闻伦理 ………………………………… 177
　　二、当前新闻伦理问题的一般性根源 ……………………………… 178
　　三、新闻伦理的"地方性"问题 …………………………………… 182
　　四、新闻伦理呼唤"底部重建" …………………………………… 184

后　　记 …………………………………………………………………… 186

绪论：寻找中国新闻人的"文化自信"

马克思在《路易·波拿巴的雾月十八日》里评论"就像一袋马铃薯"的法国小农——"他们不能代表自己，一定要别人来代表他们"[1]。

费孝通也讲过这样一件事：

> 在太平天国宣布起义并定都南京后，有一个曾国藩手下的大将，名叫胡林翼……他在江边阅兵时，有一支外国军舰，冲着他沿江而上，看到这艘外国军舰，这位大将竟当场昏厥了过去。之后别人问他为什么，他回答说："对付太平天国我们还有把握，但对付这些外国军舰就没有办法了。"这件事生动地反映了当时清政府上层的态度。他们看到了中国的物质技术远远落后于西方，因而惧怕和退缩了。因此引起了以后丧权辱国的灾难性后果。
>
> 这说明在中西文化碰头时，他们认输了。这是一个大转折。[2]

法国小农不能代表自己，在于他们彼此不能形成共同关系和政治组织。而在我国，以他乡作故乡的种种现状，根源在于中西文化碰头时遭遇的巨大失败。

中国近代新闻业的兴起是"输入性"的，但同时，近代新闻业又是建立在中国古已有之的信息传播系统的基础之上的，并且在革命、建设和改革的历史进程中，在改造中国社会的过程中不断改变和实现着自身。但时至今日，中国新闻业在多大程度上能够"代表自己"，而不是"要别人来代表他们"，仍是一个难以确定的问题——我们的理念、伦理、操作模式，甚至一整套非官方的"评价系统"依然笼罩在西方的背影下。正如马克思所言，被别人代表意味着他们

---

[1] 马克思：《路易·波拿巴的雾月十八日》，《马克思恩格斯文集（第二卷）》，中共中央马克思恩格斯列宁斯大林著作编译局编译，人民出版社，2009，第567页。

[2] 费孝通：《关于文化自觉的一些自白》，载方李莉编《全球化与文化自觉——费孝通晚年文选》，外语教学与研究出版社，2013，第47页。

的代表"同时是他们的主宰,是高高站在他们上面的权威"[1]。

一个人的成熟在于成为自己的主宰。中国新闻业在全球站稳脚跟,也必须打破这种被别人代表的现状,真正确立"更基础、更广泛、更深厚"[2]的文化自信。

这种文化自信不是拒斥和排外,更不是盲目自大,而是在不断追寻中认清我是谁、我来自何方,并最终明了要去往何处。

文化自信的前提是文化自觉。费孝通认为,文化自觉,是指"生活在一定文化中的人对其文化有'自知之明',明白它的来历、形成过程、所具的特色和发展趋向……文化自觉是一个艰巨的过程,首先要认识自己的文化,理解所接触到的多种文化,才有条件在这个正在形成中的多元文化的世界里确立自己的位置"[3]。

在费孝通看来,生活在一定文化中的人对其文化有"自知之明",真正明白它的来历、它的形成过程、它所具备的特色和发展趋势,并不是一件轻松的事。对中国新闻人来说,对文化自觉的探寻就是一种对于中国新闻业的历史和文化重新发现的过程,这种发现不是流水账式的重写新闻史,而是以今天的眼光重新审视我们所曾经拥有的传统、所受到的制约,在发现历史的同时认同自身,在回顾所来之中明晰当前所去。

马克思说:"人们自己创造自己的历史,但是他们并不是随心所欲地创造,并不是在他们自己选定的条件下创造,而是在直接碰到的、既定的、从过去承继下来的条件下创造。一切已死的先辈们的传统,像梦魇一样纠缠着活人的头脑。"[4]

重返中国近代新闻业的生成现场,就是发现这些"先辈们的传统",借由与历史的相遇而更好地认识自己,了然于自己的使命和责任,从而将我们的自信建立在真正坚实的基础上。

全书共分七章,前两章主要是理论上的"破"与"立",讨论中国新闻业

---

[1] 马克思:《路易·波拿巴的雾月十八日》,《马克思恩格斯文集(第二卷)》,中共中央马克思恩格斯列宁斯大林著作编译局编译,人民出版社,2009,第567页。

[2] 习近平:《在庆祝中国共产党成立95周年大会上的讲话》,《人民日报》2016年7月2日,第1版。

[3] 费孝通:《人文价值再思考》,载方李莉编《全球化与文化自觉——费孝通晚年文选》,外语教学与研究出版社,第158-159页。

[4] 马克思:《路易·波拿巴的雾月十八日》,《马克思恩格斯文集(第二卷)》,中共中央马克思恩格斯列宁斯大林著作编译局,人民出版社,2009,第470-471页。

的"特色"和"普遍性"基因,以及西方主导性新闻理念的"相对性"。客观叙述历史的前提就在于打破头脑中固有的和先置的条条框框。对今天的中国新闻学和新闻业来说,这些条条框框就是西方历史和理念的绝对化、普世化。西方所谓的"普世"来自其自身历史所发展出的一整套独特的社会和文化结构,这种独特结构被其强大的经济和军事实力"合法化",并和其经济和军事实力一起成为其他民族和国家模仿的对象。但西方国家的成功不能离开其所共同建构的一套宰制性的资本主义世界体系,在这一体系中,正是特定国家的"失败",才带来了西方国家的繁荣。

包括中国在内的世界大多数国家,其近代化的过程往往同时意味着反抗压迫和寻求解放的过程。也因此,对大多数非西方国家来说,其解放的实现只能依靠对旧秩序的打破和新秩序的重建,而不可能基于对西方现状的简单模仿——这是现有的世界体系所不能接受和容忍的。也因此,走自己的路,不是一种选择,而是一种必然。

对中国新闻业来说,其近代化的过程与民族救亡的过程几乎同时发生。甚至可以说,其近代化的过程就是西方对中国带来文化冲击和文化殖民的过程。这种"被动式"的近代化使中国新闻业与反压迫的民族独立和解放的话语有着天然关联。这一关联并不是自"革命报业"开始的,而是从中国近代新闻业的出现那一刻而贯穿始终。

长久以来,近代新闻业与"解放"话语的这种关联被有意无意地忽视了,而本书所追求的"嵌入式的新闻业",就是试图恢复中国近代新闻业与近代中国主导性的历史叙事的关联——只有把中国近代新闻业的发展过程和历史传统置于近代中国反压迫、谋独立、求解放的历史主题中来审视,才能获得真正的理解。这一理解对于更好地认识今天中国的新闻业也是必不可少的。所谓"嵌入",就是把中国新闻业的发展变迁纳入时代主题、社会结构、文化传统中来审视,以此来反观中国新闻业的特殊和普遍。

本书第三、四、五、六章分别以中国近代不同历史阶段的代表性媒体为例,讨论了近代报纸与社会变迁、近代报纸的主体性生成、近代报人的身份转换和近代报纸的演化逻辑等若干主题;第七章则以这些讨论为基础,进一步阐发了历史与现实之间的关联。几个章节均涉及一些主要话题:如传统《京报》与近代报刊的排斥融合,"文人论政"背后的清流名士与两种不同知识人的身份转换,宣教传统背后的道德伦理观,以及现代媒介的主体性和社会功能在中国社会中的呈现,等等。具体的研究既关注人,主要是报人和读者们;也关注报,主要是报纸对当时世界的种种报道:这种以新闻的方式所实现的对自我的改造和对世界的改造，构成了一个时代重要的社会实践。

　　所有这些，在不断提醒着我们——当代中国新闻业的种种特点，不仅来自中国共产党所领导的中国革命，它还来自中国近代新闻业从诞生起就面临的国际环境、时代特征和历史传统，这些和中国共产党所领导的中国革命一起，塑造了今天的新闻业。

　　本书同时附录了几篇研究论文，包含了笔者对"嵌入式"研究方法的粗浅讨论，以及对媒体社会角色的思考，对如何结合现实热点问题，把新闻传播更好地融入时代主题和社会文化结构做了初步尝试，希望能以这种方式与历史的讨论构成呼应。

第一章　回归实践：中国道路视野下的新闻学和新闻业

内容概要

重拾新闻学和新闻业的"文化自信"要从中国道路和中国实践出发。本章认为，理解当代中国的新闻学和新闻业，要将其置于或者"嵌入"中国传统文化基体和从革命到改革的历史进程中。在这一背景下的新闻实践，不仅是业务实践、职业实践，更是一种社会实践，新闻人正是在这种具有社会革命意蕴的实践中真正完成了主体性的建构。在中国道路的视野下审视新闻学和新闻业，还要深入认识中国独特的社会治理模式，以及这一模式所形塑的新闻观念，坚持把实践作为新闻学和新闻业的逻辑起点，从真理和价值两个层面把握新闻学科，倡导"参与的政治"，以掌握平衡代替对独立的片面追求。

如果人们手里有把锤子，就会把所有问题想象成钉子。这句话的意思是，人们对问题的看法总是和他所拥有的工具有关。对历史的叙述也是如此。理论给我们提供了分析历史的有力工具，但板结的理论也会极大地制约我们的想象力。历史是源起，是由来，是我们安身立命的根基。伽达默尔说："现代的历史研究本身不仅是研究，而且是传统的传递。我们并不是只从进展的规律和确切的结果方面去看待现代的研究——在这种研究中好像也有了某种新的历史经验，因为在研究中我们每次都听到某种过去在反响的新的声音。"[1]

怎样听到历史的声音？正心诚意是第一条。抛却林林总总来自他人、先置的"不言而喻"的"公理"，怀抱温情和敬意，或可寻到些蛛丝马迹。

一、中国道路与中国特色新闻学

作为一门学科，新闻学追求的自然是普遍真理；但在现实中，中国的新闻

---

[1] 伽达默尔：《诠释学Ⅰ：真理与方法（修订译本）》，洪汉鼎译，商务印书馆，2007，第386页。

学和新闻业也的确呈现出与西方不同的景观。那么，这种不同在多大程度上是学科之间的差别，还是中西所选择的不同发展道路的结果，抑或是这种种因素的交织？

无论答案为何，不可否认的是，中国特色新闻学所具有的"特色"，离不开中国道路的宏大背景，以及中国道路对中国新闻学和新闻业发展的作用和影响。深入认识和了解这一背景，剖析其中的作用机制和影响方式，显然是第一步要做的工作。

（一）中国道路要求"把中国作为方法"

中国道路只是一个比喻，中国与西方，不仅仅是道路的不同。在很大程度上，中国与西方有着不同的"基体"：中国所具有的文明的完备性和异质性，使其不可能重复西方的道路。中国道路不仅是成功经验的总结，更是历史实践的描述。沟口雄三曾就此做过充分论述：

> 中国之所以可以保持自在的世界，是由于它曾是有自己的原理的道统的世界。这意味着，中国与其他的道统世界（例如基督教世界）在原理上是对等的，就这一点来说，是自为的世界。也就是说，说中国是道统性的，是说它本身就是一个世界，是本来多元的世界中的一个。
>
> 以中国为方法的世界，就是把中国作为构成要素之一，把欧洲也作为构成要素之一的多元的世界……今天，只要我们愿意，也可以通过中国这一独特的世界（无论好坏），即透过中国这副眼镜来观察欧洲，批判以往的"世界"。例如，什么是"自由"？什么是"国家"？什么是"法"和"契约"？对于这些曾被视为普遍真理的概念都可以个别、相对地重新进行探讨。[1]

如果说强调中国道路意味着"从内部而非外部，从过去而非现在"来观察和思考，那么，以之为依托的中国新闻学的"特色"也必然来自中国新闻实践内在的历史演变。比如，与西方所强调的新闻专业主义不同，中国的新闻理念和新闻实践有其有趣的"特殊"之处。其中一例就是"文人论政"和家国情怀。从近代报刊的起源和王韬出发，可以发现这种历史遗传的成因之一就是近代新

---

[1] 沟口雄三：《作为方法的中国》，孙军悦译，生活·读书·新知三联书店，2011，第131-132页。

闻从业者群体的特殊形成过程。正如后面的章节所呈现的那样：

> 在诸多依托近代教育和特殊知识的新兴职业向传统文人关上大门的同时，近代印刷业的兴起却逐渐生产出一个日趋繁荣的文化市场，借助这一文化市场带来的现代传播载体和传播手段，传统文人能够突破已有的酬答唱和及入幕上书的有限交往圈，其中佼佼者能够在文人群体乃至来自这一群体的官绅阶层中迅速扩大其影响力。不仅由此获得声誉上的回报，也通过这一文化市场本身得到经济上的收益。正是在这一过程中，一部分传统文人完成了在新社会中的身份转换，逐渐成为近代意义上的人文知识分子。

以新闻传播为核心的现代印刷业给了传统文人在条约口岸"谋生"的新平台，而不要求近代西方的知识体系和学科训练，于是，相比其他近代化职业，"报人"身上被附加了更多传统儒士的色彩，其"江湖"与"庙堂"类的自我期许，也与西方从业者"守望者"和"扒粪人"的职业定位形似而神异。这种特殊的新陈代谢，使中国的新闻学和新闻业不可避免地打上了特殊印记。

（二）中国道路强调真正的"普遍意义"

中国道路从来都是一条具有解放意义的正途大道。当代中国始终在世界中发挥着举足轻重的影响，今天的中国更是在体量和影响上进入世界舞台中央。在二战后轰轰烈烈的民族独立运动中，在第三世界争取发展权益的探索中，中国道路始终是一支解放性的力量。从这个角度来看，中国道路的本质特征并非绝对的"特殊化"，而在于以自身的探索给全人类的解放事业贡献力量，这正是中国道路背后最强烈的普世性追求。

对大多数发展中国家来说，西方发达国家的存在是一种"先置"条件。在全球资本主义的"世界体系"下，中国作为发展中国家，其自身的"解放"不可能通过对西方的模仿和再现来完成，因此，中国道路所寻求的普遍性注定不是西方意义上的"普适"价值，而必然蕴含了种种看似"特殊"的理念和实践。换句话说，只有打破西方的"特殊"，才能发现对世界绝大多数国家来说更为适用的"普遍"。

中国特色新闻学同样如此，它的"特色"并不应该限于特殊，它能否站得住、立得稳，还在于它在多大程度上反映了一般规律，在多大程度上能够实现一般化。只不过这种"一般",不是把西方的"特殊"普世化后的"一般",而是将之放在全人类解放事业的视野中来考量的"一般"。因此,其首先要做的,就是全面审视当下全球新闻传播中各种看似"普适"的原理和规律,从中剥离出背后的种种"特殊",以此开展对一般性的探求。比如,倘以中国自身的历史和逻辑作为对照,考察西方新闻专业主义的发展过程,不难发现,西方的专业主义逻辑产生于西方特殊的社会结构和历史传统,内在于资本主义分工体系,而以中国为代表的多数国家的新闻业则是在反帝反封建的斗争中逐步成长起来的,其所走过的是与西方完全不同的路径。

(三)中国道路需要回到中国实践

在中国道路的视野下审视新闻学和新闻业,要把当代中国的新闻学和新闻业置于中国基体和民族复兴的历史进程中,置于中国革命和改革的具体实践中,置于全世界反剥削、反压迫进而实现人类解放的终极目标中,探究新闻学和新闻业与这些宏大叙事之间的双向作用方式——新闻学和新闻业如何具体参与这些宏大叙事的构建,这些宏大叙事又是通过怎样具体而微的运作机制影响甚至形塑当代中国的新闻学和新闻业的。

历史的连接往往是通过活生生的人及其现实生活来实现的。孔飞力的《叫魂》、史景迁的《王氏之死》、黄仁宇的《万历十五年》,这些经典研究正是通过某件事、某个人、某个年代来观察和探寻历史中的作用机制的。中国道路对当代中国新闻学和新闻业的影响,也是通过人们具体的新闻实践来展开的,这些具体的、延展的,并且不断变化丰富的实践定义着新闻,以独特的方式参与和推动着社会进程。新闻实践,构成了中国道路和中国特色新闻学之间的连接点。

二、新闻实践的难题:何为实践、何种实践

(一)实践的"矛盾":经验压倒理论?

在中国新闻学和新闻业的发展进程中,实践似乎让人爱恨交加。以北京大学新闻学研究会的成立为标志的中国新闻学诞生初期,新闻学的困难主要来自学科的"幼稚"以及新闻实践的薄弱,但随着新闻实践的发展,实践的薄弱转化成为实践以及相应的技能训练对理论的支配。对此,复旦大学教授黄芝晓曾总结说:

由于新闻事业具有实践性极强的特点，而且实际上它与政治、道德、意识形态等社会环境有着服务与被服务的关系，因而它本身的学术内涵常常被大量日常的新闻采访、编辑以及经营管理的技术性操作或技能性训练所淹没，它的理论肌理也常常被其他社会科学及文学等理论所遮盖，容易受到传统学术界轻视或漠视的"待遇"。[1]

梁衡同样认为，新闻无学论是因为新闻"被化掉了"："化作似有似无，化在了政治、经济、艺术、哲学、科学，以及各种专业知识和生活知识之中，化在各行业、各种人身上，大家都能感觉到它，就觉得很平常，平常到没有一样。"[2] 从严格的学术意义上说，这种"被化掉"的新闻所强调的仍然是实践对理论的支配地位。这种支配性的结果就是新闻学领域中理论发育的不完全。由于缺乏系统的抽象知识，难以形成独特的观察视角和研究方法，新闻学难以和其他学科共享其独特的分析工具，难以为人文社会科学研究做出独特贡献，遑论为学术共同体提供背景知识和科学方法。其在学术共同体中的地位不彰也是顺理成章之事。

如此种种，新闻学似乎呈现出实践压倒理论、经验性知识的发达阻碍抽象性知识生长的奇特景观。实践也由此从一种学科特性和独特优势演变成一种负担，似乎只有拉开与实践的距离，新闻学才能从具体的下里巴人和家长里短上升到抽象的学术圣殿。

那么，实践只是依托于经验性知识的"做工"和"技艺"的传承吗？

（二）职业实践：一场管辖权的斗争？

跳出日常语境中的经验和技艺，实践首先是一种"职业实践"。实事求是地说，与哲学社会科学其他组成部分不同，新闻学这门学科从其诞生开始就与新闻职业实践有着密切关联。无论中外，新闻学的发端都是在新闻业的产生之后。在美国，迟至1908年和1912年，密苏里大学和哥伦比亚大学才分别成立新闻学院。在中国，以北京大学新闻学研究会创立为肇始的新闻学教育，则更是受到当时中国报业发展中种种问题的刺激。徐宝璜在中国第一本新闻学科教材的"自序"中明言，写作理由就是为报业指明方向：

---

[1] 黄芝晓：《回归本源 与时俱进——关于共建新闻学院的理论思考》，《新闻大学》2002年春季刊，第7-11页。

[2] 梁衡：《新闻有学 学在有无中》，《中国记者》1995年第4期，第51-52页。

> "吾国之报纸，现多徘徊歧路，即已入迷途者，亦复不少。此书发刊之意，希望能导其正当之方向而行，为新闻界开一新生面，至此书不当之处，自所不免，余甚希望高明者有以教之。"[1]

邵飘萍也直言：

> "窃叹我国新闻界人才之寥落，良由无人以新闻为一学科而研究之者。"[2]

进一步说，新闻学的诞生本身正是新闻业职业化进程的一个主要阶段。有学者考察了美国和英国130多个职业在职业化过程中的若干阶段，得出与之相关的一些"重大事项"的出现次序：

> 首次形成（全国性）职业协会——政府推动执照许可立法——开始出现职业资格考试——首次出现独立于其他一些职业的职业学校——首次出现以大学为依托的职业教育——首次形成职业规范——首次出版全国性的刊物——首次出现学校认证（美国）或协会认证（英国）。[3]

能够看出，在职业形成过程中，"以大学为依托的职业教育"是一个核心环节。这一点也鲜明地体现在从邵飘萍到普利策等中外著名报人在新闻教育和新闻学研究中所起到的重大推动作用中。不仅如此，历史地看，新闻学作为一门学科的理论发展程度反过来还将给新闻业带来巨大影响。

美国学者安德鲁·阿伯特研究发现，职业发展离不开职业间的相互关系，一个职业的发展是和"追逐管辖权、打败职业对手紧密联系在一起的"。在其背后，则是职业知识体系的权力，即"这些知识体系用新方式界定老问题的抽象能力"。"抽象知识使职业得以幸存"[4]。安德鲁·阿伯特考察了近代各种消失的职业后认为，知识和技术既能开创管辖权，也能消除管辖权。如，近代的铁

---

[1] 徐宝璜：《新闻学》，中国人民大学出版社，1994，"自序"第10页。
[2] 邵飘萍：《邵序》，载徐宝璜《新闻学》，中国人民大学出版社，1994，"邵序"第9页。
[3] 安德鲁·阿伯特：《职业系统：论专业技能的劳动分工》，李荣山译，商务印书馆，2016，第34页。
[4] 安德鲁·阿伯特：《职业系统：论专业技能的劳动分工》，李荣山译，商务印书馆，2016，第54页。

路调度员和票务代理并未演变成现在的运筹学家和旅行社，而是随着它们所依托的技术的衰落而消亡了：

> 这些群体依赖于单一技术和组织结构；依赖于同它们面临的特定任务有关的知识，而非抽象知识。铁路电报员走的是一条发展抽象知识的道路，向现代电气工程学迈进，于是他们成了唯一的幸存者。[1]

历史经验证明，抽象知识是有效界定职业的基础。对一种职业的发展来说，只有结合从不同抽象层次对知识进行详细阐述，才能在职业的相互竞争中胜出。这种抽象知识一方面要求具备较强的形式化特征，以免沦为一种"手艺知识"而失去委托人的信任；另一方面要求与从业者的实际工作之间保持紧密联系，以免其他行业从业者介入并获得这一领域的"管辖权"。

由此，当代中国的新闻学和新闻业面临着双重危机。它要求作为"抽象知识"的新闻学在学科基础理论方面不断推进创新，能够适应和包容技术带来的新现实和新需要，避免新知识和新技术给其他行业提供扩张和侵占之机；它也要求新闻学保持与新闻从业实践的互动联系，提供解决实际问题的有效"治疗方式"，从而不断增强和巩固新闻业的根基。

从职业社会学的视角来看，新闻学的"抽象知识"对新闻业的兴衰存亡至关重要，并且雄辩地证明了建立在"手艺知识"上的经验并不足以维系整个行业的发展。但与铁路调度员和票务代理这些职业不同，现代新闻业在中西方社会中都享有特殊地位，甚至直接构成了各自社会的基石——不论是"第四权力"，抑或是"耳目喉舌"，对其不可替代作用的评价都是一致的。换句话说，仅仅从职业实践的角度看待新闻学和新闻业恐怕也还是不够的。

（三）从职业实践到社会实践：在改造世界过程中建构主体

对新闻实践的思考必然进入到更为广泛的社会实践层面。随着概念抽象层次的上升，有必要回顾一下哲学范畴中对实践的分析界定。

在早期思想家，如亚里士多德和康德的思考中，实践更多的是一个与个人"伦理"相关的概念，亚里士多德认为，实践是以善为目的与导向的行为，实践活动本身就是一种目的：实践活动的目的既在于活动之外又在于活动自身。

---

[1] 安德鲁·阿伯特：《职业系统：论专业技能的劳动分工》，李荣山译，商务印书馆，2016，第142页。

康德提出"实践理性",强调通过规范人的意志而支配人的道德活动(服务道德律令而非完全追随自然需要的苦乐祸福),并以此达到自由。[1]

近代的费尔巴哈从唯物论出发认为实践是理论的根源,黑格尔站在唯心主义的立场,重在揭示人类实践活动的创造性特征。马克思则把实践作为辩证唯物主义与历史上的其他一切唯物主义和唯心主义哲学相区别的重要因素,认为要从"感性的人的活动""实践""主体方面"去理解"对象、现实、感性"[2]。学者杨耕指出:"在马克思主义哲学中,实践首先是指人们能动地改造物质世界的活动,是人所特有的对象化活动。具体地说,实践是以人为主体,以客观事物为对象的现实活动;更重要的是,实践把人的目的、知识、能力等本质力量对象化为客观实在,创造出一个属人的对象化世界。"[3]

人们通过实践,一方面使自己的本质力量转化为对象物;另一方面,客体也从客观对象的存在形式转化为主体生命结构或本质力量的一部分。因此,实践活动的本质是一种"主体和客体之间能动而现实的双向对象化过程"[4]。作为主体的人,往往"一身两任",既是主体又是客体:

> 在现实的实践活动中,实践的人通常是实践活动的主导者,是能动的作用者,但实践的人也往往是被作用、被规定、被改造的对象。对象性地存在着的实践客体,也并非始终是消极被动的"受动体",它在实践活动中也通常规定和作用着主体,并且不可避免地渗入到"主体"之中,转化为一种主体性的存在,能够能动地反作用于主体。[5]

对新闻学和新闻业来说,哲学层面"实践"定义的最大启发就在于实践所具备的这种"双向对象化"的典型特征。正是在更广泛的社会实践过程中,新闻人通过"双向对象化"实现了改造社会和自我改造的双重目标,并在这一过

---

[1] 李泽厚:《批判哲学的批判:康德述评》,生活·读书·新知三联书店,2013,第317页。

[2] 马克思:《关于费尔巴哈的提纲》,载《马克思恩格斯文集(第一卷)》,中共中央马克思恩格斯列宁斯大林著作编译局编译,人民出版社,2009,第499页。

[3] 萧前、杨耕等:《唯物主义的现代形态:实践唯物主义研究》,中国人民大学出版社,2012,第141页。

[4] 萧前、杨耕等:《唯物主义的现代形态:实践唯物主义研究》,中国人民大学出版社,2012,第130页。

[5] 萧前、杨耕等:《唯物主义的现代形态:实践唯物主义研究》,中国人民大学出版社,2012,第131页。

程中，真正生成和实现了新闻人的主体性。

延安时期是其中的典型代表，包括《解放日报》改版、文艺工作座谈会等一系列重要事件在内的延安整风，首先是一场自上而下的政治运动。这一运动通过彻底的报纸改版、建立广泛的通讯员制度、要求新闻报道与根据地的实际工作相结合等一系列具体细致的动员措施和实施路径，既打破了中国新闻从业者中普遍存在的对苏联办报模式的片面模仿，也为包括新闻从业者在内的人文知识分子重新"在地化"创造了具体条件。

尤其值得研究的是，中国新闻知识分子在这一过程中实现了从被动接受到主动参与的转变，从初期的"要我改造"变成了后期的"我要改造"，随着主体意识的觉醒和报道源泉的增加，这一阶段爆发出了新的创作高峰：在报道形式层面涌现出"典型报道""主题报道"等多种报道形态，在理论层面涌现出"全党办报""群众办报"等持久的新闻传统，新闻从业者与人民群众的关系也发生了根本转变，变得越来越一体化、有机化。正是在这个基础上，涌现出了以穆青为代表的一大批具有明确的主体意识和自觉精神的新闻从业者，这种与群众休戚与共的精神以"勿忘人民"的方式融入当代中国新闻从业者的血脉，在事实上确立了当代中国新闻学和新闻业的基础。

正是这种一体化的社会实践过程，打破了新闻从业者所固有的边界和框架，作为新闻从业者报道对象的社会生活和基层群众的种种特征逐渐渗入报道者自身，成为报道者主体建构的重要组成部分。以穆青为例，从延安时期的《工人的旗帜赵占魁》，到新中国成立后的《县委书记的榜样——焦裕禄》，再到改革开放后的《为了周总理的嘱托——记农民科学家吴吉昌》，以及在其晚年结集出版的《十个共产党员》，穆青和报道对象一步步融为一体，不仅成为现实生活中的好朋友，在情感和精神上也发生着共振、共鸣，从而在一个新的共同体中彰显着主体意识和主体精神。

三、整体性的方法论：中西不同社会政治结构中的新闻实践

从社会实践的层面认识和理解新闻实践，需要把具体的新闻实践置于宏大的社会结构中来把握。在社会学家吉登斯看来，人类的社会活动"虽然不是由社会行动者一手塑成，但却持续不断地由他们一再创造出来。社会行动者正是通过这种反复创造社会实践的途径，来表现作为行动者的自身；同时，行动者

们还借助这些活动,在活动过程中再生产出使它们得以发生的前提条件"[1]。

换句话说,制约今天新闻学和新闻业的诸多结构化特征来自过去百年来持续不断的新闻实践,而今天的新闻实践又不断再生产着现有的环境结构。因此,定义当代中国新闻学和新闻业的,既有过去给我们留下的印记,还有我们今天参与生产出的新闻环境和社会结构本身。

(一)从历史看,中国的新闻实践具有社会革命的内在意蕴

前文述及,在当代中国的语境中,实践的概念并非一般意义上的"做工",也非职业范畴下的"从业",而内含了对于自我和世界的认识与改造。如果再深一步梳理,可以发现,实践从早期着重于个人的伦理范畴的概念一步步成为着重于集体的社会理论的重要组成部分,并通过黑格尔和法国大革命,在马克思那里成为认识论和世界观的核心。从黑格尔到马克思,都赋予了作为理性实现途径的实践以强大的批判色彩和否定性因素。在他们看来,实践的过程,就是一种对现存事物的"否定"或者说是"革命"的过程:"理性始终作为一种内在的驱动力,去驱使主体投入实践行动,按理性的要求去改造现实,这种主体的改造现实的实践活动就是革命。"[2]

"国家要独立、民族要解放、人民要革命"是近代多数非西方国家或发展中国家的共同命题。对近代中国来说,新闻实践始终是"革命实践"的重要组成部分,其目的在于通过对现实(事实,fact)的认识,实现对理想(真理,truth)的追求。作为一种与西方不同的参与社会生活的方式,中国新闻实践的独特性就在于它要求既"忠实于事实",也"忠实于真理"。事实的第一性在于它是人们认识真理的起点和唯一路径。从事实到真理,中国的新闻学和新闻业所寻求的是对社会生活的积极介入,是一种以理性的实现为目标导向的行动,它必然以双重方式要求现实的改变:既以监督批评的方式激浊扬清,也以鼓励倡导的方式推进革新。中国的新闻学和新闻业所追求的是一种"积极自由",在这一过程中,它总是具有某种运动的属性和动员的力量,不断在融入社会实践的总体中实现着自身。

---

[1] 安东尼·吉登斯:《社会的构成——结构化理论纲要》,李康、李猛译,中国人民大学出版社,2017,第2页。

[2] 程志民:《中译本序》,载于赫伯特·马尔库塞《理性和革命:黑格尔和社会理论的兴起》,程志民等译,上海人民出版社,2007,"中译本序"第6页。

（二）从现实看，当今中国独特的社会治理模式构成新闻实践展开的前提

中国道路蕴含着传统的中国基体和近代的革命追求，形成了一整套与西方不同的社会政治结构和社会治理模式：与西方社会各部门（各职业领域）间大体相互并列和独立不同，中国社会政治结构呈现出辐辏与放射状，社会各部门在各自独立并相互联系外，都直接与中心关联，共享相同的政治标准和价值理念。"党政军民学，东西南北中，党是领导一切的"——这一宣言可以作为这一共享价值的政治概括。

如果说，我们可以把西方的社会政治结构比拟为集团下属的一个个独立的事业部，那么，中国的社会政治结构就类似一个中心辐辏式的车轮（图1.1是以新闻界、法律界、学术界三者为例所做的一个简化版的示意图）。在西方的社会政治结构中，各部门领域之间的"边界"是第一位的要素，其首先要做的工作是划清各种界限，而在中国的社会结构中，各部门领域既联结又共享。在这一体系下，单独强调"界限"会使某一部门领域"逸出"整个结构之外，而在价值共享的同时，又必须保持一定程度的主体性，只有如此，才能保证整个结构的运转有序。

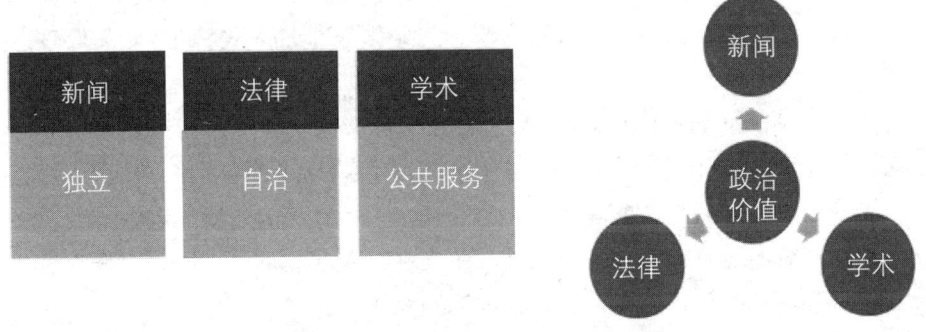

图1.1　中西社会政治结构比较示意图——以新闻、法律、学术为例

在这种独特的治理模式中，新闻业和新闻实践的重心首先不是追求西方式的"独立""自治"，而是把握某种"平衡"关系。也就是说，既不能脱离政治价值来孤立地寻求独立和自治，也不能以政治价值取代自身领域的特殊性。除此之外，还需要处理好与周边领域的关系，在相互关系的动态均衡中处理和把握自身。

（三）从观念层面来说，中国独特的社会治理模式形塑着指导实践的新闻观念

中国独特的社会治理模式及其背后的中国道路，不仅为新闻实践的展开规定了前提和条件，并且作为一种制约性因素在观念层面发挥着持久影响。以马克思主义为底色，中国的新闻观念在很多方面与西方以"客观性"为核心的新闻观有着重要差异。这些差异包括：

1. 马克思主义对人类社会发展规律的科学把握使中国新闻观念突出强调借由"批判"和"实践"达成对真理的认知，与西方建立在真理"不可知"认识论前提下的"客观性"理念形成对照。

马克思主义把认识和遵循人类社会发展规律（即所谓"真理"），并借之实现全人类的解放作为终极目标。马克思认为："人的思维是否具有客观的真理性，这不是一个理论的问题，而是一个实践的问题。人应该在实践中证明自己思维的真理性，即自己思维的现实性和力量，自己思维的此岸性。"[1] 实践的目的不仅仅是认识"事实"，更在于认识"真理"。真理的具体性和可认知性，正是通过实践而得以验证和实现的。这与西方新闻"客观性"所强调的真理"不可知论"构成鲜明对比。

2. 马克思主义作为"人民的理论"使中国新闻观念形成对"人民"整体性和具体性的认知与认同，与西方建立在利益分化基础上的"第四等级"等理念形成对照。

作为一种能动的政治概念，"人民"在中国新闻观念中占据重要地位。中国新闻理论和实践中的"人民主体"与西方政治概念下的"人民主权"不同，以人民为中心要求新闻从业者在动态的社会实践和持续的自我改造中成为人民的一员，同时通过直接参与各类现实斗争实现对人民的引导。这与西方"客观性"理念强调利益分化以及代表性构成鲜明对比。

3. 马克思主义致力于改变世界的实践取向使中国新闻观念内蕴"积极"与"参与"的主动性角色，与西方强调"局外人"和形式中立的"客观性"形成对照。

在中国，包括新闻从业者在内的知识分子群体是作为"内部人"而为实现整体性目标服务，从而与西方"客观性"理念背后知识分子作为"旁观者"和"局外人"的定位圆凿方枘。正如马克思所说，哲学家们只是用不同的方式解

---

[1] 马克思：《关于费尔巴哈的提纲》，载《马克思恩格斯文集（第一卷）》，中共中央马克思恩格斯列宁斯大林著作编译局编译，人民出版社，2009，第500页。

释世界,问题在于改变世界。"[1] 中国新闻理念也是一种致力于"改变世界"的理念,与西方"客观性"理念强调形式中立和价值无涉南辕北辙。

无论是历史、现实乃至观念层面,都在提醒我们,从实践层面理解中国的新闻学和新闻业,都必须首先把握一个整体性的方法论:首先把中国的新闻学和新闻业置于中国道路的宏大背景下,厘清中国道路带给中国新闻学和新闻业相对于西方的特殊性,以及这种特殊性之中所蕴含的普遍价值。与西方的交流和对话只能在此基础上来寻找。

四、从实践出发:重回新闻学和新闻业的逻辑起点

实践是鲜活的、动态的、当下的。从实践出发回归实践,就是要真正把实践的特点融入新闻学和新闻业的血脉,不仅从业务实践、职业实践的角度看待问题,而且从社会实践的高度把握问题,把实践作为中国道路的宏大背景和学科行业发展变迁间的连接点,作为新闻学和新闻业的逻辑起点。

(一)从新闻学科来看,既要服从真理原则,也要坚持价值原则

从实践出发,首先要认识到新闻学这一学科与实践的关联点。与自然科学相比,新闻学有着双重独特性。作为哲学社会科学的重要组成部分,新闻学首先具有确凿无疑的科学性,只不过这种科学性并不等同于自然科学的认知方式。新闻学致力于探索和发现真理,但其探索和发现真理的手段和方法不仅仅包括模型、数据等自然科学的认识手段,还包括人文性的理解与阐释。这就意味着新闻学所致力发现的"真理",并非是唯一和固定的,真理"不能理解为一种'绝对的'立场,而是一种经验的方法"[2]。新闻学的研究本身也是一种传统的传递,发现某种新的历史经验,"听到某种过去在反响的新的声音"[3],新闻学的研究还要把当下与历史,甚至研究者和研究对象融合起来,重心在于当下的现实实践。正如伽达默尔所说,研究的本质"并不在于对过去事物的恢复,

---

[1] 马克思:《关于费尔巴哈的提纲》,载《马克思恩格斯文集(第一卷)》,中共中央马克思恩格斯列宁斯大林著作编译局编译,人民出版社,2009,第502页。

[2] 伽达默尔:《诠释学Ⅱ:真理与方法(修订译本)》,洪汉鼎译,商务印书馆,2007,第617-618页。

[3] 伽达默尔:《诠释学Ⅰ:真理与方法(修订译本)》,洪汉鼎译,商务印书馆,2007,第386页。

而是在于与现时生命的思维性沟通"[1]。

当我们把新闻学置于这种更为开阔的"科学"视野之下时，新闻学与实践的联结就有了更为具体的内容。我们可以运用"话语分析"等各种具体方法理解不同媒体话语背后的隐秘逻辑，更好地了解制约特定社会结构和文化背景下的从业者判断和表达的"集体无意识"；可以重新发掘和认识自身的新闻传统，探索其中"不能被丧失并独立于一切时间条件"的意义内涵，而非仅仅局限于对新闻传统的创造性转化和创新性发展；可以尝试在更大的尺度上扩展新闻学的研究视野，立足于当下的新闻实践但又超出现在的界限，立足于我们的视域又尝试与他人视域相交融，就某些特定问题开展有意义的全球对话。

由此，活跃的现实新闻实践中包含无限的理论可能，就可以被最大限度地激发出来，新闻学在这些研究过程中所积累的视角和方法就可以被整个人文社会科学所共享，为这一知识园地做出独特贡献。

新闻学的另一种独特性在于，在科学的逻辑之外，新闻学还与政治和意识形态有着千丝万缕的联系。事实上，不只是新闻学，即使是看似更为抽象、离实践更远的哲学，都与意识形态关联密切。在当代哲学领域，甚至存在着"哲学是科学"和"哲学是意识形态体系"的争论：

> 前者意味着哲学是一门知识和真理的学说，后者意味着哲学是各种价值观点的系统。在一些人看来，哲学要成为一种科学知识的形式，就必须抛弃它的意识形态性质，最多只能把价值作为它用逻辑和语言等分析方法加以考察的对象，否则，哲学就不是一门科学。而另一种极端的观点，则完全否认哲学成为科学的必要，实际上主张哲学只能是搜寻和表现人自己的内心世界、人的价值意向的方式，至于不依赖于人的价值选择的真理问题，在这里并不重要……人类历史已表明，哲学本身存在的必要和意义正在于，它既是一门科学，却又不同于仅仅以知识为形式的具体科学；它既是一种价值观念、意识形态的体系，又不同于以信仰和意志为形式的宗教。[2]

与之类似，新闻学既服从于真理原则，也接受价值原则。真理原则要求新

---

[1] 伽达默尔：《诠释学Ⅱ：真理与方法（修订译本）》，洪汉鼎译，商务印书馆，2007，第237页。

[2] 萧前、杨耕等：《唯物主义的现代形态——实践唯物主义研究》，中国人民大学出版社，2012，第502-503页。

闻学必须按照世界的本来面目和规律去认识世界和改造世界，这是新闻学能够发挥作用的前提条件；而价值原则则要求新闻学要按照具体的价值主体的尺度和需要去认识世界、改造世界，并使之适合于人类社会的进步发展。可以说，有什么样的主体，就有什么样的价值标准和价值原则："承认价值原则就意味着承认主体性，承认主体自身的利益和立场；坚持价值原则就意味着要自觉地为社会上某一部分人或全体人类的利益而斗争。"[1] 从价值原则的角度来看，新闻学的目的并不只是发现外在的新闻规律，并根据这一规律去认识世界和改造世界，它的目的还在于通过主体能动性的发挥，使现实及其规律为主体的发展服务。

近代认识论的研究发现，对象建构是科学研究的重要环节，科学不是常识的延续或精致化，而是科学家艰苦构建的结果。这就意味着新闻学研究的对象在很大程度上是人为的和有强烈价值关切的。这体现在宏大的理论和概念建构，以及具体研究对象的选择上。前者如中国的"党性""人民性"，西方的"公共领域"等话语，必须被置入各自的历史传统和政治实践中才能得以理解和确认；后者如"问题意识"在新闻学研究中的反复提及，有意义的"问题"并非无中生有，而往往来自价值理想与现实实践之间的张力。只有保持与实践的密切联系，培养对每日发生的现实的敏感，才能有效地发现问题，并将其转化为理论研究的对象。

（二）从新闻业来说，既要秉持专业精神，更要提倡"参与的政治"

从实践出发，对新闻业来说，还要将当下主导性的思想观念还原到各自的历史情境和社会实践中去理解。如美国学者舒德森发现，西方客观性理念的形成是新闻界追求真理的朴素理想不断受到现实冲击和挑战的产物，同时也和通讯社的出现，以及党派媒体的衰落有关。"客观性"作为一个"折中"的标准，是一种"便利"的操作技巧。这种操作技巧在一定程度上也是逃避责任的"挡箭牌"。罗伯特·哈克特和赵月枝就此论述道：

> 客观性通过一系列"组织机制"和"战略仪式"的形式被表达出来。通过这种形式，记者可以确立所陈述的事实的真假值，使自己免于编辑的责难和因诽谤而吃官司这样的危险，还可以使他们不必为报道中暗含

---

[1] 萧前、杨耕等：《唯物主义的现代形态——实践唯物主义研究》，中国人民大学出版社，2012，第496页。

的价值观或后果负责任。[1]

与之类似,回到中国新闻业自身,早期的"去塞求通""文人论政"的新闻观,背后是传统儒家知识分子的救亡实践。而延安时期形成的一整套新传统,则建立在马克思主义的依靠群众、发动群众,引导群众寻求自身解放的社会实践全局中。也是在这个基础上,中国新闻业逐渐形成了全党办报、群众办报的"业余性"传统。这种"业余性"的背后,内核则是一种大众参与的政治。通过广泛发动群众参与新闻传播,既普及了知识、教育了群众,也使新闻从业者走出单纯职业化的小圈子,实现了自我教育。

这种与西方的"客观性"和新闻专业主义完全不同的观念和路线,能够跳出以"公共服务"为借口换取自身利益("成名的想象"即其中之一)的陷阱,避免行业发展过程中的种种异化,从而将整个社会更加紧密地整合在一起。在传媒生态发生巨大变化的当下,进一步弘扬这种"参与的政治",需要新闻从业者进一步发挥延安时期新闻大众化运动的传统,以服务最大多数人为旨归,把人民群众作为政治参与的主体,而非借之谋利的工具,通过发动人民群众更广泛地参与新闻传播,帮助人们增强能力、提高素养,引导人们通过新闻传播有序参与国家治理,更好地实现人民民主。强调参与的政治,就是把个人的"成名"、行业的发展纳入社会实践的整体,共同推进实现人的全面解放这一宏大理想。

(三)从相互关系的角度来看,以把握平衡代替追求独立

从实践出发,就是要采用马克思主义的分析方法,从"关系"的角度把握新闻学和新闻业。马克思指出:"人的本质不是单个人所固有的抽象物,在其现实性上,它是一切社会关系的总和。"[2] 新闻学和新闻业也不能离开现实的社会关系。尤其是中国特殊的社会政治结构和治理模式,使新闻学和新闻业与其他学科和职业领域紧密地连接在一起。

以学界和业界都颇为关注的新闻伦理问题为例,一者,中国的新闻伦理并非单纯局限于从业者群体的职业伦理,在当下中国,新闻伦理还嵌入了中国共

---

[1] 罗伯特·哈克特、赵月枝:《维系民主?西方政治与新闻客观性(修订版)》,沈荟、周雨译,清华大学出版社,2010,第21页。

[2] 马克思:《关于费尔巴哈的提纲》,载《马克思恩格斯文集(第一卷)》,中共中央马克思恩格斯列宁斯大林著作编译局编译,人民出版社,2009,第501页。

产党治国理政最核心的政治伦理。公平正义、国家秩序的宏大叙事以及对人民（群众）主体性的弘扬等，都是中国新闻伦理的重要基石。二者，新闻伦理同样也要遵循一切伦理理念的"内生性"特征，也要强调从业者的"自主性"，不能以政治伦理代替新闻伦理。

在这个意义上，中国新闻伦理的首要问题不是西方专业主义式的"独立"与"自治"的问题，而是如何在动态均衡中处理和把握各种"关系"的问题。包括把握新闻与"党性原则""人民主体"等核心价值的关系，把握新闻与宣传、文化等相关领域的关系，既承认新闻具备所有领域所共同遵循的价值原则，又寻找落实党性、人民性等价值原则的特殊规律；既清楚它与文化、宣传等领域的相互关联，又要求其与文化、宣传等相近领域保持适当距离。正是在对各种关系"平衡"的把握上，新闻学和新闻业得以既坚守其主体性，又更广泛地融入社会整体。

以动态且相互联系的平衡，代替静止而彼此隔绝的独立，这样一种分析视角和思考逻辑，将赋予我们对新闻学科和新闻行业发展更为深刻的洞察，也是践行从实践出发回归实践的最好方式。

第二章 跳出"职业"的藩篱：对西方新闻理念的反思

内容概要

正本清源首先要做的是"除魅"。本章以新闻专业主义为例，讨论了新闻专业主义话语背后西方自身的特殊性。新闻专业主义来自专业主义，专业主义的历史则源于西方独特的职业和分工体系。由于中西方"职业群体"在社会中担负的角色有很大不同，作为新闻专业主义之前提的"专业性职业"并非对中国新闻业发展历程和客观存在的准确描述。只有把目光从具有局限性的"职业"和"专业"话语中移开，才能从具有某种封闭特性的"职业理念"中走出来，追寻一种更开放的"新闻理念"，注意其与更广泛的人群和宏大时代主题的密切关联，涵纳所有新闻生产参与者的集体意识和共同实践。

把新闻作为一种社会实践和历史实践，就是要按照中国的逻辑讲好中国的故事。然则，不破不立，如果不事先把我们头脑中的种种框架和神话理理清楚，我们也很难真正重拾客观中立的眼光。

学者王绍光在其《抽签与民主、共和——从雅典到威尼斯》一书中重新审视了西方民主理念的实现方式。通过对古希腊雅典城邦以及罗马共和国、佛罗伦萨共和国、威尼斯共和国等古典时期民主共和历史的详细考证，王绍光雄辩地表明：直到18世纪末，抽签而不是选举在民主与共和制度中扮演着极为关键的角色；缺少了抽签，古希腊城邦民主就不是民主了，罗马共和国、佛罗伦萨共和国、威尼斯共和国也就不是共和了。有意无意遮蔽这一历史事实的，则是人们从当下的经验和认识出发而默认的"常识"：

> 在很多人的理解中，民主与选举几乎是同义词：民主就意味着选举，选举就表明有民主。不仅普通人这么看，学者也不例外。实际上，普通人对民主的理解，就来自学者们日复一日、年复一年的灌输。不仅中国

人这么看,西方人更是这么看。中国人对民主的理解,其实来自西方不厌其烦的说教。[1]

和选举类似,新闻专业主义就是这样一个普适性的迷思(myth)。

一、理念、认同与新闻专业主义

(一)新闻专业主义的内涵及其在当代中国的实施

什么是新闻专业主义?黄旦在《传者图像:新闻专业主义的建构与消解》一书中将其概括为五个方面:第一,新闻媒介的主要功能是传播新闻,同时还要干预和推动社会;第二,在性质上,媒体是一个独立专业,因此,它必须是自主的,尤其在政治上不依赖任何派别,更不做政府的喉舌;第三,媒介的目的是为公众服务,并反映民意;第四,媒体的运转是靠自己的有效经营,尤其是广告收入;第五,媒体的约束机制是法律和职业道德自律,尤其是后者。[2] 陆晔、潘忠党则提出,专业主义包含三方面理念:"新闻传媒的社会功能,新闻从业者的使命和社会责任,新闻从业者的行为准则。"[3]

哈林和曼奇尼把"新闻专业主义"简化为三个维度:(1)自治(自主性)。自治永远是专业化这一定义的核心。(2)独特的专业规范。(3)公共服务取向——新闻工作者对自治权和权威性的主张,在很大程度上依赖他们服务于公共利益的主张。[4]

作为来自西方的理论和实践,新闻专业主义在国内引起关注和产生影响始于都市报兴起和中国即将"入世"的1999年。这一年,郭镇之发表了一篇题为《舆论监督与西方新闻工作者的专业主义》的论文[5],文中指出,新闻专业主义来自自由主义媒介理论:

---

[1] 王绍光:《抽签与民主、共和——从雅典到威尼斯》,中信出版社,2018,"前言"第9页。

[2] 黄旦:《传者图像:新闻专业主义的建构与消解》,复旦大学出版社,2005,第32页。

[3] 陆晔、潘忠党:《成名的想象:中国社会转型过程中新闻从业者的专业主义》,载于《新闻学研究(台湾)》,2002年第71卷。

[4] 丹尼尔·C.哈林、保罗·曼奇尼:《比较媒介体制——媒介与政治的三种模式》,陈娟、展江等译,中国人民大学出版社,2012。

[5] 时至今日,这一论文依然保持着"新闻专业主义"领域最高的引用率。截至2015年3月12日,该文在中国知网上显示的被引频次为183次。

按照这个理论，报业是一种自治的体系，是监督政府的第四种权力。它必须对政府、对政党、对政客采取一种独立的、批判的态度，否则便不可能保持它树立的公众"保护者"形象，便不可能拥有公众的信任。形象和信任，是媒介赢得市场的重要资本之一。[1]

对照中外学者的定义，这段简短表述几乎包含了新闻专业主义在中国被引入、讨论和践行的所有线索：人们对其核心的界定——自治和独立，尤其是对政府和政党的独立；人们对其功能的期待——公众的"保护者"；这些堂而皇之"宣誓"背后的实质——媒介赢得市场的重要资本。

之后相当一部分新闻专业主义研究和论述，正是围绕这些线索而不断展开，并以新的面目重新呈现的。如以"建构公共空间"替代"公众的保护者"：

新闻专业主义理念能内在地驱使着不同性质的传媒在一些关键性议题中形成一种合力，开辟公共空间、表达社会话语，将公众关心议题聚合为公共议题，通过"舆论共鸣"促使公众意见转化为一种沟通权力……从而实现对公共利益的维护。[2]

再如新闻与政治分离："中国大陆新闻事业在改革开放之前一直是作为党的事业的一部分直接受中宣部的行政管理。学者们在谈论新闻专业主义的理念时强调其专业性质，是希望新闻工作能够以上述概念所指意义为优先原则，期待着新闻与政治和市场的分离，不受二者直接干扰。"[3]

对此，芮必峰的看法颇具洞察："新闻专业主义在这里转了一个方向，把媒体的市场行为与摆脱限制（政治限制、财富限制）联系起来，进行互换后，媒体的市场行为也有了正义性。"[4]

如若稍做总结，可以说，在一定意义上，新闻专业主义的"舶来"有着市

---

[1] 郭镇之：《舆论监督与西方新闻工作者的专业主义》，《国际新闻界》1999年第5期，第32-38页。

[2] 罗以澄、姚劲松：《中国传媒在公共空间建构中的角色考察》，《新闻大学》2012年第4期。

[3] 李岩：《新闻专业主义在中国大陆的实践与变异》，《当代传播》2011年第1期。文章虽然指出"期待着新闻与政治和市场的分离，不受二者直接干扰"，但从上下文可以看出，作者真正表达的主要是新闻与政治的分离。

[4] 芮必峰：《描述乎？规范乎？——新闻专业主义之于我国新闻传播实践》，《新闻与传播研究》2010年第1期。

场化改革的特殊背景，有着摆脱政党和政府控制的实际指向，有着媒体获取经济利益以及新闻人对"成名"的冲动和想象。

（二）新闻专业主义的西方反思

在新闻专业主义的几大原则中，公共服务取向无疑最具有基础性——正如哈林和曼奇尼所说，"新闻工作者对自治权和权威性的主张在特别大的程度上依赖于他们服务于公共利益的主张"。在"公共服务"原则的背后，是如何界定新闻从业者与公众的关系。在西方社会，这种新闻从业者与公众的关系被进一步具体化为"新闻如何服务民主"的争论。

迈克尔·舒德森由此将美国的新闻业分为三种模式：倡导者模式（政府应该从政党的视角供给新闻）、市场模式（消费者的要求就是新闻产品的最终仲裁者）和受托人模式（记者根据他们作为职业组织认为公众应该知道的东西提供新闻）。而詹姆斯·凯瑞则将其分为：党派新闻学、以寻求社会信任为特征的现代新闻学以及公共新闻学。[1]

仔细比较舒德森和凯瑞的分类，舒德森意义上的"倡导者模式"就是詹姆斯·凯瑞所说的"党派新闻学"；而詹姆斯·凯瑞笔下的"以寻求社会信任为特征的现代新闻学"在历史上则正是舒德森"市场模式"与"受托人模式"的混合体。[2] 对西方来说，"党派新闻学"或者"倡导者模式"都大体成为历史。关于新闻从业者与受众关系方面，真正形成对话的是主流的作为新闻专业主义象征的"现代新闻学"与"公共新闻学"。

公共新闻学（公民新闻学）运动兴起于20世纪八九十年代，这一运动"是新闻界面对社会的批评和信任危机而提出的解决方案。它强调由公众而非新闻工作者来设置新闻报道的议程，对传统新闻规范形成了强烈挑战"[3]。与主流的"现代新闻学"背后的自由主义传统不同，公共新闻学立足于"社群主义"，它源自杜威的思想，具体来说，则是"源于20世纪初杜威与李普曼有关新闻媒介

---

[1] 詹姆斯·凯瑞将公共新闻思潮视为"美国新闻学继党派新闻学和以寻求社会信任为特征的现代新闻学以来的第三次革命性思潮"。见刘肇熙、姚清江：《公共新闻学：美国新闻理论的第三次革命》，《青年记者》2004年第4期。

[2] 在某种意义上，现代新闻业与市场新闻业是同义语。"受托人模式""市场模式"有着深刻的联系："用民主和进步来理解现代市场新闻业的诞生就意味着用迷信来解释历史。"参见工维佳：《什么是现代新闻业？——关于新闻业与新闻人社会角色的历史辨析》，《新闻记者》2012年第12期。

[3] 刘肇熙、姚清江：《公共新闻学：美国新闻理论的第三次革命》，《青年记者》2004年第4期。

在民主社会中的角色的争论"[1]。

在这场争论中，杜威认为，新闻和舆论绝不只是一个是否完美"再现"的问题："当个体拥有环境的准确再现（即使准确再现是可能的）时，也无法形成舆论。舆论只能在讨论中、当讨论在社会生活中变得活跃时才得以形成。"[2]因此，"交流"，而不是"照相"（"再现"）才是问题的核心：

> 杜威不要一种将社会客观化的新科学，他想要一种能澄清我们的目标、促进我们相互理解、认同团结协作的科学。在这种视野中，我们不能将新闻当作交换刻板成见的科学的退化形式加以评判，而是将新闻当作可以听到另一种声音的公开讨论和行动来加以评判。[3]

正是在这个意义上，公共新闻学将新闻的主导权从作为"代理人"的新闻从业者和"专家"手中夺去，它所聚焦的问题核心不是那些由新闻记者所给出答案的"新闻应该反映什么"，而是更为本质性的"新闻为的是什么"[4]。

在实践上，公共新闻学首先产生于社区性的报纸，同样有着"草根"的特性。与一些全国性媒体不同，这些社区性的报纸有着更为独特的理念。它们认为，自己的职责不仅在于公正客观地报道新闻，同时还想通过报道来直接推动地方事务的解决，也因此，这些报纸的身份就不仅仅是一个旁观者，更是直接的实践者和推动者。在它们看来，"过去解决事情的方式并不永远就是事情应该被解决的方式，我们可以有所改变"。[5]

公共新闻学运动可以被视为西方对以客观性和新闻专业主义为核心的现代新闻理念的一场质疑和实验。作为西方主导性的新闻理念，新闻专业主义由于深厚的"精英主义"色彩而受到质疑——正如杜威将李普曼的《公众舆论》视为"有史以来对民主最严厉的控告"[6]——而公共新闻学则将新闻从业者与公众的关系重新置于一种"对等"或"平视"的状态：

> 它不再一味依靠新闻从业者群体所确立的某种"客观化"标准来界

---

[1] 谢静：《美国的公共新闻学运动》，《青年记者》2004年第4期。
[2] 詹姆斯·W.凯瑞：《作为文化的传播》，丁未译，华夏出版社，2005，第60页。
[3] 詹姆斯·W.凯瑞：《作为文化的传播》，丁未译，华夏出版社，2005，第59页。
[4] 谢静：《美国的公共新闻学运动》，《青年记者》2004年第4期。
[5] 刘肇熙、姚清江：《公共新闻学：美国新闻理论的第三次革命》，《青年记者》2004年第4期。
[6] 詹姆斯·W.凯瑞：《作为文化的传播》，丁未译，华夏出版社，2005，第57页。

定"真相",而在于倡导公众之间的"对话"和"交流",在其看来,"真相"并不是孤立地存在于新闻人和专家的头脑中,而只有存在于通过交流来澄清思想的实践中。真正的"客观真理"只能是人们"对正在发生的事物做出解释的最佳思想",因此,记者们的责任就从"寻找真相"转变成"引发调查",同时,新闻的意义也在于引发公众对某一事件的兴趣,并使公众参与到对真相的寻找之中,并在这种寻找之中不断建立共识。换句话说,新闻从业者不再以"真理代言人"或"新闻专家"的身份出现,而代之以协商者、公共讨论的推动者的新角色。

可以说,公共新闻学所挑战的正是新闻专业主义背后的"意识形态"——新闻从业者比公众自身对"公众应该知道些什么"更有发言权。

(三)职业理念的局限与合法化的建构

作为一种专业化的职业,现代新闻业的建构过程与同样认为"对客户的事务和需要比客户自身了解更多"的律师、教授、医生等"专业性"等职业并没有什么不同。事实上,这与现代的"专业性"职业"合法化"的建构过程有关——它既是某种"专业"获得合法地位的"象征"和结果,也内在于合法化过程本身。

在西方社会学的研究中,"职业"的意义在于"使一个行业的职业自主性与从业者所享有的声望在社会中获得合法性"[1]。可以说,对于专业性职业来说,"职业自主性"和"社会声望"是其两大核心。而某种职业之所以能够实现这种"自主性"、享有较高的"社会声望",关键在于这样一种声称,即某一职业的从业者"对某些事务具有较他人更多的知识,尤其是对其客户的事务具有较客户本人更多的知识"。也因此,该职业的从业者得以"以知识服务于权力",从而带来社会对其的赋权:"社会通过给予职业共同体直接的社会控制权力而实现其对这一共同体的间接的社会控制。"[2]

在一定意义上,现代话语中的"专业主义"是为实现这种专业化技能的垄断和提高这一职业的社会声誉,从而实现其职业主体性而服务的。它与职业群

---

[1] 刘思达:《职业自主性与国家干预——西方职业社会学研究述评》,《社会学研究》2006年第1期。

[2] 刘思达:《职业自主性与国家干预——西方职业社会学研究述评》,《社会学研究》2006年第1期。

体以及某一职业群体自身的利益密切相关。换句话说,它一方面通过内在的、对职业群体成员的自我约束,另一方面通过外在的、对公众服务和公众利益的强调,不断巩固和强化其"职业自主性"和"社会声望",并最终实现从业者的共同利益。

从这个角度看,专业主义由于其最终目的是实现群体的集体利益(虽然专业主义拥有公共服务的"声称",但群体利益而非公众利益才是其最终指向),那么,一旦有外在群体或环境变化,威胁到其对于"知识"及"专业化技能"的垄断,存在降低其"职业自主性"和"社会声望"的可能,那么,"专业主义"的声称就可能反之成为从业者捍卫自身权益的"盾牌"。

由新闻集团"窃听丑闻"所引发的英国报业监管问题就是一例。起因于新闻集团旗下《世界新闻报》的"窃听丑闻"短时间内将多家英国报纸牵涉其中,在时任英国首相卡梅伦的推动下,包括保守党和工党在内的英国三大主要政党就报业监管条例方案达成一致协议,表示"将按照皇家宪章设立一个独立的报业监管机构。该机构具有对媒体罚款和要求媒体道歉的权力"。但这一监管机制受到英国各大报纸的联合反对。在英国报纸协会(Newspaper Society)代表全国和地方报纸发表的声明中,英国报业给出的理由是英国政府发表的皇家宪章"受到许多国际媒体自由机构的谴责",且"赋予了政客在监管报业方面大大的干预权力"[1]。反观英国报业对政府加强监管的反弹,其采取的主要策略就是诉诸"自主""自治"的专业主义信条,暗示这种监管会损害媒体的自主性,进而影响媒体监督政府的重要职能。一定意义上,英国报业援引这种专业主义信条来反击的正是政府出于公众利益试图对之加强的监管。

以上种种,从多个方面印证了史安斌的表述:"新闻专业主义不是一个一成不变的、铁板一块的理论模式,而是一种特定语境下的社会化建构。"[2]

二、职业、职业群体背后的中西历史与社会

指出新闻专业主义的"特定语境"和其"建构性"特征,并不表示我们一味地对新闻专业主义持排斥或反对的态度。事实上,在西方社会理论的意义上,社会也可以借由对新闻从业者的赋权而实现对这一行业的控制,使其尽可能发

---

[1]《英国报界反对报业监管计划》,BBC 中文网2013年4月25日,http://www.bBC.co.uk/ukchina/simp/uk_life/2013/04/130425_life_press_regulation.shtml。

[2] 史安斌:《当代中国媒体生态的变迁与新闻专业主义的重构》,《新闻与传播评论》2003年第3辑。

挥正面功效。而客观、自由、公正、服务公共利益等原则也是西方新闻从业者在长期斗争中形成的积极成果。

但在中西对比中，千万不能忘记的是，新闻专业主义所产生的西方土壤，以及西方历史与文化给其所打上的烙印。尤其需要注意的是西方职业化发展的长期历史传统。探讨新闻专业主义，不能离开西方的"职业观"和"专业观"，更不能离开对这种"职业观"和"专业观"与西方整个社会结构、社会体系之关系的体察。

（一）职业、职业群体与社会分工

现代意义上的职业是社会分工的产物。在西方的历史脉络中，分工所带来的多种多样职业的兴起，使社会形成了一个个内部联结紧密的集团。社会学三大奠基人之一的涂尔干将这种职业团体称为"法人团体"。在涂尔干看来，"法人团体"的重要性与其说是经济方面的，不如说是它对社会道德所起到的巨大作用和重要影响："在职业群体里，我们尤其能够看到一种道德力量，它遏止了个人利己主义的膨胀，培植了劳动者对团结互助的极大热情，防止了工业和商业关系中强权法则的肆意横行。"[1]

更深一步，涂尔干寄希望于法人团体（职业团体）的形成不仅使其内部更加稳固，更能够以其独特的方式促进社会整合。作为介于个人与社会之间的一种"次级群体"，在涂尔干看来，职业团体对社会整合的重要价值在于：一方面，它使整个社会凝聚在一起；另一方面，这种整合不会使共性压倒个性，不会出现"我们已经不再是我们自己，我们只是一种集体存在"[2]的消极局面。原因就在于由职业团体所带来的团结，使"每个人都拥有自己的行动范围，都能够自臻其境，都有自己的人格……一方面，劳动越加分化，个人就越贴近社会；另一方面，个人的活动越加专业化，他就越会成为个人"。[3]

从这个意义上来说，分工和职业团体的功能不仅仅是经济上的（正如亚当·斯密的著名论述），也是"构成我们社会结构的基本要素"[4]。涂尔干说：

> 如果说分工带来了经济效益，这当然是很可能的。但是，在任何情

---

[1] 涂尔干：《社会分工论》，渠东译，生活·读书·新知三联书店，2013，第22页。
[2] 涂尔干：《社会分工论》，渠东译，生活·读书·新知三联书店，2013，第89页。
[3] 涂尔干：《社会分工论》，渠东译，生活·读书·新知三联书店，2013，第89页。
[4] 涂尔干：《社会分工论》，渠东译，生活·读书·新知三联书店，2013，第41页。

况下，它都超出了纯粹经济利益的范围，构成了社会和道德秩序本身。[1]

在根本上，涂尔干把职业群体作为拯救社会的良方，希望"通过职业群体（法人团体）的组织方式彻底拯救日益败落的伦理道德，并以此搭建起一个功能和谐与完备的新型社会"[2]。由此可见，西方的社会结构里，"职业"和"职业群体"起着极为重要的作用，有学者甚至将职业群体中的职业伦理和职业理念作为整个社会的伦理基石。

涂尔干在展开其关于法人团体的种种描述时，头脑里比照的对象是罗马工匠，即城市中的手工业行会。个体化的工作形式、对"手艺"的强调，这些同样是现代意义上的律师、医生等"专业群体"所独具的特点。可以说，现代的专业人士和专业主义，正是涂尔干意义上的"法人团体"完善而恰当的体现。

（二）中西社会结构和文化传统中的职业和职业群体

那么，西方的这种"职业观"，以及"职业群体"在整个社会中所担负的角色同样适用于中国吗？梁漱溟曾对此作过专门论述，且录于下：

> 它（guild，基尔特，汉译同业公会或行会，这正是涂尔干讨论法人团体或职业群体时的参照对象——引者注）一面为自愿的组织，一面含有合法的权力。它一面照顾到消费者之公众利益，一面基于生产者自身的要求。其详情各处不一，此可不述。所不可不知者，就是他们团结之固，干涉之强，进而形成一种力量，伸入地方政治，操持地方政治，绝非中国商人工人所能梦见……既以排他而保护其同业利益，就不得不杜绝内部之有自由行动、自相竞争之事，而严密其监视，加强其干涉。更为其不致以独占而妨碍消费者公众利益，引起不平；所以同时力求货真价实，公平交易，而不许偷工减料与过分利得。如此则必须监视与干涉之事更多，所以就逐渐发展出来极烦琐极拘泥的无数规条，成功其一套极周到之管理技术。而为执行其管理，基尔特自身便俨然成一小政府了。[3]

梁漱溟随后又将中国的情况与西方对照：

---

[1] 涂尔干：《社会分工论》，渠东译，生活·读书·新知三联书店，2013，第24页。
[2] 渠东：《译者前言》，载涂尔干《社会分工论》，渠东译，生活·读书·新知三联书店，2013，第3页。
[3] 梁漱溟：《中国文化要义》，上海人民出版社，2013，第60页。

再论到职业团体一面。第一，中国农人除为看青而有"青苗会"一类组织外，是没有今所谓农会的。他们不因职业而另自集中，便天然依邻里乡党为组织，就以地方团体为他们的团体。而地方团体则常常建筑于家庭关系之上，如上已说，还有散在乡村以农人而兼为工人商人的，当然亦归属于此。第二，只有少数集中于城市或较为聚处一地的工人商人，始形成中国的职业团体，而仍无今所谓工会商会。农会、工会、商会，这些都基于新法令而来，非旧日有的。旧日工人商人的职业自治组织如何，今已不易考见其详；而在其"行"、"帮"、"公所"、"会馆"之间，却有下列缺点可指：一是大抵没有全国性的组织如今所谓"全国商业联合会"之类——此见其同业之自觉殊有限；二是于同业组织中，仍复因乡土或族姓关系而分别自成组织，大大弥散其同业组织——此见乡党意识宗族意识之强于行业意识；三是由"同行是冤家"一句谚语，可知共同行业者彼此之嫉妒竞争，缺乏西洋中世纪基尔特那样坚密团体精神。[1]

由于中国文化"举整个社会各种关系而一概家庭化之"[2]，直接造成作为集团而存在的职业分化和职业意识在中国发育迟缓，界限不清。梁漱溟说：

> 居此社会中者，每一个人对于其四面八方的伦理关系，各负有其相当义务；同时，其四面八方与他有伦理关系之人，亦各对他负有义务。全社会之人，不期而辗转互相连锁起来，无形中成为一种组织……此种组织与团体组织是不合的。它没有边界，不形成对抗。恰相反，它由近以及远，更引远而入近；泯忘彼此，尚何有于界划？[3]

换句话说，在梁漱溟看来，家庭伦理而不是集体意识（包括职业群体的职业意识）才是中国社会的伦理基石。同样，当代日本学者的研究也证实了中国伦理关系的特殊性，以及这种特殊性对中国职业意识、职业观念的发展所带来的影响。

着力研究中国近代思想史的沟口雄三发现，中国语境中的"公"与日本语境中的"公"有着根本不同，相较于日本的"公"所具有的共同、公共、某种

---

[1] 梁漱溟：《中国文化要义》，上海人民出版社，2013，第71-72页。
[2] 梁漱溟：《中国文化要义》，上海人民出版社，2013，第79页。
[3] 梁漱溟：《中国文化要义》，上海人民出版社，2013，第79页。

领域性的特质，中国的"公"则是"一起干""共同干"等连带性关系。这种区别使职业对人的约束、连接是松散和相对的。沟口雄三说：

> 由于日本的公私具有领域性这一特征，因此在事关公私界限的时候，可以截然划出分界线来……这个所谓公私界限，是日本几乎所有进入了社会的人都持有的职业道德观。例如不为私事使用工作单位的物品，不带孩子上班，在公事关系中不掺入私情等等，这些对他们来说几乎是常识。而在中国，与之相对，工作单位的器物往往被私用，带孩子上班，在公事关系中掺入私人的恩情被看作是当然的。由此可以说日本人对于公私界限的感觉几乎是一种洁癖。因此，到华日本企业的日本人接触到中国人的上述情况就认为中国人职业意识低、职业道德差……这并不是道德伦理问题，而只是表示着公私关系结构上的不同而已。[1]

沟口雄三随后说：

> 这一以连带的公共为轴线的中国的公，在清末以后，构筑了公所、公会等商业网络。这一网络越过国界，现在仍涵盖着华侨社会。这使人实际感受到，中国人与其说是国家之民，不如说是天下之民。
>
> 无论是工作单位，还是团体，抑或是国家，中国人并不仅仅从属于自己所属的场域。[2]

由此，沟口雄三认为，对中国整体上不应以场域的意象，而应"作为关系拓展的意象来把握"，同样，"个体也应作为关系的集结点，放在关系中来把握，才最接近实际情况"[3]。

综合中西方学者的论述，也许我们可以做出如下总结：在西方社会和文化中，作为个人和社会之间的重要"中介"，职业群体的价值在于它参与构成了社会和道德秩序，也因此，职业群体的职业伦理在一定程度上成为（或被期待成为）西方社会的伦理基石。与之相对，在中国社会和文化下，这种西方意义上的职业群体和职业伦理并不存在。

---

[1] 沟口雄三：《中国的公与私·公私》，郑静译，生活·读书·新知三联书店，2011，第278-279页。

[2] 沟口雄三：《中国的公与私·公私》，郑静译，生活·读书·新知三联书店，2011，第282页。

[3] 沟口雄三：《中国的公与私·公私》，郑静译，生活·读书·新知三联书店，2011，第301页。

其一，中国缺少西方意义上独立的个人和个人生活。中国社会以"家庭/家族"为核心，"个人"生存于种种关系之中，并通过种种关系而表现自身。在中国，个人只是"不完全"的个人，因此西方职业群体形成的前提条件——完全独立并自我支配的个人——在中国并不是一种事实的描述。

其二，作为缺乏"真正独立之个人"的结果，更难以以个人所从事的工作作为不同群体的区分标准。虽然表面上看，中国同样有着"三百六十行"等种种职业和分工，但在共同职业的背后，真正起到维系团结作用的并不是这一职业本身，而是其背后潜在的血缘和家族网络。在连接中国人的"血缘""地缘""业缘"三大关系中，"业缘"毫无疑问地离"血缘"最远，其用来凝聚不同群体的力量也最弱。

其三，与西方职业伦理构成整个社会的伦理基石不同，中国社会的伦理基石来自以血缘为基础的家庭和家族。在"推己及人"的中国礼俗社会中，伦理事实上并不需要类似西方"次级群体"一样的中介，"家国同构"的原则下强调的正是各层级伦理的高度一致。比如中国封建统治者常讲的"圣上以慈孝治天下"就鲜明体现了这种以家庭伦理为核心，比照和推广到整个社会的伦理取向。

可以说，同样的"职业群体"，就其所指称的内涵来说，在西方是看得见摸得着的"实体"，在中国，则是被血缘等人际网络所架空了的"虚名"；就群体间的边界和关系来说，在西方是边界清晰、各司其职，共同组成社会系统的不同部件，在中国，则是边界模糊、参差交错，甚至各自独立、自成一体的"小系统"；就其在社会结构中的作用和功能来说，西方的职业伦理背负着支撑整个社会伦理的重要责任，而中国社会则缺乏对职业伦理的高度期待。

因此，如果说西方职业群体所构筑的是涂尔干意义上、有强大内聚力、有清晰边界意识的"有机团结"的话，那么，历史上，中国的职业群体则是不同领域从业者所构成的类似"机械团结"的集合——这一集合共同的职业自觉意识不发达，集合本身又被其中基于血缘、地缘的若干小群体所肢解，集合内部还有着不同于良性竞争的互相排斥。也因此，这一群体本身的性质和整个社会所赋予它的使命和责任，都与西方有着根本区别。

三、从职业理念到新闻理念

从新闻专业主义到专业主义，从专业到职业，西方新闻专业主义的伦理信条有着完整系统的逻辑和历史支撑。而对中国来说，不仅现代意义上职业的出现是晚近的事情，并且，由于伦理结构的不同，职业群体的成长和职业意识的发展缓慢，处处受到无形的制约。由此，以西方的专业主义要求一个并非西方意义上的从业者群体，究竟会带来何种结果值得深思。

历史和现实的制约并不否定新闻专业主义作为一种理想的价值，反之，它否定的是将这种理想的理想化。它暗示我们，即使新闻专业主义值得期待，那么，真正实现这种理想，将这种理想内化为中国新闻从业者自身的新闻理念和新闻价值观，也将需要一个调适的，甚至漫长的过程。而这，还有赖于整个社会结构和文化传统的巨大转型[1]。

此外，中西文化和历史逻辑的不同也启发我们以另一种眼光来看待新闻和新闻从业者——西方新闻专业主义理念完全将新闻视为一种专业性的职业，这是其所有推论的第一假设。但这种对西方来说不证自明的"公理"，事实上却只能来自西方自身的土壤[2]。正如从梁漱溟到沟口雄三等研究者所反复申明的：对中国，不应以场域（职业当然也是其中之一）的意象，而应以关系拓展的意象来把握。换句话说，"专业性的职业"与其说是对中国新闻业发展历程和客观存在的准确描述，不如说是根据西方的范式对我们自身历史的一种类同化想象。

事实上，在中国的历史和实践中，新闻业从来就不只是新闻从业者自身的事情。且不说初期的新闻人多数并非"以新闻为业"，即使新闻业作为一种职

---

[1] 如，在沟口看来，这种巨大的转型需要包括"实现这种连带关系的民主化，即原理化、道义化"，以及"从基体性的立场出发，引进欧洲式（不论为霍布斯式还是卢俊式）的个体观念"。（沟口雄三：《中国的公与私·公私》，郑静译，生活·读书·新知三联书店，2011，第87页）。

[2] 事实上，西方自身对这种"专业化"的发展也有不少反思。如萨义德就声称，专业化是对知识分子特别的威胁："今天对于知识分子特别的威胁，不论在西方世界或非西方世界，都不是来自学院、郊区，也不是新闻业和出版业惊人的商业化，而是我所称的专业态度（professionalism）。我所说的'专业'意指把自己身为知识分子的工作当成为稻粱谋，朝九晚五，一眼盯着时钟，一眼留意什么才是适当、专业的行径——不破坏团体、不逾越公认的范式或限制，促销自己，尤其是使自己有市场性，因而是没有争议的、不具政治性的、'客观的'。"（萨义德：《知识分子论》，单德兴译，生活·读书·新知三联书店，2002）。

业稳定下来并得到社会的承认，由于新闻与政治、新闻与民族救亡和国家建设的种种关系，新闻从业者往往也有着多重身份，他们对自身的认同也绝非局限于一种职业认同。"革命者""宣传家"甚至"理论工作者""文艺工作者"在某些时期同样是记者的代名词。如果再加上革命和社会主义建设时期大量存在的"通讯员"，在中国，参与新闻书写的庞大群体远非人数极为有限的职业记者、职业编辑们所能代表和容纳的。

与西方的进程相异，中国近代以来的历史在一定意义上讲，也是一个文人知识分子（专业化人士的主要来源）与群众从分离到融合的过程。知识分子走向农村、走向群众，曾经是相当长一段时期的时代主题。这种融合的历史和逻辑本身也与封闭、孤立的职业化背道而驰。透过专业主义的透镜，我们所看到的新闻史因此就只能是见木不见林，远离了实在的历史本身。

因此，只有跳出"职业""专业"这些来自西方或者来自现代的框架和名词[1]，我们才能够真正回到历史和传统本身。正如张旭东所说：

> 那种认为现在有一种普遍的东西，有一种文明的主流，中国只要靠上去、融入进去就行了的看法，其实不是放弃了民族文化传统的特殊性，而是放弃了对这种特殊性内在的普遍性因素和普遍性价值的信心和肯定。[2]

所谓回到传统，不是回到那个文本、那个规范，而是重建自身历史的连续性，同时重建讨论自身历史的知识和价值框架的连续性。回到传统不是往后走，而是往前走，是确立本民族的当代意义上的文化政治意识的努力。只有这样，中国现代性历史经验的正面的、积极的、建设性和创造性价值才可能被我们当代人发挥出来。[3]

正是在"重建自身历史的连续性"，以及"不是往后走，而是往前走"的

---

[1] 正如张旭东所说，在以传统和现代为代表的一系列二元对立的框架下，"非西方文化的自主性问题也永远提不出来，因为西方就代表'现代'，非西方就是'前现代'，西方与非西方成为一个古今的问题，而不是一个中外的问题了。"（张旭东：《全球化时代的文化认同：西方普遍主义话语的历史批判（第二版）》，北京大学出版社，2009，第4页。）

[2] 张旭东：《全球化时代的文化认同：西方普遍主义话语的历史批判（第二版）》，北京大学出版社，2009，第2页。

[3] 张旭东：《全球化时代的文化认同：西方普遍主义话语的历史批判（第二版）》，北京大学出版社，2009，第4页。

意义上，我们需要把目光从局限于少部分人和特定历史时期的"职业"和"专业"话语中移开，重新发现新闻和新闻业的开放性和流动性，挖掘新闻与更广泛的人群和宏大的时代主题间的密切关联，以及所有新闻生产的参与者的"集体意识"和"共同实践"。

第三章　商业混杂政治：近代报纸折射的社会变迁

内容概要

从起源阶段看，早期近代报纸往往是西方的翻版，其刊登的新闻与今天常见的新闻并无太大区别。但随着办报的深入，这些致力于"学了中国人的口气""办给中国人看"的报纸在内容上发生了重要变化。这鲜明表现在作为最早的近代中文报纸之一的《香港船头货价纸》在后期突然加入大量传统《京报》的内容，从而呈现出新旧杂陈、不伦不类的样貌。考察这种"倒退"的时代特点和历史原因，19世纪50年代以后，带有大量"资本"的移民成为香港华商主体，其中相当一部分成为从事转口行商的"新式商人"。作为报纸的目标读者，这些"绅商一体化"的新式商人的口味和需求影响了近代报纸对内容的取舍。社会变迁正是通过读者群体身份和结构的变化为中介，影响着中国近代报纸的产生和内容呈现。

理论上的探索大体可以认定，职业化的叙事难以框定中国新闻业的发展历程，中国新闻业的历史不应该是一个简单的从业史。但离开媒体和媒体人，新闻业又会消散于泛泛的社会和历史中。

正如马克思所说："人是一切社会关系的总和。"跳出职业和职业化的限制，并不意味着改变我们的研究对象。只不过，面对同样的研究对象，我们着意的是其中所体现出的"社会关系"——媒体和媒体人如何受到经济与社会诸领域的影响并与之互动，因之，中国的时代主题又以怎样的逻辑和方式在这种互动中得以体现。

重返中国新闻业的生成现场，就是以这种"关系"式的视角重新审视中国近代新闻业，报纸新闻的流变、新闻从业者的变身，一定意义上也是当时的社会借之表达自身的手段，并且形成了我们今天所能听到的历史回声。

一、早期近代报纸中的新闻

在早期的近代报纸中,《察世俗每月统记传》往往得到最多的关注。作为在海外创办的宗教报刊,与中国传统《京报》相比,《察世俗每月统记传》的确是一种完全不同的、异质的东西。但以刊代报的书籍样态和编排,宗教、科学、因果报应杂陈的内容呈现,使它与今天的报纸还有很大差异,也有学者称之为"准新报"[1]。

真正有了近代报纸的模糊面貌、在精神气质上也更为契合相类的则是作为外报中文版的中国香港《中外新报》及其前身《香港船头货价纸》:在形态上,它是一张真正意义上的"报纸";在内容上,它将新闻置于版面首要位置;在发行上,它有着定位明确的读者群;在创办目的上,它将报纸视为一种产业,而非一种纯粹的宣传工具。也由于这些特征,香港《中外新报》被认为是"我国近代最早之日报"[2]。

作为香港《中外新报》的前身,《香港船头货价纸》是我国最早的商业化报纸,可贵的是,近期前辈学者的一系列发现[3],使我们能够看到这份报纸的概貌,并且解读其中刊发的新闻,了解其流变。

现有的《香港船头货价纸》,我们能够看到的有79份。最早的是己未年正月初一出版的第197号,最晚的为第285号。简单统计可知,现存《香港船头货价纸》中,新闻的数量和所占据的版面都不大:从新闻条数来说,多数为3条,少的仅1条,多的也有7条;从版面而言,新闻类版面平均占全部版面(不含报头)的比例不足10%。[4]

从新闻要素和写作方式上看,《香港船头货价纸》刊登的新闻基本形态较为完备,有了固定的消息源,如差役总馆,"有人来差役总馆报云"成为不少消息的开头[5];固定地区的行情信,如上海行情信、厦门行情信、日本行情信。但这时的华文报纸尚没有专门的采访者,对读者关心但消息源未有提及之事,

---

[1] 卓南生:《〈中国近代报业发展史〉增订新版自序》,载卓南生《中国近代报业发展史(第二版增订本)》,中国社会科学出版社,2015。

[2] 曾虚白:《中国新闻史》,(台湾)三民书局,1989,第140页。

[3] 新加坡学者卓南生最早发现了《香港船头货价纸》的原件。

[4] 统计显示,新闻版面所占面积在2.9%-15.8%之间,平均为9.35%。

[5]《香港船头货价纸》第236号。

只能原样照述。[1]《香港船头货价纸》还很注意给予新闻所涉相关各方以形式上平等的答辩机会。如《香港船头货价纸》拥有者未士孖剌曾卷入一场名誉纠纷。第261号《香港船头货价纸》介绍了这一事件的起因，随后，第264号《香港船头货价纸》在头版《新闻》栏目之外，照登了另一方当事人状告孖剌的禀章，第267号《香港船头货价纸》还向读者告知了这一名誉纠纷案的最后结果：双方和解，并约定"自后两家再不将此事印落新闻纸内"。

从题材上看，《香港船头货价纸》中时政军事新闻占据主导，经济、社会新闻均有涉及。在其所刊发的所有新闻中，时政军事新闻在全部51条新闻中有32条，占新闻总数的63%；经济新闻次之，15条，占29%；社会新闻最少，4条，占8%。虽然是一份以刊登"船头货价"为鹄的的"经济类报纸"，但《香港船头货价纸》中时政军事新闻的数量远大于经济类新闻，社会新闻则明显处于补缀地位，仅占时政军事新闻的八分之一。

从体裁上看，《香港船头货价纸》中已经有了今天的消息、通讯、评论、连续报道、调查性报道等各种新闻体裁的雏形。其中，动态性消息依然占据主导，大量内容是对港府当局、英法等外国军队动向作"起居注"式的简短报告。[2]《香港船头货价纸》上，还可以看到一些小型通讯。如第205号《香港船头货价纸》就刊发了一则英国军舰到台湾寻人的故事，与今天的通讯并无太大区别[3]。

此外，《香港船头货价纸》上还刊登了大量分析性报道、系列报道及评论。

---

[1] 如《香港船头货价纸》第230号："近日，有船户传说，有洋船一只在东沙处搁浅。有人疑是丫厘芬公司于二月初旬由港启行之旧金山船，名占时播郎。唯此数日不见有人再来报。未知真否如何云云。"

[2] 如《香港船头货价纸》第237号"兹本港总督包大人昨日已经由祖家火轮船返国，为本港有些案件要回国面圣云云"，第201号"兹接到省城初六日来信云：英法提督业经带兵勇九百名前往花县，约去六日之久，将回省矣。"

[3] "大英火轮战船名燕非力思布路，为寻失水人事，于旧岁十月间往台湾地方。先到台湾府城，见台湾城离海约有十里路。水浅，大船不能前，故用小艇入城。地方官待之以礼，亦力助访查失水人之踪迹，不遂……在此处见有许多山番皆裸身赤体，只用小布一块遮掩腰间而已。每个山番带小刀一口、枪一支，欲来攻击英人。英人以手招之来，但有充军至此处之唐人二十余名阻之。英人用该处唐人作通事，将寻失水英人赏帖达与山番知悉。但此等山人不通情理，舞手弄足，一味要打而已。唐人尽求英人早离该处地方，因恐英人开枪打死山番，则山番必尽将此二十余名唐人杀戮，故英人不与之相黜云云。"

评论中较有代表性的是一则关于"佛山总局设一抽厘例"的论说[1]。在这篇评论中，文章清晰明确地陈述了基本事实和有关细节，如从哪里开始实行，未来将及何处，具体如何抽税，税收当局采取何种措施进行监管，违反规定可能受到何种惩罚等。随后，报道基于新闻事实又进行了一系列合理推论，由此得出新政策实施后可能给商户带来的后果，并顺势作评："如此抽厘，穷民受苦""倘此例果颁行，吾恐下民不能免有：时日曷丧，子及汝偕亡之叹也！"系列报道的代表则是数篇对英军炮轰新安事件始末的追踪：首篇报道客观且简练地陈述了这一事件的始末，次篇报道补充了大量具体细节，增强了事件的真实感和可信度，同时增加了一条与此有关的"背景新闻"。第三篇则刊登了新安彭城埠商的禀告，一定程度上也显示了编者对盐商的同情。[2]

以今日的目光审视，《香港船头货价纸》最大的"幼稚"之处在于新闻的分类和编排上的混乱无序。《香港船头货价纸》上刊登的所谓"新闻"，除现代意义上的"新闻"之外，还混杂了"经济信息""公告／文告／声明"，以及"上谕／条陈"等多种内容，包括货物往来、价格信息、市场动态、船运信息甚至广告声明等。这些官方公告、章奏及个人声明往往与新闻混排在一起[3]，缺乏合理分类。如《新闻》栏外，部分刊期还设有同样刊登新闻的《上

---

[1]《香港船头货价纸》第217号："兹闻：现在佛山总局设一抽厘例，将来要颁行于粤省各处城镇墟市地方。但今始行于佛山，后及江门陈村等处。凡所沽无论何项货物，每两抽厘三分。总局每月遣人查察各店数部，若一铺做得一千两银生意者，即抽厘三十两，唯恐有走私漏税之弊。故总局印刊沽货单数百万张，派与各铺户。以后要买货者，有铺户货单为据，方能搬运货物。如查出无单者，均作走私，即将货物归官。另将沽货之店，罚银十倍，或单内故意将货价减少者，亦要罚银十倍。由此推之，设有小贩带何货物到佛山卖与铺户，即每两抽三分；或将银找钱，亦抽三分；或又将钱往别铺买什物，亦要抽三分。如斯计之，凡卖一两银什物，实得九钱一分而已。如此抽厘，穷民受苦。倘此例果颁行，吾恐下民不能免有：时日曷丧，子及汝偕亡之叹也！"

[2] 禀告以"忖思律法昭彰，贵国岂无施设？若获私释放反遭诬控之累，将见奸民猖獗，国饷何归？"结尾，颇具气势。

[3] 如第248号《香港船头货价纸》《新闻》头条是传教士口述的社会新闻：一名老妇因为独子被拐而老无所依。而第二条却唐突地原文刊载了一名官员升迁的谢恩章奏和朱批。与之类似的还有第259号，同样在新闻栏刊登了直隶总督的一份奏折。

谕》[1]《京报》[2]《宁波新闻》[3]等栏目。刊载的新闻常有交叉[4]，新闻与广告时有混杂[5]，显示出较强的随意性和口语化色彩[6]。

即使如此，《香港船头货价纸》在新闻的要素、类型，以及基本的写作方式上毕竟已经具备了现代新闻的雏形。

二、《香港船头货价纸》的特点与西方报业

现存第一份《香港船头货价纸》的原件是己未年正月初一出版的第197号，己未年是公历1859年。而据卓南生考证，《香港船头货价纸》创办于1857年。其创办者未士孖刺来自英国，显然，英美报纸是其最主要的模仿对象。那么，我们不妨先看看同时期，即19世纪中后期，英美本土报业的基本情况，观察其与《香港船头货价纸》的异同。

（一）19世纪中后期的英美报纸

《香港船头货价纸》创办前不久，1855年6月30日，英国下院废除了报纸印花税，英国"第一张成功的便士报"——《每日电讯报》则于前一天创刊。此前，《泰晤士报》已经树立了其在英国报业中的领导地位——"在1855年以前，《泰晤士报》的言论，不仅威震英伦，即在发行方面，亦居领导地位。当时该报发

---

[1]《上谕》栏出现于现存《香港船头货价纸》第246号、253号。其中按照时间先后顺序来看，第246号《香港船头货价纸》在现存79份原件中列第49。

[2]《京报》栏出现于现存《香港船头货价纸》第256号、260号、266号、272号、279号、281号、284号、285号。

[3]《宁波新闻》栏出现于现存《香港船头货价纸》第270号、273号。

[4] 事实上，缺少新闻标题是早期中文报纸的普遍现象。如《上海新报》也是直到1870年3月才出现新闻标题："1870年（同治九年）三月二十四日，《新报》（即《上海新报》）开始用新闻标题，如'刘提督阵亡''种树得雨'等。系用头号活字排印，正文用四号活字。以前不按新闻内容标题，只有'中外新闻''选录某某报'字样，亦用头号活字排印。"（见曾虚白，《中国新闻史》，第44页）

[5] 如第277号《香港船头货价纸》将一则"寻狗仔"启事放于新闻之前的头条位置，而将《新闻》列于其后（左栏）。这种版面编排的任意性也体现在《香港船头货价纸》征集新闻的"启事"上，这一"启事"多列于《新闻》之前，但也有不少列于《新闻》，甚至《新闻》栏外的各类文告之下。

[6] 如连续直白地表达报纸编者对某一具体事件的担心。第255号提及"此次上海新闻纸并无提及南京长毛交仗之事"，第256号再次提及"现在生意颇旺，但南京长毛交仗之事一句无闻"。

行五万五千份,超出伦敦所有早报之总和"。之后不久,"《每日电讯报》创刊三年后,销数已超出伦敦所有早报的总和"[1]。正是从19世纪中后期开始,英国出现了严肃报纸和大众化报纸(便士报)的分化。

在《香港船头货价纸》创办初期(包括现存其原件的1859年),英国报纸的这种分化才刚刚开始,1855年6月,新创立的《每日电讯报》"除了改售半价以外,几乎无何革新"[2],其在定位上也与《泰晤士报》并无区别。所有人赖伟在社论中曾说:"一张高级报纸,不能低价出售,普及大众,是没有理由的。"[3]

> 当时英国报纸,在内容方面,缺少轻松娱乐性的新闻,几乎完全是枯燥的政治报道。在形式方面,标题呆板,段落很长,没有小标题,如当时最常用的标题是:"格兰斯登先生在某处如何如何……"至于新闻写作,仍是利用速记,逐字报道。所以名人演说,都是全文刊登。……知识分子,喜欢阅读政治、法庭及股票新闻,而一般大众则喜欢娱乐消息。至于长篇评论,则很少有人问津。[4]

其中,新创立的《每日电讯报》"在标题方面,仍是只有一行,甚至许多消息,亦只以国名或地名作为标题"。[5]

在美国,著名的《纽约论坛报》已于20年前的1841年创刊,而10年前的1851年,雷蒙德的《纽约时报》也走上历史舞台:

> 美国的报业至1860年时已具有高度发达的水平……标准报纸通常为六栏宽,八个版面,不过雷蒙德的《纽约时报》经常出十版。很少有什么照片或插图……标题由于受到栏宽嵌线的限制,一般只占一栏宽的位置,大幅标题尚有待于在内战中才能发展起来。[6]

---

[1] 李瞻:《世界新闻史》,(台湾)三民书局,1993,第133页。
[2] 李瞻:《世界新闻史》,(台湾)三民书局,1993,第131页。
[3] 李瞻:《世界新闻史》,(台湾)三民书局,1993,第131页。
[4] 李瞻:《世界新闻史》,(台湾)三民书局,1993,第137页。
[5] 李瞻:《世界新闻史》,(台湾)三民书局,1993,第131页。
[6] 埃德温·埃默里、迈克尔·埃默里:《美国新闻史》,苏金琥等译,新华出版社,1982,第220-221页。

争抢新闻的竞争仍在继续，标题频频标榜新闻采集的渠道。比如《先驱报》惯常的头条新闻是"电讯"和"亚洲快讯"。"电讯"来自华盛顿、阿尔巴尼、法布罗和其他地方，"亚洲快讯"则包括从最新靠岸的轮船获得的所有海外新闻。《纽约时报》曾报道意大利的维克托·艾曼努尔和加富尔伯爵的演讲内容，是这样开篇的："富尔顿号轮船驶经鳕鱼岬后，已于昨晚抵达本港（带来这篇报道）"。

19世纪50年代的《纽约先驱报》在头版还有一些广告栏目，不是每天都有，但刊出次数也颇频繁，有时还在头版连载浪漫小说……[1]

（二）《香港船头货价纸》中的外国镜像

以上种种特点，大多都可以在同时期的《香港船头货价纸》上找到。在转载中国传统《京报》之前，这份中文报纸几乎是当时英国本土报纸的翻版。从内容上看，《香港船头货价纸》大量的报道是政治和军事新闻，即殖民地总督的行踪、英法军队的军事行动等，少有娱乐消息。从形式上看，所有新闻只标有《新闻》（或《宁波新闻》《京报》）的栏头，没有标题。各条新闻间简单以圆圈作为起始或分割（分段）。从类型上看，《新闻》栏目全文刊登各种文告、公告、声明等，且不加任何注释和说明。

除此之外，《香港船头货价纸》在立场上还更多体现出英国报纸，而非中国报纸的态度和观点。作为英国殖民地，当时的香港是其"祖家"在华的一块"飞地"。与之相应，作为英人主办的华文报纸，《香港船头货价纸》不仅体现出英人的一般立场，还显示出了创办人的独特态度，如淡化、美化侵略和攻击，称英法军队赴某地"游玩"，鼓吹中外友好。[2] 再如有意凸显中国落后，不仅

---

[1] 迈克尔·舒德森：《发掘新闻：美国报业的社会史》，陈昌凤、常江译，北京大学出版社，2009，第56-57页。

[2] 如前文提到的第236号、237号、242号《香港船头货价纸》关于英军赴香山城"兴师问罪"的连续报道。

不如英法，还不如日本、越南等。[1]

《香港船头货价纸》还有着明确的商业本位和为特定群体代言的办报方针，体现出非常清晰的"为谁而办""办给谁看"的报纸定位。尽管时政军事新闻在《香港船头货价纸》刊载的《新闻》中占据了较大比例，但作为一份以"船期货价"等商业内容为主的报纸，《香港船头货价纸》还是体现出了强烈的商业本位。所刊登的消息和言论也体现出为商人群体代言的倾向。如前文提到的第217号《香港船头货价纸》对"佛山总局设一抽厘例"的分析评论，完全站在地方生意人和小商人的立场上，对这一政策可能带来的后果进行深入分析，并发表评论。可以说，在这一点上，《香港船头货价纸》体现出了强烈的自主和自觉。

可以说，作为一份外报的中文版，《香港船头货价纸》并不是从零开始，它站立在英美等西方国家报业的肩膀之上，既延续了西方报纸和西方人对中国的观点和态度，也继承了西方报业彼时所到达的阶段和所积累的经验。这在事实上给其后的中文报纸提供了一个起点——有理由相信：近代中文报刊的办报者们会在之后不断抛弃西方人的态度和观点，但是报纸的编排形式、新闻的写作技巧乃至对于读者群体的想象方式等还会得到部分的沉淀和保留。换句话说，西方的样板还将长期以各种各样的方式影响中国人对于新闻的理解，参与塑造中国人的新闻观。

三、香港绅商社会的形成与《香港船头货价纸》的转变

通过以上种种分析，我们似乎可以得出结论：《香港船头货价纸》是一份较为彻底的外国报纸，虽然其所有者和秉笔人试图"学了中国人的口气"[2]，以"办给中国人看"，但在几乎所有关键性问题上，它都更接近于它的"祖家"同行。

但是，最有意思也最有价值的并不是《香港船头货价纸》与英美报纸有何

---

[1] 如第200号《香港船头货价纸》："日本国公子辉山，于旧岁请荷兰水师提督、并手下各员饮燕。饮后游日本国军器厂大炮台，见有许多子母大碰炮，由九寸至十一寸大，又有许多三十二磅码子大炮，俱是日本人制造、并非由外国买来。由此可见，日本国之军器亦胜于中国军器矣。"第252号则根据来港运送病人的火轮船报道，感慨安南人胜于时下华人，甚至施以言语讥讽、威胁。215号《香港船头货价纸》提到传言咸丰帝派人阻拦英国钦差进京时，评论道："以上言未知真否，如若是真，可见大清官长屡屡办事如同小子弄戏一般，虽立明和约、两国钦差盖了关防以昭信守，亦有悔恨之意也。"

[2] 方汉奇语。

相同之处，而是这份中文报纸在"学了中国人的口气""办给中国人看"之后，究竟发生了哪些完全不同于英美报纸的变化？放弃"先进"与"落后"这些今天的成见，客观地观察这些变化，能让我们更为深入地理解中国的现实土壤以及这一土壤如何决定着一张报纸及其负载的观念。

（一）从"新闻"到"京报"

观察现存全部79份《香港船头货价纸》，其最大的变化在于后期，似乎是突然把古老的《京报》刻板、机械、别扭地和当时的"新闻"放在了一起。

在当时外国人的眼里，《京报》"仅仅是关于朝廷官方法令、官员升迁罢免的记录，没有任何社论评述或说明"[1]，"最初完全是为了朝廷官员而创办的……官员的升迁、任免、调动、奖惩或流放于荒野等都是《京报》的主要内容，而这些内容并不能吸引对相关中国国情并不了解的外国读者"[2]。作为中国古代报纸代表的《京报》，显然与当时已经高度发达的西方报业格格不入。

然而，对《香港船头货价纸》来说，转载《京报》确实给其带来了重要变化：

它大大增加了"新闻"在版面中占据的分量。根据统计，除个别极值外，在刊登《京报》（上谕）等消息之前，新闻所占版面约占全部版面（不含报头）的2.9%—8.7%，中位数为5.7%。刊登《京报》[3]之后，新闻所占版面约为11.7%—15.8%，中位数为12.9%。前后对比，新闻版面翻了一番多。

它也极大增加了来自北京及清朝政府的新闻。根据统计，在转载《京报》之前，来自香港及周边区域（广东境内）的新闻占据主导，来自清朝政府（北京）和与香港没有直接关联的国际新闻数量较少。在第49期《上谕》《京报》等栏目出现之前，北京的消息只出现过一次。

《京报》在《香港船头货价纸》上的出现经历了一个渐进的变化过程。仔细分析现存全部79份《香港船头货价纸》原件，前49份原件的刊号一直保持连贯，无一中断和缺失。然而，在前48份原件中，并无一条新闻内容与当时的《京报》有任何相关或相似。第49份原件（第246号）上首次出现了与《京报》内

---

[1] 柏德逊：《中国新闻简史（古代至民国初年）》，王海等译，暨南大学出版社，2013，第14页。

[2] 柏德逊：《中国新闻简史（古代至民国初年）》，王海等译，暨南大学出版社，2013，第12页。

[3]《香港船头货价纸》中所刊登的《京报》，基本都是完整的奏折或上谕，通常篇幅较长。个别称之为"上谕"。

容相同的《上谕》；在第51份原件（第248号）的《新闻》栏目中，首次刊登了一条完整的奏折；而在之后的第59份原件（第256号）上，《京报》栏目才终于正式露面。

《京报》自此开始频繁出现，如第260号、266号、272号、279号、281号、284号、285号《香港船头货价纸》均列有《京报》专栏。这时的《京报》栏目位置并不固定，有时置于《新闻》栏目之前，有时列于《新闻》栏目之后[1]；同时，《京报》与《上谕》并无严格区分，如第246号、253号该报刊载有《上谕》栏目，内容均为大臣章奏和皇帝朱批。另外，《京报》与《新闻》也时有交叉。如第248号、259号该报在《新闻》中同样不加区别地刊登了大臣章奏和皇帝朱批。由此，可以较有把握地推测，在《香港船头货价纸》中，传统《京报》是被办报者逐渐引入的。

回望当时的《香港船头货价纸》，今天的读者或许会感到困惑不已：从现存原件看，早期《香港船头货价纸》刊登的新闻与今天常见的新闻并无太大区别。不仅如此，正如前文所述，其中有些新闻报道无论从体裁还是报道技巧甚至伦理规范上，都有可圈可点之处。然而，在第49份（第246号）原件之后逐渐进入人们视野、杂于新闻其间的大臣章奏和皇帝朱批则显得不伦不类。这些章奏和朱批有时混杂于《新闻》栏目之中，有时被归于《上谕》，直到后期，才逐渐稳定地以《京报》的面目与《香港船头货价纸》中原有的《新闻》区别开来。[2]

（二）《香港船头货价纸》的内容与读者

《香港船头货价纸》为何会大量转载《京报》？一个可能是用来弥补版面新闻的不足——刊登《京报》后，新闻量的确大大增加了，相比转载《京报》之前，新闻数量增加了一倍有余；另一种可能是通过增加中国新闻的数量，以此向北京（中央政府）示好——但作为英人主办的殖民地报纸，它或许需要取悦于香港的殖民当局，甚至其"祖家"（英国）政府，但完全无须取悦于北京。还有一种可能则是：《香港船头货价纸》的读者需要阅读来自北京（中央政府）

---

[1] 如第256号、272号、281号《香港船头货价纸》将《京报》列于《新闻》之后，而第260号、266号、279号、284号、285号该报则将《京报》列于《新闻》之前。

[2]《京报》与《新闻》的区分更多是一种形式上的分类。正如现存《香港船头货价纸》中并列出现的《宁波新闻》与《新闻》栏目（如第270号、第273号）一样，《京报》《新闻》《宁波新闻》都属于今天的"新闻"之列。

的新闻,而在当时的情况下,转载《京报》是合法刊载这些内容的唯一渠道。

比较《香港船头货价纸》与英国本土报纸的不同,一个非常重要的因素就是当地的读者。读者对报纸的影响即使在今天也看得非常清楚。比如,在其他城市读者看来,刊登在杭州《都市快报》上的许多"新闻"或许根本就不是新闻,而不过是家长里短、风月闲谈。

那么,作为第一份近代化的中文报纸,《香港船头货价纸》究竟面对怎样的读者?这些读者有何特征?

(1)19世纪中后期的香港华人和华人社会。

香港开埠前只是隶属于广东新安县的一个渔村,"计西历1841年时,居民不过4000人,半是渔父,半是农夫。英属九龙不过800人。至1842年时,增至23000人。至1861年时,增至119321人"[1]。另据记载:"到1860年,(香港)全岛人口达94917人,其中华人92441人。"[2] 以此推测,在《香港船头货价纸》创刊的19世纪50年代末期,香港约有华人八九万人。

而华人社区则早在19世纪40年代中期就已基本形成:

> 十九世纪四十年代中期,随着广东沿岸各地华人的大量流入,以西环太平山为始点,东至钵甸乍街、西至西营盘的华人新移民区逐渐形成……由华商经营的店铺如雨后春笋般涌现。据不完全统计,1845年华人开设的店铺有38家,行业种类共59个……有关居民日常所需衣食住各类物品一应俱全,形成了一个与中环核心商业区迥然不同的繁华华人社区。[3]

这一时期的华人社会基本延续了中国传统的生产和经营方式,其在香港经济中的地位显得微不足道:

> 他们(华商)以当地居民为主要销售对象,按中国传统方式经营日常生活用品,本小利微,地位低下,与实力雄厚、垄断对华进出口贸易、号称"商业大王"的洋商不可同日而语……到50年代初,维多利亚城已略具雏形;以商人、买办、负贩、手工匠和苦力为主体的城市型华人社

---

[1] 陈勋:《香港杂记:外二种》,莫世祥校注,暨南大学出版社,1996,第71页。
[2] 莫世祥:《香港早期城市发展与华人社会的调适》,《近代史研究》1996年第2期,第173-188页。
[3] 冯邦彦:《香港早期华商经济的崛起》,《港澳经济》1998年第7期,第20-23页。

会已初步形成。[1]

而在《香港船头货价纸》创刊前的19世纪50年代初中期，香港的华人社区也经历了一个重大变化：一方面，席卷南部和东部多数省份的太平天国运动使广州等地的大批商贾、地主携带大量资本涌入香港避难，并将香港作为其营商的新基地，从而使"香港市面呈现开埠以来仅见的繁荣景象"[2]；另一方面，随着美国和澳大利亚等地兴起了金矿热，航运也同时勃兴，香港的人口流动和转口贸易的枢纽性地位得以确立，专营这些业务的"南北行"很快发展起来。

据徐曰彪考证，1858年，香港共有行商35家，次年增到65家，1860年达77家，两年间增长逾一倍。而"与此同时，为适应洋商扩大对华贸易的需要，洋行买办的队伍大增……在不太长的时间内积累了惊人的财富，成为香港贸易经济的重要支柱……这一阶层人数虽少，但能量很大，在尔后成立的华人社团中，他们与行商旗鼓相当，同居支配地位"[3]。

由此可见，《香港船头货价纸》的目标读者很可能就是这些华人行商，从广东等地来港的富户、地主，以及虽然人数相对较少，但影响力巨大的买办，或许还包括华人社区内华商经营的店铺。

（2）19世纪中期以后，香港华商的主要来源和特征。

由上可知，19世纪中期是"香港发展过程的转折点"，而其原因就在于内地动乱而导致的"华人富户移居香港"。

相比1840年后香港开埠初期，这次前所未有的移民潮更多的是给华人社会，尤其是香港华商带来了结构性变化。如表3.1所示。

表3.1 19世纪香港外来移民潮基本情况[4]

国籍	华人		外籍	
时间	开埠初期 （1841—1850）	19世纪50年代 （1850以后）	开埠初期 （1841—1850）	19世纪60年代末 （1851—1900）

---

[1] 徐曰彪：《近代香港华商的崛起（1841年—1900年）》，《中国边疆史地研究》1993年第3期，第89-99页。

[2] 冯邦彦：《香港早期华商经济的崛起》，《港澳经济》1998年第7期，第20-23页。

[3] 徐曰彪：《近代香港华商的崛起（1841年—1900年）》，《中国边疆史地研究》1993年第3期，第89-99页。

[4] 兰静：《近代香港外来移民与香港城市社会发展（1841—1941）》，博士学位论文，暨南大学，2011。

续表

国籍	华人		外籍	
路线	九龙至香港（嘉应府、惠州府至香港）	两广、浙江沿海至香港	欧洲至香港印度、澳门至香港	广州、澳门至香港
人口涨幅	310%	289%	453%	354%
移民种类	劳工农民	富人平民	传教士、商人官员、军队	商人
移民动因	香港的就业机会（拉力）	内地的战乱（推力）	政府行为	广州、澳门等地对外籍商的消极政策和环境（推力）
移民类型	发展型移民	生存型移民	强制型移民	生存型移民

可以较有把握地说，19世纪50年代以后，这些带有大量资本的移民成为香港华商的主体，与开埠初期相比，这些华商不再只是局限于华人社区，"以当地居民为主要销售对象，按中国传统方式经营日常生活用品"，而是做起了转口行商等买卖，逐渐成为"新式商人"。这些新式商人"驰骋于商品流通领域，与洋行及海外市场有着密切的联系，并积累了按照国际贸易惯例经商的经验，不论是其经营方式，还是在思想观念上，都与传统的旧式商人有很大的不同"[1]。

然而，这些"新式商人"一方面固然由于他们与世界市场的紧密联系，而对于"船头货价"有着极大兴趣，但另一方面，他们仍然保持着中国传统商人的习惯和特征。

19世纪50年代以后，虽然移民的路线是"两广、浙江沿海至香港"[2]，但其中，来自广东，尤其是广州的移民在其中占据了绝对优势。根据1886年香港官方人口普查的资料，"在199875名华人陆地居民中，原籍广东者197526人，比例高达98.8%"。而根据香港1887年的人口普查报告，在当年全部197604名广东籍华人移民中，来自广州府的华人达156600人，占全部广东籍华人移民的近80%。[3]

---

[1] 张晓辉：《略论近代香港华人资产阶级》，《暨南史学》2005年第4期，第354-375页。
[2] 见"表3.1 19世纪香港外来移民潮基本情况"。
[3] 兰静：《近代香港外来移民与香港城市社会发展（1841-1941）》，博士学位论文，暨南大学，2011。

考虑到19世纪50年代一系列战乱均与广州直接相关：1851年太平天国起义军迫近广州；1854年天地会"红巾军"围困广州城；1857年底英法联军攻破广州城，并实施了长达四年之久的殖民统治。整个50年代，由于持续动乱，加上"五口通商"带来的影响，广州十三行迅速没落，且一蹶不振，并在19世纪后期，被香港全面超越。由此，可以推断，来自广州的商人、巨贾，在整个19世纪中后期构成了香港华商的主体和中坚[1]。这些来自广州的商人、巨贾与清朝中央政府有极为紧密的关系，虽然身在作为英国殖民地的香港，但"他们的基本选择和价值取向仍是祖国的故乡"[2]。在这一点上，虽然原因不尽相同，但他们与王韬同样"虽身在南天，而心乎北阙"。

这首先体现在广州商人与封建王朝的传统关系上。长期以来，由于"一口通商"的存在，除陆地外，西方国家进入中国进行贸易的唯一通道就是广州，加上所有外贸又归于行商，这使行商在近百年的发展中，"成为与两淮盐商、山西晋商齐名的清季三大商帮之一"，而行商"作为具有半官半商性质和垄断特权的机构，是链接政府与外商的重要环节"，也因此"呈现出鲜明的官商结合的特征"。[3] 西方列强制造的"条约口岸体系"，虽然废除了广州的官行，但行商的传统始终存在，同时，"行商时期所孕育的包括买办在内的中介商人，在鸦片战争后活跃于条约通商口岸，发挥其业群优势与贸易传统"[4]。

清末一系列政局变化，使商人前所未有地进入了"士绅群体"之中，从而使"亦绅亦商"成为常态。太平天国运动带来的对捐纳监生和官职的鼓励，"使晚清士绅群体的规模扩大了40%以上，士绅总数从约10万增至14万多人"，"不仅封建官商及大富商可以跻身士绅阶层，而且一般县城及商业集镇中的中小商

---

[1] 事实上不仅如此，直到20世纪初，"广州商人的组织广州总商会、粤商自治会，商人控制的九大善堂，俨然是包括香港商人在内的所有广东商人的代表。"（邱捷：《清末的广州商人与香港》，载于《中山大学学报（社会科学版）》2002年第2期，第15-24页）。联号企业也是一个例子："对大量企业个案进行归类综合整理的结论是：双边联号的产生以粤港之间最早、数量最多（尤其是总行总店在广州或香港，分行分店在香港或广州的情况最为典型）"，而"据对数百个企业广告内容的分析，得知其大部分都与广州及其附近区域的工商界有直接联系。"（张晓辉：《从香港华商的兴起看海内外华人经济的交融》，《近代史研究》1997年第6期，第81-102页）

[2] 张晓辉：《从香港华商的兴起看海内外华人经济的交融》，《近代史研究》1997年第6期，第81-102页。

[3] 肖楚雄：《行商制度到买办制度变迁研究》，硕士学位论文，广州大学，2012。

[4] 肖楚雄：《行商制度到买办制度变迁研究》，硕士学位论文，广州大学，2012。

人也可以花上几十两银子捐监授职,改变其社会身份"。[1]

部分买办商人也通过"捐纳和报效途径而成为亦绅亦商的晚清绅商":"凭借其雄厚的财富及与西方列强的联系,通过捐纳等手段,一批富有的买办商人在19世纪下半叶以来也纷纷跻身士绅阶层。上海滩上的著名买办,几乎人人均有道员、知府、知县等头衔。"[2]

  实际上,由于科举与捐纳制度,"绅"与"商"的对流早就存在。有清一代,广东一直是商业特别繁盛的省份,无论是"由商而绅"还是"由绅而商",在广州早就出现。在19世纪中叶,广州已经有一批有功名、职衔的大商人……到了清末,不仅在大商人,而且在中小商人中也出现了不少"绅商"。而在士绅当中,涉足商业或从商业中得到收入者,也更加普遍。[3]

但是,这种在19世纪中期以后变得极为明显和扩大化了的绅商合流趋势,并不是真正意义上的近代现象,而只能被视为"传统内变迁":"在传统的社会、经济结构之内,绅与商的结合,主要是商人向士绅群体认同,往往会从经济、政治和文化上进一步巩固封建体制。"[4]

《官场现形记》里就描写了这样一位捐了候选道头衔的"绅商":

  我不过在这里做生意,算不得什么;不过常常要同你们诸位在一块儿,所以不得不捐个道台装装场面。我这道台,名字叫作"上场道台":见了你们诸位道台在这里,我也是道台;如果见起生意人来,我还做我的一品大百姓。[5]

可以说,与他们的先人相比,19世纪中期从广州移民香港的商人巨贾们身

---

[1] 贺跃夫:《晚清绅商群体的社会构成辨析》,《中山大学学报(社会科学版)》1994年第4期,第39-47页。

[2] 贺跃夫:《晚清绅商群体的社会构成辨析》,《中山大学学报(社会科学版)》1994年第4期,第39-47页。

[3] 邱捷:《清末文献中的广东"绅商"》,《历史研究》2001年第2期,第139-147页。

[4] 贺跃夫:《晚清绅商群体的社会构成辨析》,《中山大学学报(社会科学版)》1994年第4期,第39-47页。

[5] 李宝嘉:《官场现形记(下册)》,人民文学出版社,1957,第579页。

上带有更多的封建气息，除经商以外，或者说正是出于经商的需要，他们与清朝政府、清朝官僚的联系更为紧密。甚至，在某种场合下，在某种意义上，他们成功地进入了官场的圈子，成为上流社会官绅的一员。在这个意义上，张月爱对当时香港华商的画像也颇为传神：

> 当时来港的华商，大多只是热衷功名，不是崇洋的买办，就是守旧拜金的封建士大夫。但随着经营有术，精打细算和对雇员的盘剥刻薄，渐渐成为当时最大的业主，在六十年代经济衰退中，收购倒闭的洋商堆栈，其财富及势力，到七十年代竟渐渐凌驾于洋商之上。[1]

（3）香港华商和《香港船头货价纸》的读者们。

通过上述分析，我们大体可以在脑海中浮现出《香港船头货价纸》所面对的读者的身影：他们往往有着清朝的功名顶戴，一系列社会变动使他们分裂式地朝向两个似乎相反的方向——一方面，他们的生意和整个世界，尤其是西方世界前所未有地嵌入到了一起，无论是"南北行"，还是"金山行"，大洋彼岸的一举一动，开始直接影响甚至决定着他们的生意和生活；另一方面，他们经过几代的努力，在中国逐渐走向衰落之时，戏剧性地得到了清朝政府的某种接纳，甚至和他们之前仰望的"大人""老爷"们把酒言欢。

就这样，这些商人站到了两个世界的大门前，同时在两个世界中达到了他们的高峰和顶点。既现代又守旧，既面向世界又顾恋北京，既关心货价船期又着意于清朝政府的一举一动，这就是《香港船头货价纸》所面对的读者，这也解释了为什么来自经过"便士报"的革命，严肃报纸和大众化报纸两强并立的格局已基本形成的西方世界的近代报纸，到了中国，在极短的时间内，便奇怪地既一身洋装，又顶戴花翎，既刊登了不逊当代的各类新闻作品，又杂糅着满是上谕奏折的古老《京报》，展现出一幅难免令今天的读者惊诧莫名的怪异图景。

我们今天已经无法得知《香港船头货价纸》确切的发行对象和发行数量。关于发行对象，《香港船头货价纸》只在其右上角的启事中略有提及，"每逢礼拜二、礼拜四、礼拜六为期遍派香港各铺户"；而对于其发行数量，《香港船头货价纸》则没有任何暗示，我们只能根据类似报纸加以推测。10余年之

---

[1] 张月爱：《香港1841—1890》，载《香港与中国：历史文献资料汇编》，广角镜出版社，1981。

后创刊的上海第一家中文报纸《上海新报》"发行数十年来始终未突破期发400份的水平"[1]。1872年4月30日创刊的《申报》销数均六百份，四年之后才增至二千份。[2]

戈公振亦转引《上海闲话》介绍在《香港船头货价纸》之后陆陆续续出版的中文报纸："昔日每日发行之报，无过数百份。每份仅一纸，其事务之简单可知……报馆所出之报，其总数无过于数百份，而社会之不欢迎又如上述，则所谓长年订阅之各家，究系何人？盖大率洋商开设之洋行公司，及与洋商有关系之商店为多。"[3]

由此估计，《香港船头货价纸》的发行量应该不会超过四五百份的规模，而其最直接、最主要的第一批读者，仍然是洋行公司的买办和与洋商保持着生意往来的华人商户。

如果我们把《香港船头货价纸》的影响力想象成一个震荡波的波心，那么，这数百名买办和商户，很可能就是这个波心向外扩散所波及的第一圈涟漪，而根据与"洋商"关系强弱的不同，其他华商则是这个涟漪的第二圈、第三圈……考虑到当时（1860年前后），香港华商的势力已经崭露头角，可以想见，对《香港船头货价纸》的创办人和秉笔者来说，虽然现实的订阅不过来自区区数百人的"小圈子"，而其办报的着眼点和想象中的读者一定远远超出了这个范围，当涵纳所有参与进出口贸易的华商，甚至所有营业的华人商铺。在这个意义上，香港的整个华商群体，而不仅仅是少数的买办，才在终极的意义上决定着《香港船头货价纸》的内容和新闻呈现，正是他们，决定着中国近代中文报纸迈出的这第一步。

作为中国最早的近代化中文日报，《香港船头货价纸》给了"新闻"以全新的定义。它刊载中央政府的最新动态，方统治者的活动、起居，与读者有关的经济信息和市场行情，发表对社会热点事件的报道和评论，监测与读者日常生活相关的事件、环境，照登部分"有价值"的文告和声明，以及传播与报纸所有者个人相关的情况信息。从新闻的要素、题材、体裁等具体业务层面来看，《香港船头货价纸》已经非常接近今天的报纸。

这个从中国的大地上破土而出的"新鲜事物"，甫一降生，就呈现出一些全新特征：它关注清朝政府的动态信息，极大强化了报纸的政治色彩。和传统

---

[1] 马光仁：《上海新闻史》，复旦大学出版社，1996，第58页。
[2] 曾虚白：《中国新闻史》，（台湾）三民书局，1989，第148页。
[3] 戈公振：《中国报学史》，中国新闻出版社，1985，第85-86页。

的《京报》一样，它表现出对国家大事和中央政府的极大兴趣。从报纸版面的呈现来看，这种兴趣至少与其对自身利益和所在地区的关注相当[1]。这也使《香港船头货价纸》上的政治色彩与西方政党报刊概念下的"政治"有着根本区别。

它前所未有地开辟了普通士绅和百姓发表意见观点的新渠道，在事实上为一个新兴舆论场的形成打下基础。《香港船头货价纸》引入了西方成熟报刊模式，一方面使普通人有机会通过投书或刊登启事文告的方式表达自身观点[2]，另一方面，它在"商贾百执事"等原有官僚阶层之外建立了新的传播渠道，也使更多人有机会接触多元观点，参与意见市场，从而改变了传统以《京报》为核心的信息传播系统中，绝大多数普通士子和下级官绅"失权无声"的旧有格局。

它还呈现出通过办报来干预社会、干预政治的一种全新可能。《香港船头货价纸》中的不少新闻都显示出了报纸所有者强烈的个人色彩。"卖猪仔"就是一例，未士孖剌对这一问题的态度不仅大量反映在《香港船头货价纸》所刊发的评论上，还体现在普通的社会新闻、相关文告，甚至未士孖剌对涉及自身的新闻官司的传播上。而《香港船头货价纸》中所呈现出的"主笔之士"和"开设新闻馆者"之间可能存在的张力和矛盾，也给真正意义上的国人自办报刊埋下了伏笔。

---

[1] 这从转载《京报》前后新闻占据版面的变化上可以看出。
[2] 《香港船头货价纸》上刊登的南头彭城埠盐商的禀文声明等就是一例。

第四章 从义理到新知:"文人论政"与近代报纸的主体性生成

内容概要

面对扑面而来的种种"新知",王韬那一代报人的本能反应就是将之纳入儒学传统中来理解,因此,其知人论世的出发点往往是"义理"。而"奇闻""志异"则是强行把西方社会现象嵌进传统礼俗框架。这使得《循环日报》创办早期充满了道德说教式的时政报道以及奇闻化了的社会新闻。义理和成见中的报纸新闻,体现出的是那个时代知识人认识的局限。随着办报的深入,《循环日报》对世界的呈现出现从"论说"走向"事实"、从"主观"走向"客观"、从"混乱"走向"有序"的新变化,近代报纸编辑人开始走出传统文人的知识框架和伦理视野,以更加开放和包容的态度观察世界,对西方世界和它自身也开始有了新判断。这种变化既是报纸长期稳健发展的必然,也是遵循新闻与舆论的自身规律,实现其"主体性"和"本质规定"的必然。

从《香港船头货价纸》创刊的19世纪50年代末到《循环日报》创刊的19世纪70年代中期,社会环境发生了巨大变化。香港的华商群体在与洋商的竞争中全面胜出,已经成为香港经济的主要支柱。同时,中文报纸也已在条约口岸城市中占据一席之地,香港《华字日报》、香港《近事编录》在华人群体中的影响不断扩大。

正是在这种背景下,《循环日报》从创刊开始,便不再如《香港船头货价纸》一般左右摇摆、"打扮"离奇,而呈现出一种高度稳定的样态。它的创办者王韬,在此前就已经是一位"资深"的报人[1]，在主办《循环日报》时，更是获得了极大的自主权——"所有资本及局内一切事务，皆我华人操权"[2]，这就使得《循环日报》前所未有地"本土化"了。更由于这种经济上的自主、政治上作为殖民"飞地"与传统权力中心的游离，给办报者带来了空前的自由，使《循环日报》能在最大程度上实现其办报人的愿望。报纸的新闻呈现也因此被更多地打上了其编辑者自身的烙印。

那么，这样一份能够体现其编辑者自身思想理念的"本土"报纸，究竟是如何向当时的人们描述这个世界的？

一、道德化色彩下的猜测与传闻：《循环日报》的时政报道

《循环日报》早期原件藏于大英图书馆，此外日本也藏有1874年5月到8月，以及1880年之后的部分原件。目前国内能够看到的只有1874年5月之后的部分影印件[3]。我们不妨就从国内能见到的最早的1874年5月开始，首先看看《循环日报》究竟如何报道时政新闻，尤其是当时人们关心的重大事件。

从1874年5月18日到6月18日一个月内，《循环日报》共刊登242条时政新闻，其中报道最集中和频繁的就是所谓"日本伐台湾生番"，与其有关的新闻共有60条，占全部时政新闻总数的四分之一。由于《循环日报》在此期间刊发的大量论说也与此事有关，因此，从版面上来说，"日本伐台湾生番"的报道在时政新闻中占据的分量更重。我们不妨以此为例，看看《循环日报》是如何组织报道的。

《循环日报》对所谓"日本伐台湾生番"的报道极为全面：从题材上看，60条新闻中有消息46条、评论6篇、背景性报道8篇，全面关注和搜集了日本军事等各方面动向，其中既有军事动态（如部队调遣、战事状况）、日本备战等情报（如直接的备战消息、日本国内动态），也有关于中日外交（如日本钦差动向、地方官员商谈情况及两国政府的正式交涉）、中国政府民众及他国反应（包括各地官员、相邻地区民众及英美等其他国家反应），还有对日报及西方报

---

[1] 王韬在创办《循环日报》前不仅从事过多家报纸的编务和主笔工作，还对西方报纸进行了考察，他创办《循环日报》前为其赢得名声的著作《普法战纪》中的多数内容就来自西报，并在《华字日报》《申报》等中文报纸上连载。

[2] 《本局布告》，《循环日报》同治十二年十二月二十六日。

[3] 目前大陆的各大图书馆均无收藏早期《循环日报》，只有复旦大学新闻学院资料室有部分《循环日报》影印件。笔者研究所用《循环日报》影印件均来自复旦大学新闻学院资料室。

道的澄清与点评（澄清外报之误，大力驳斥日本报纸的谎言和谬论）。

在不断发表消息和评论，以进一步澄清事实、指出关键、明晰对策之外，《循环日报》还刊载了大量背景材料，其中最有代表性的就是一系列《台湾番社风俗考》。仅1874年5月18日到6月18日一个月内，《循环日报》就刊登了7篇"风俗考"，全面介绍台湾各番社，尤其是其衣食住行、习俗喜好，以增进国内对其的了解。此外，《循环日报》对台湾情况的全方位介绍还散见于各类新闻及其按语之中。

总体看，《循环日报》对"日本伐台湾生番"这一事件的报道极为详尽，它不仅局限于动态事实，还借助其雄厚的历史知识对事件加以解释、评点，不仅报道事实，还以常识判断事实的真伪，各种报道题材和手段的运用亦十分灵活，往往述评结合，边评边述。尤其值得关注的是，《循环日报》十分注意运用各种方式与日本和西方报纸的报道作"斗争"，尤其注重找回正义的制高点。

但与此同时，在今天看来，《循环日报》的报道也存在一些明显的缺陷和瑕疵。

（一）新闻与传言、事实与观点相混杂

消息源的准确和多样是决定报道是否能够如实反映世界的关键性因素。从这方面来看，《循环日报》上刊登的有关"日本伐台湾生番"事件的消息来源高度依赖各种口岸传闻和中外报纸，加之官方消息不透明，导致猜测与事实并举，新闻混杂各类传言。

《循环日报》的消息来源有以下几种：一是各国兵船带来的消息，如"英国兵舶海列带来消息云""英国炮船曰衍控由台湾回上海，述及……""我国炮舶英武于四月十七日到厦探悉台湾消息……""日本尼波火船由台至长崎云……"；二是各国报纸，如上海的《申报》《东瀛日报》、长崎的《西字新报》等；三是各地消息与电讯，如"京师消息""福州消息"[1]；四是私人邮信，如"有友旅于台湾，近日邮书至港云"；五是官场公牍，如"今日始有明文，盖文系闽浙总督李制军檄行总办、福建洋务总局之督粮道陆观察转达上海日本领事公馆者也"；六是很可能来自传言的"私家消息"，如"私家消息云，日本地方官现令旅于其地之华人出境，将下遂客之令。"

---

[1] 1874年6月4日的《循环日报》曾有言："东洋兵临台湾一节先后本馆列论至再，或采路新闻日报，或得之电线音传，而终未见官场公牍。"这些只注明消息来源地的消息，或许至少相当一部分是通过"电线音传"的方式得到的。

1874年,《循环日报》还没有专门的"访事人",而仔细分析这些消息源,则相当一部分模糊朦胧,几与"传言"无异——无论是"各地消息",还是"私人邮信""私家消息",基本都是个人观察,缺少足够的"旁证";往来"兵船"带来的消息也与水手们的议论混杂,"各国报纸"所载更是错漏百出,尤其是日本报纸,《循环日报》曾多次提及其"论事反复不定""种种虚词凭空播弄"。各种消息中唯有官场文牍较为可信。但官场公文和官方消息在当时的传播系统中除了迟缓不灵的《京报》,并没有其他下达的渠道,《循环日报》不少消息中提到中外官员的交涉,往往变成相互间的拜会交际,具体内容语焉不详。

　　典型的如,"上海道宪沈观察于四月二十二日往见驻沪日本领事,聚谈良久,然后回衙。或谓所言甚为秘密,外人均不得而知。想其为用兵台湾一事欤。夫领事职卑分小,所辖者一方贸易事宜耳,其国中军旅重事,必非其所主。然则与之酌商亦独何欤?"[1] 再如,《台湾兵事已见公牍》一文谈及"日本钦使柳原大臣到沪后,藩道两宪连日宴会,所谈各节内台湾一事,闻钦使之意似乎不相干预,惟称兴师前往之故,实只镇以威武,却非定与番众决仗耳。以上会谈不过略闻其概,究竟若何则军机大事,极属严密,原非局外者所得闻见也"[2]。

　　由此,不难想象,《循环日报》上刊登的大量所谓"新闻",确实很难与"传闻"真正划清界限。所谓"面不够,水来凑",正是由于缺乏确切的消息来源和通畅的信息获取渠道,《循环日报》上的不少新闻被"补充"进大量编者个人的想象、感慨与评点。新闻事实本身有时反而成了"新闻主体"的"由头"。

　　在有关"日本伐台湾生番"的报道中,这样的例子俯拾皆是,如1874年6月4日《循环日报》一条541字的消息,核心事实不足百字:"非里亚火船常泊港中,即英国家驻防兵舶也,重行修整,现已竣工。因试于海面驶行。于昨日清晨卯正启行,环历香港一周,时仅以初耳。下午又复动轮驶往台湾兼及日本横滨,探察消息。"

　　除了这种较极端的情况,大量的情况则是"事实 + 想当然的猜测",或者"事实 + 感慨",如"日本现有数船由长崎往厦门装载食物,想必为供给军需"[3],"东洋有钦差数日间将至上海,以转路至京师,盖与台湾事有相维

---

[1]《循环日报》1874年6月12日。
[2]《循环日报》1874年6月10日。
[3]《循环日报》1874年5月30日。

系也"[1]，"日本火船名美勤尾摩鲁，由日勒港驶抵厦门，大抵为探听消息尔"[2]。再如，"勘察台湾之事闻我国已专遣星使前往。昨传系沈中丞幼丹，旋又闻潘方伯伟如，大抵此消息当非讹也。方伯为吾吴下名士，向尝观察山东于海疆情形了如指掌。旬宣八闽，迭树风声，整躬率物，众皆景仰。今此行也，诚试之于盘根错节，而益见其才矣。"[3]

（二）事件解读体现出明显的泛道德化

对于"日本伐台湾生番"，一方面，《循环日报》尤有见地地认识到"日本伐台湾生番"很可能是借机占据台湾的借口，其核心指向是割据中国土地。另一方面，《循环日报》看待这一事件还掺杂了大量来自中国历史、传统的判断，以及儒家伦理的标准、天道循环的臆想。这表现在，评论中大量使用道德化和情绪化的语言，如批评日本的虚伪"跳荡拍张，阴谋诡智，犹不改东方椎髻之习"，嘲笑日本设立领事"然贸易寥寥，不足以当西国一指臂，而亦必设有领事以主持其间。其好大喜功于此略见一斑"，等等。

而对于日本出兵的原因、战争的进程，以及事件可能给中国带来的后果等重大问题的分析，《循环日报》也采取了一种伦理道德的解读方式，如对战事起因的分析，认为其不过是转移内部矛盾的"狡狯伎俩"，"兵戎一兴，伊与胡底，观于此则曰求富必出如是狡狯伎俩也，究不如不求富之为贵矣"[4]；对未来战争的进程，认为日本"气张则必蹶，志骄则易盈，师以无名者不祥，众以贪用者必败"[5]，再如面对日本坚不退兵的表态，一方面认为"由此观之则日后兵戈之事，恐不得免耳"，另一方面又主观认为"其忧不在萧墙之内，即在肘腋

---

[1] 《循环日报》1874年5月20日。
[2] 《循环日报》1874年6月4日。
[3] 《循环日报》1874年6月11日。
[4] 1874年6月13日《循环日报》，题为《论西士述东洋事》："燕台有西士新自东洋来者，论其国舍旧谋新各事，爰集众人而告知曰，东洋于近十数年来变政改制或多谓其不图远大，不过矜目前之新政而已，不久则大患必作……今东洋因迫于内怨故逼于起谋，所以肆其诡谲之谋，行其觊觎之实，因而纵兵以犯我国之边境，其或陷罹两国于兵祸亦未可知也。兵戎一兴，伊与胡底，观于此则曰求富必出如是狡狯伎俩也，究不如不求富之为贵矣。"
[5] 1874年6月4日《循环日报》："日本之所加于我者，夫岂得为睦邻之道欤？……呜呼，时事方棘，杞忧孔大，天下之患乃有不在于内而在于外者，此志士仁人所为扼腕也。顾气张则必蹶，志骄则易盈，师以无名者不祥，众以贪用者必败。"

之间也"[1]。

除此之外,《循环日报》虽然一方面批评中国各方反应迟缓,另一方面则自欺欺人地认为,中国之所以如此,系遵循传统的信义之道。如1874年6月10日的《循环日报》在《日本伐台湾消息》中曾针对厦门官宪见日本兵士取道厦门购买食物而张皇失措评论道:"说者谓,日本调兵遣将,远驾艨艟以伐台湾取道厦门,其说亦已久矣,乃漫无准备,见其猝临,遂至形神惶遽,举措失宜。设有电报递传则已早为布置,何至于此耶?"而6月13日则自辩:"夫日本越境以侵我疆宇,戮我民人,其轻我国也甚矣,率土普天共怀义愤,只以邻谊所在,宁彼失信背义,我不可不循乎礼,盖先文告而后武功,我国之所尚也。"

1874年的《循环日报》通过"日本伐台湾生番"的报道展示给我们的,是真实与虚幻熔于一炉的世界,相较早期《香港船头货价纸》的报道,这时的《循环日报》在时政新闻的报道上似乎变得不再那么"质朴"和"纯真",大量的想象与论说和事实掺杂在一起。在今天看来,篇幅巨大,甚至近于迂腐可笑的道德说教和自言自语处于喧宾夺主的位置。

从现实条件看,由于缺乏最基本的新闻发布制度和信息采集手段,《循环日报》做到客观真实确实存在不少实际困难。但仅仅客观条件的限制恐怕并不能完全解释《循环日报》这一时期的样貌,综合来看,这一时期的《循环日报》放在首位考量的并非是被今天的读者所视为理所当然的新闻事实。

二、满是"神怪"的世界:社会新闻成为报纸主角

(一)社会新闻成为报纸"主角"

《香港船头货价纸》时期,社会新闻在全部新闻中所占比例尚微不足道(不足10%),而到了《循环日报》,则一跃成为新闻中的主角,在所有新闻中占据的比例接近一半。从内容上说,这些社会新闻多属奇闻轶事、艳遇凶杀、置气斗殴、偷盗抢劫、诈骗赌博、反常气候、悖逆人伦、家庭矛盾、讥讽时弊等。而从来源上来说,则多是来自案件官司、市井传言、中外报刊等(见表4.1)。

---

[1] 1874年6月18日《循环日报》,题为《日本不肯撤兵》:"闻我国官宪已与日本统大员筹议撤兵离境,勿攻生番,特所议未臻妥协,盖我国官宪必欲令其将水陆各师即日退回国中,毋得入驻台南,以为我边围患,而日本之答词则曰,不佞奉命兴师为用兵于台郡也,能进不能退,君无所辱命。由此观之则日后兵戈之事,恐不得免耳……故吾谓其忧不在萧墙之内,即在肘腋之间也。"

表 4.1　《香港船头货价纸》与初期《循环日报》新闻对比表[1]

类型 报纸	新闻所占比例	各类题材所占比例			不同区域所占比例			
		经济	社会	时政	本地	国内	中央	国际
《香港船头货价纸》	6.83%	29.4%	7.8%	62.7%	56.9%	21.6%	9.8%	11.8%
《循环日报》（1874）	38.7%	24.3%	45.0%	30.7%	34.3%	25.0%	9.1%	31.6%

在《循环日报》中，《羊城新闻》是社会新闻最集中的刊发地。

我们不妨先看看1874年5月19日，《循环日报》在《羊城新闻》中刊发的全部6条新闻所涉及的内容：科举考题（三十日南海四覆题：欲其子之齐语也至日挞而求其楚）、不肖子孙贻误自身性命（有余姓者四十余生一子，其年已舞勺矣，夫妻视为掌上珠。赋性亦颇聪慧……）、凶杀案件（有舅父毒死其外甥者）、自然灾害（西樵有一陈姓在城中贸易二十六日，接得家中凶信，因其屋泥筑者，历有年矣。是日暴雨不止……）、赌博造成家庭悲剧（有罗姓从乡偶出，省身有银一员，彼平日嗜赌……后闻其母与妻将银奔回乡间，彼亦遂回，今不知其何如也），以及好色遭报（周姓悦梁姓之妻美，忽一夕鸡鸣后，俟妻熟睡，踰板过其房……噫彼直自取其死也）。

在5月19日前后一周，《循环日报》在《羊城新闻》中还分别刊发了如下一些消息：5月16日，涉及失火、雷鸣、滋事、谋杀、鬼魅、题画、争秤、盗窃等主题[2]。5月18日，涉及关税、雷震、老人跌倒、奸案等主题。5月20日，涉及剪发、自戕索赖、异人传记、反常事件、官员游山等主题。5月21日，涉及盗画、劫色、争妇、雷震、巨蛇、人穷生贪等主题。5月22日，涉及江湖术士、遇疯、盗劫、争妓、猫有人性、科场考题、飓风、大雨等主题。

分析《羊城新闻》的内容，可以说其绝大多数都是粤港街头巷尾所发生或耳闻的市井生活、奇闻怪谈、异相天灾，涉及贸易交往、日常工作、家庭生活、消遣娱乐等各个方面。其中不少情节曲折、语言简练、故事性强，颇有传奇色彩。但若以新闻的标准衡量，则显得残缺不全，不着头脑：多数均无具体时间和明确消息来源；地点也极为含混，只有少数从文中可大致分辨出事件发生地，人物多数则只知姓氏。可以想象，这样的内容虽然今天看来"非牛非马"，但却是市井生活极好的谈资。

---

[1]《循环日报》的数据来自对1874年5月18日-6月18日《循环日报》所刊登新闻的分类统计。
[2] 均为消息的标题或主题。下同。

《循环日报》对社会新闻的这种"酷爱"使它不仅大量刊发来自"本地""羊城"(粤港)的内容,还大量刊载来自外地甚至国外的趣闻异事,社会新闻在《中外新闻》中同样占有相当比例。还以5月19日的《循环日报》为例,《循环日报》当日在《中外新闻》栏目刊登23条新闻,其中属于社会新闻的就有9条。[1]

可以说,《循环日报》上的社会新闻不仅分布广泛且来源多样,如果再把其条数少而篇幅大的因素考虑在内,那么,社会新闻在《循环日报》新闻中甚至成为相对的主体。[2]

(二)社会新闻的"神秘化"

在中国新闻史的传统叙述里,《循环日报》作为"文人论政"滥觞的身份最为显著。因此,多数研究也集中于王韬在《循环日报》上所发表的各类评论。然而,回到《循环日报》的文本本身,包含评论在内的时政新闻只占其新闻总量的30%左右[3],而大量经济新闻则是货价船期等极为具体的信息[4]。这意味着,被研究者所忽视的社会新闻,或许恰恰是《循环日报》的读者们阅读和谈论最多的内容之一。

那么,《循环日报》通过其所刊发的社会新闻,向读者呈现了一个怎样的世界?《循环日报》对这些社会新闻的取舍、编排,甚至直接评论,又暗含了怎样的内容?

先来分析一下《循环日报》社会新闻的结构。如果我们把从1874年5月23日到5月30日共8天的报纸作为一个剖面,那么,可以看到,这8天里,《循环日报》共刊登了93条社会新闻,平均每天刊登社会新闻约12条。这些社会新闻中,数量最多的首先是:天变灾害(18条)、纲常人伦(18条)及社会治安(16条);其次是:神怪志异(12条)、生活趣闻(12条)、官司诉讼(12条);最后是事故意外(5条)。

其一,《循环日报》高度关注各类天气和地质灾害。这些天气和地质灾害

---

[1]《循环日报》甚至转载了大量社会新闻。如5月19日前后一周(5月16日-5月22日),《循环日报》的《中外新闻》栏目共有12篇消息转载自《申报》,其中有4篇就是软性的社会新闻:"桐严杭州妹传""买舶被劫""选花韵事""孝子寻亲"。

[2] 如与社会新闻相比,以刊登船舶往来、市场行情为主,堪称标题性新闻的"电报"条数多而字数少。

[3] 参见表4.1。

[4] 如仍以5月19日的《循环日报》为例,当天7条经济新闻中,全部可归为货价船期等经济信息。

有时直接影响生意——如5月26日报道的福州洪水直接导致福州茶市开市日期推迟；有时影响城市道路交通和人员往来——如5月25日报道的本港山水下注、西江水涨，5月26日报道的广东水涨，5月29日报道的广州沙面道路被雨冲坏等；有时则带有"神秘"色彩——如5月23日报道的新加坡迅："雷轰电闪，霹雳交加，殊觉异于寻常……有一差馆为电火所烧死者一人，时环集而观者千有余人。当雷殛时，其人不知飞往何处，唯见死鸽一殒自天空而已。"

其二，纲常人伦和神怪志异是《循环日报》又一个重点关注的领域。这不仅体现在相关新闻的条数多，还体现在新闻所占据的版面上。全部93条社会新闻中，篇幅较长，占据三分之一栏以上的新闻共有19条，其中属于纲常人伦的有9条，神怪志异的有5条，两者在版面篇幅上居于绝对主导地位。《循环日报》对他报的转载也可为旁证。7天之内，《循环日报》的社会新闻中标明转载自《申报》的共有11条，几乎全部属于纲常人伦和神怪志异两种类型。[1]

其三，诉讼官司中也有不少内容与纲常人伦有关。诉讼官司并非依据新闻的内容来确定，在严格的意义上，并不能与"纲常人伦""社会治安"等并列。单独列出"诉讼官司"只是因为《循环日报》上刊登了不少明确的官司案件，直接注明"某某案"，显示出这些案件是当时香港社会的关注重点，同时，有些案件并没有详细介绍，很难在内容上被归入任何一类。如果从内容上再仔细分析这些官司案件，相当数量的官司案件与"纲常人伦"有关，如5月23日、26日、27日《循环日报》持续关注的"鸨母何美之案"，讲的就是鸨母何美和她以"八十金"购得的养女刘玉围绕"下药"还是"发疯"的纠纷。5月25日的"孔氏案"则是一桩疑似家庭冤案，夹杂着当事人因染病濒死而担心冤魂索命的自述。5月29日的"日本奇案"讲述的是生活在日本的西人夫妻因各种矛盾反目成仇并最终杀人自杀的故事。

"生活趣闻"中除了纯粹聊博一笑的娱乐报道（如"西国女子误以蜂蜜为脂粉"，"情急颠倒，扔人下楼之后再垫被褥"），则更多的是社会百态的探奇报道（如俄皇嫁女、英格兰妇女要求禁酒）。

整体来看，《循环日报》的社会新闻中，除各类灾害事故案件以外，其所呈现的是一幅幅社会奇观。换句话说，除了各类可以归为"信息"的报道，"新闻"的外衣所包裹的是可以被称为"奇闻"的内核。这种"奇闻"以不同的形态分布于各种不同的内容领域——它存在于对一部分天变灾害的"解释"中；

---

[1] 这11篇中，属于纲常人伦的有6篇，属于神怪志异的有4篇。另有一篇《诗丐》，本文将其列入"生活趣闻"，某种程度上，也可被归为"志异"之中。

存在于对社会治安事件，尤其是遥远的异国治安事件的报道中；存在于对纲常人伦话题不厌其烦的追逐中；存在于对"乱力鬼神"的津津乐道中；也存在于多数官司和一部分趣闻里。

这些"奇闻"有些以新闻的面目呈现，有些则干脆略去时间、地点，模糊人物样貌，直接以"路透"的形态走上纸面，其中最突出的就是有关纲常人伦和神怪志异一类的新闻。这些新闻被刊登的重要理由就是"奇特"：由于缺乏新闻要素，它们并不负载具体的信息；由于出处来源不详，这些新闻是否真的存在也让人怀疑。"不同寻常"成为它们走上报端的唯一原因。

那么，《循环日报》在刊登这些新闻时，又给这种"不同寻常"设立了怎样的标准？"人咬狗"的反常自然是其中之一，但显然，这种简单的反常并不是一个唯一标准，诸如妻子外遇、用远客祭祀等并不能完全归入"人咬狗"的框架。

《循环日报》刊登这类"奇闻"时往往附加议论，这些公开表达的"态度"给我们的分析提供了一些线索。在《妖神》中，故事未述，作者开口便言"南人好巫"；在《修发匠》一文中，先弘扬一下修发匠"虽是微末生意，亦为顶上圆光"的"英雄气概"，末尾更是直接点明"美色毒饵、冶容祸水""女德无极、妇怨无终"；《除魃公传》以"天下多事乃不策功业，而慕乎方丈蓬莱，岂有托而逃者耶"的评论作结；而《诗丐》则借"知之者"之口，画出一个浊世佳公子的亮节之态。

从这些议论中，约略可以看出，《循环日报》编辑人用以衡量新闻奇特之处的"卡尺"正是一套伦理道德标准——与"好巫"对立的"敬鬼神而远之"；批评求仙以复仇背后的对"事功"的强调；《诗丐》指向的更是视富贵如浮云的名士精神。换句话说，在奇闻化的新闻背后，则是一整套纲常人伦的儒家道德。这种对"奇闻"的道德化解读，不仅决定着《循环日报》对社会新闻的选择，还为各种社会事件提供了一个基本的解读框架。

《循环日报》不仅以这种框架看待发生在中国本土的各种社会事件，而且以此作为观察世界的一个视角。前文提及的日本修发匠妻子外遇就是一例。如果我们把5月23日到5月30日这8天《循环日报》上刊登的国际新闻做一个分类，那么，除"天变灾害""意外事故"等信息类"硬新闻"之外，多数"软新闻"都或多或少与伦理有关，如"暹罗子葬父""英两男子打赌娶妻"。即使如"美某州女性立会不嫁烟民""妇人禁酒"等看似较为中立的新闻，《循环日报》的编辑往往也将其纳入儒家伦理的解释框架：

西国之人嗜酒尤多，至以麹蘖为性命，酒一入口便觉天地异色，囹圄之中大抵因醉犯事者居半。其有居家贫无立锥而杯杓之好未肯轻放，致令妻孥饥饿而死，此事言之实堪痛心。近闻在苏格兰地方有妇女六十余人呈递禀函，闺阁之署名于上者凡八千人。其禀函大旨请官勿给酒牌，如向会领牌者，若有犯事，宜置诸罚锾之列。如彼不设酒肆无以为糊口计，则子等当出金钱以钦助。盖酒之累人不少哉，甚而至于人亡家破。呜呼，禁酒之会不图于巾帼中行之，此殆刘伶妇一辈人耶。妇人之言慎不可听敬。以公谨醇醪而酹于酒星之前曰：愿此位世世勿替也。窃以为酒之为物，原所以合欢致敬、延宾养老，第不可过饮耳。自仪狄杜康造酒以来，至今不啻三千年，安能废于一旦。呜呼，凡事皆不可以过，夫岂独酒而已哉。

事实上，禁酒一直是西方妇女运动以及民间运动的一个主要指向，还与西方的宗教，尤其是基督新教有关。对苏格兰妇女请求禁酒的"奇闻"，《循环日报》编辑的理解一是认为饮酒导致丧失家庭责任："西国之人嗜酒尤多"，以至于"囹圄之中大抵因醉犯事者居半。其有居家贫无立锥而杯杓之好未肯轻放，致令妻孥饥饿而死"；二是认为禁酒之法不过是妇人们的偏激之见："妇人之言慎不可听敬""凡事皆不可以过，夫岂独酒而已哉"。其中，对妇人禁酒原因的解释，不仅想象多于事实，更在家庭伦理上落脚；对妇人禁酒"慎不可听敬"的评论也来自"过犹不及"的儒家道德。在这样的框架和视角下，妇人禁酒看来就像发生在读者左邻右舍的一件熟悉的轶事，不过再次印证了妇人的可笑和短浅。

可以说，《循环日报》上刊登的相当一部分新闻的实质是"奇闻"，而对"奇闻"的定义和评判则有相当大的成分来自其与传统儒教道德相偏离的程度。

三、《循环日报》新闻呈现的转变与"文人论政"

（一）新闻"硬度"的提升与市民化转向

《循环日报》创办于1874年2月4日。1874年五、六月间，正是《循环日报》初创时期，纵观现存的1874年到1884年间《循环日报》，这一时期《循环日报》刊登的新闻数量和版面都是最大的——平均每天刊登近30条新闻，占全部版面的近40%[1]。正如前文述及，除社会新闻占据主体之外，经济新闻中也夹杂了大量的货价船期等信息类内容，以今天的标准衡量，早期《循环日报》中真正称得上"硬新闻"的内容还较为有限。

到1881年2月，《循环日报》已经创刊七年，这一年王韬离港赴沪，大体中断了与《循环日报》的密切联系，意味着《循环日报》进入了新的历史时期。以此为节点，我们可以观察《循环日报》前后阶段的演变，从而获得一个相对完整的认识。

笔者统计了1881年2月8日～3月8日一个月间《循环日报》上刊登的全部新闻，作为一个切片，以和1874年五、六月间的《循环日报》进行对比。[2] 表4.2就是两个"切片"的统计结果。

表4.2 1874年和1881年《循环日报》新闻对照表

类型 新闻	新闻所占比例	各类题材所占比例			不同区域所占比例			
		经济	社会	时政	本地	国内	中央	国际
《循环日报》（1874）	38.7%	24.3%	45.0%	30.7%	34.3%	25.0%	9.1%	31.6%
《循环日报》（1881）	30.12%	5.9%	40.6%	53.5%	47.8%	6.9%	11.6%	33.7%

从这张表可以看出，从1874年到1881年，《循环日报》在新闻方面的基本格局并没有发生太大变化：首先，新闻在版面整体中所占比例略有下降，而这不过是《循环日报》新闻数量从创刊初期的极值稳定下降趋势的延续[3]；其次，从题材来看，社会新闻仍然占据重要位置，时政新闻大幅提升，经济新闻在分量上的弱势更为明显；再次，从新闻的地区分布来看，本地新闻和国际新闻依然占据绝对优势，相比早期的《循环日报》，这一优势得到进一步强化。

具体分析新闻内容，则这一时期时政新闻数量大幅增加有两个重要原因：一是《循环日报》在《羊城新闻》中增加了大量"辕门抄"和地方人事动态的消息；二是来自各地的"电报"也从1874年时以刊登国外的价格、交易等

---

[1] 1874年5月18日-6月18日，《循环日报》平均每天刊登的新闻条数为29.2条，新闻平均占版率为38.7%。

[2] 选择这一时间段进行统计，一是根据《王韬年谱》记载，王韬此时尚在香港；二是现存1881年的《循环日报》中，最早的即从当年二月开始；三是为避免人为偏差，从2月8日（初十）开始统计，最大程度减少特殊节日的干扰。

[3] 仅仅观察1874年五、六月间的报纸，就可以发现新闻占版率始终呈下降趋势：从前期的1.7个版到后期的1.4个版。

经济动态为主转变为以刊登国外军事外交等时政性新闻为主。例如,"英国电音""俄国电音""普国电音""土国电音"中的大部分内容是各国内部的平叛以及西方国家间的战事。

换句话说,相比1874年五、六月份的报纸,1881年二、三月间的《循环日报》中,新闻的"硬度"有了不少提升,也更为接近今天报纸的样貌。经济信息类新闻数量的急剧下滑也许暗示,《循环日报》正逐渐从早期"船头货价"式的专业性的经济类报纸开始向以城市生活为主的市民化报纸转变。

(二)道德化和神秘化色彩的减弱

在这一转变过程中,《循环日报》中社会新闻的内核也悄然转移。尤其明显的是,社会新闻中的道德化和神秘化的色彩减弱了,较为中性的社会治安、事故意外以及生活趣味的内容占据了多数份额。

在1881年2月8日到3月8日一个月内,《循环日报》共刊登了158条社会新闻,其中数量最多的是"社会治安"(40条),其次是"生活趣闻"(28条)、"纲常人伦"(24条)、"事故意外"(23条)、"诉讼官司"(20条),最后则是"天变灾害"(14条)、"神怪志异"(9条)。相比1874年五、六月间的《循环日报》,"社会治安"和"事故意外"这些较为"中性"的内容在社会新闻中所占据的比例明显提升了——从1874年五、六月的23%左右增长到1881年二、三月间的近40%,如果再算上以中性内容为主的"生活趣闻",则更是从35%增长到了58%。同时道德化以及神秘色彩相对浓厚的"纲常人伦"以及"神怪志异"的内容则减少了——从32%下降到21%。

同样可被归为"神怪志异"的新闻,前后两个阶段,《循环日报》的态度也有明显区别。

比如1874年5月26日刊登了一篇题为《溺死替代》的新闻:"凡溺毙与自缢死者俱求替代,此理殊不可解,谓其无故轻生则罚之可也,而必使其索人替代,则替代之人何罪,乃杀及不辜乎……昨日有乡人来言,沙坑有周客者,年仅十六七,其地有茶居,于初五日,偶与数人品茶,甫出门,便言语失次,若有人牵之者,行至塘边,共塘仅深五尺许,水仅及半,澄澈见底,数人同之行。客谓塘中有螺,五色斓斑,遂下而拾之,诸人救之不及,竟死。噫奇矣,替代之说其有耶,其无耶。"

1881年2月15日,《循环日报》刊登了另外一篇与之有些类似的新闻:"客腊有工艺之流到靖远街故衣店买旧棉被携归御寒,讵睡梦中恍惚见人在其枕畔,某即惊醒,遂不能安寝。翌早即将棉被交回此店,始得安然。由是遐迩宣传,谓此被已被沽出三次,均经退回,不知有何鬼魅也。似此无稽之谈,实好事者故造此谣言耳。"

在前一篇新闻中,作者虽明言替代一说"此理殊不可解",但仍认为确有发生替代一事的可能。而在后一篇新闻中,作者明确表示"实好事者故造此谣言耳",并直接以《言属无稽》作为标题。

再如1874年5月23日和1881年2月26日,《循环日报》分别刊登了一条有关怪鱼的新闻,标题分别是《鳡鱼》和《大鱼搁毙》。现分列于下:

> 金竹滩,西江经焉,有渔人日于此捕鱼,忽得鱼长四寸许,细口而巨腹,目睛闪闪射人,渔人不知为何鱼,携回市上,以冀识者,终朝无人买。有老妪,其子患眼疾,偶过此,见鱼目有光,因市归,令其子食之。翌日而目疾愈……然又苦不能睡,终夜惺惺然,亦不觉倦……有客为余道及,余曰意者其鳡鱼乎?山海经云,半石之山,其中多鯩鱼,食之不睡。郭璞注,鯩音纶,洪榝存谓,读如纶巾之纶,即鳡鱼也。彼之所食毋乃是欤?博物君子教之。(《鳡鱼》)

> 南邑官山河道乃西海之通津也……月之上浣,忽有大鱼游泳其中,据传此鱼身长丈余,头如猪,尾如虾,口阔如箕,目光如炬。游进滩旁,忽而潮退,致被搁浅,为乡民所见,宣传远近……迨至七八日,此鱼忽毙,肉俱腐烂,好事之徒犹以香烛参拜……传至省中,有识者谓近年省河中常有此等大鱼,因轮船往来洋海鱼随波逐流,为轮所激,不能自主,故到内河。近日番禺猎德海面常有见之,无足异也。然欤否欤,存而不论可矣。(《大鱼搁毙》)

显然,前者有着更浓烈的神秘色彩,对事实的描述充满想象和夸张,对这一事件的解释也和志异的《山海经》联系在一起;而后者从题目到对事件的描述都显得更为客观中性,神秘色彩淡化了许多。

如果再从具体案例中抬起头来,那么,1874年5月23日到29日,7天时间,《循环日报》刊登了12篇带有"神怪志异"色彩的新闻,而1881年2月8日到3月8日连续一个月,25份《循环日报》合计仅刊登了9篇类似新闻。前者的标题(或主题)分别是《妖神》《鳡鱼》《木人长高》《蛇》《治蛇灵草二则》《溺死替代》《异鸟》《逐虎得金》《人疴》《狐仙》《李生遇仙》《异僧》,而后者的标题(或主题)分别为《老人染疾》《连生三子》《言属无稽》《越狱奇闻》《大鱼搁毙》《初生能言》《新妇自裁》《老人跌毙》《猝毙奇闻》。两相比较,足以印证《循环日报》前后时期，志异和伦理色彩淡化。

由此，可以较有把握地说，随着《循环日报》后期时政新闻等"硬新闻"的增加，社会新闻本身的"硬度"也提升了——它越来越趋向于发挥西方新闻学中"环境监测"的功能，看起来似乎更加"客观"和"中性"了。

四、义理与新知：《循环日报》的新旧之间

（一）早期《循环日报》：草野之"清议"

不论是道德说教式的时政报道还是奇闻化了的社会新闻，如果参照今天我们判断新闻的标准，早期《循环日报》上刊登的大量报道大概是一些"纯度"很差、"色彩"斑驳的碎片，也许用之足以装饰西方教堂的穹顶，但却难以足够清晰地眺望外面的世界。

显而易见，办报人头脑中传统的儒学观念是造成这一现象的直接原因。

学者杨国强在其《晚清的清流与名士》中专门梳理晚清的"清议、言路和清流"的演变，他认为，在两千多年的历史里，中国的知识人长久地与清议相依存。清代中叶前因"文字狱"而曾广受压抑的清议在咸丰年间开始复兴，"至光绪初年，言路一变而节节发煌，于是'清流'之名目勃勃然起"[1]。继这种起于庙堂内的清流而起的，则是庙堂之外的名士的鼓荡。名士崛起的根源则在于近代报纸所提供的前所未有的言论空间。杨国强评论梁启超说：

> 梁启超笔底才力固自横绝一时，但使他由一个寻常举人蜕变而出，据有百丈光焰而身负天下众望的，却是《时务报》所提供的那个前所未有的言论空间。从这个意义上说，《时务报》造就了梁启超。与科举造士人相比，这是一种新的范式。[2]

回到这一历史脉络，早期《循环日报》处于同治与光绪年间，正是光绪一朝"清流"兴盛的前夜，《循环日报》主笔王韬曾多次上书李鸿章，后因卷入太平天国上书事件而"遁入"香港。在《循环日报》早期，王韬所做之事虽是"名士"之业，但离真正"报纸营造士人"的时代仍有很长的距离，这仍是一个"清流"和"清议"的时代。

---

[1] 杨国强：《晚清的士人与世相》，生活·读书·新知三联书店，2017，第153页。
[2] 杨国强：《晚清的士人与世相》，生活·读书·新知三联书店，2017，第199页。

当日中国的多数知识分子身处儒学构成的精神世界里，面对西方的冲击，最直接的反应就是持义理以应对新知。正如杨国强所说：

> 清流和清议以攘夷为自觉意识。但作为一种已定的观念，攘夷和尊王一样，都是从儒学传统中延续而来的。所以，当日的攘夷虽是19世纪的中国人对于外来逼迫的直接回应，而其旨意和理由则是历史里的中国人所旧有和固有的。然而西人张其焰以做成中国"千古未有之变局"，显示的是19世纪的困厄于古无征，所以中西折冲迎拒总是不得不与新知连在一起。与此成为对比的是，攘夷由儒学传统延续而来，守的都是义理。对于清流和清议的多数而言，这正是本来就熟悉的东西，而熟悉的东西总是用起来更顺手的东西。因此由多数形成的人群大半不能入新知。[1]

和庙堂里的士大夫一样，王韬那一代报人面对扑面而来的种种"新知"，最直接和最本能的反应就是将之纳入儒学传统中来理解，因此，其知人论世的出发点往往是"义理"。如上文提到《循环日报》对日本出兵台湾的原因、进程及结果的分析，认为日本"求富必出如是狡狯伎俩也，究不如不求富之为贵矣"，判断其"气张则必蹶，志骄则易盈，师以无名者不祥，众以贪用者必败"，"其忧不在萧墙之内，即在肘腋之间也"，等等。这些"之乎者也"，缺乏对各方备战情况的准确判断、对敌我双方实力的翔实分析，有的只是中国古代典故和正义标准。

《循环日报》上大量出现的社会新闻也是如此。所谓"奇闻""志异"，其引之为"正"的是礼教标准，其中一部分延续着晚清以来的"志异小说"的传统，另一部分则强行把西方社会种种难以理解的现象嵌进传统礼俗框架。

杨国强对"清流"和"清议"的分析，对早期的《循环日报》同样恰如其分：

> 义理能够安身立命，但义理的范围在价值。以价值应对新知，义理便常常会变成用错了地方的东西。用错地方则容易变成牛头不对马嘴……以想当然而能言之凿凿，正是义理化作成见，而后用历史经验中的东西去比附历史经验之外的东西，其不合尺寸是理所当然的。[2]

---

[1] 杨国强：《晚清的士人与世相》，生活·读书·新知三联书店，2017，第171页。
[2] 杨国强：《晚清的士人与世相》，生活·读书·新知三联书店，2017，第172页。

早期《循环日报》所展现的正是这种化作"成见"的义理。换句话说，它所呈现出的世界在很大程度上是一个交织着板结义理和刻板成见的世界，以全新形态出现的报纸新闻，体现出的更多是那个时代知识人认识的局限。虽然近代报纸是以介绍新知识、新观念的"新闻"为本位，但面对中国读者，由华人自办的报刊在初期不能不与其所处时代的知识氛围和精神气质相匹配。

（二）《循环日报》的转变：更新的"框架"

相较创立初期的1874年《循环日报》，1881年的《循环日报》显然发生了不小的变化。

儒家伦理作为新闻的选择标准仍然存在，典型的如1881年2月9日的《报应可畏》（讲述一名船工始则谋财害命，终则死于非命的故事），2月16日的《节妇蒙旌》（讲述一位外国女性在丈夫死后孤苦守节，抚养子女最终受骗毙命的故事）。不同或许在于，随着视野的扩大，一方面，这一框架本身发生了分化——过于神秘主义的解释从中分离了出来，并不断弱化；另一方面，由于框架之外中性的内容不断增多，这一框架所覆盖的领域减少了，换句话说，被纳入这一框架来解读的新闻被"稀释"了。

换句话说，这意味着儒家"义理"和"礼俗"的认识框架在1881年的《循环日报》上的影响力减弱了，那么，是否有新的框架来代替？或者说，《循环日报》又以怎样的方式来重新"解构"它的新闻？

作为某种"替代"，"社会治安"和"生活趣闻"类新闻数量大幅上涨是1881年的《循环日报》相对1874年时的最大变化。与1874年相比，这时的"社会治安"和"生活趣闻"类新闻本身也发生了明显改变。

先来看"社会治安"。1881年2月8日到3月8日，《循环日报》共刊登了40条相关新闻，其中数量最多的主题分别是盗抢（14条）、赌博（11条），以及拐卖人口（5条），三者合计共30条，占全部"社会治安"类新闻的四分之三。而其他事件如滋事、械斗等均在一到两条之间。"生活趣闻"同样呈现出主题集中的特点。全部28条"生活趣闻"中，"赛会"新闻有12条[1]；介绍"新知"的有7条；反映"社交"往来的有3条；其余为劝谕、募资、考试，以及单纯性的趣闻等，多为1条。"赛会""新知""社交"构成了"生活趣闻"这一类型的主体。

回首1874年，"社会治安"方面的新闻大多是带有一定奇闻性质的谋杀、

---

[1] 其中最多的是"赛马"，此外还有"赛花""赛舟""歌会"。节庆舞狮也归入此类。

斗殴和盗抢，而不多的"生活趣闻"也难以梳理出明确集中的主题[1]。从1874年到1881年，"社会治安"类新闻从简单的偷盗凶杀变得拥有越来越清晰的主线；而"生活趣闻"类新闻同样呈现出明朗化的样态。通过这些新闻，我们开始可以较清晰地辨认出那个时代的主题——除盗抢外，赌博和拐卖人口是当时最重要的治安话题，人们热衷参加各种赛会，新知识越来越多，不断扩大和改变着人们对世界的认识。

相较创办初期，《循环日报》对世界的呈现正在变得更为有序，马克斯·韦伯意义上的"去魅化"也得以在报纸上体现。这虽然不足以证明现代性开始首先在条约口岸、在当时代表先进生产力的报纸上实现它自身，但它至少意味着，随着视野的拓展和对外交往的不断增加，《循环日报》的编辑[2]已经开始走出传统文人的知识框架和伦理视野，从而以更加开放和包容的态度观察这个世界，对西方世界和它自身也开始有了新的判断。

（三）历史视野下的报纸演进：《循环日报》的转变和"文人论政"

在晚清社会的风云激荡中，近代报纸的发展同时受到多种力量支配，条约口岸商业社会中的经济取向，以及报纸汇聚舆论而彰显出的政治价值，都开始不断凸显出来。

维新运动时期，由汪康年经营、梁启超主笔而起于上海的《时务报》开启了"名士营造报纸""报纸营造名士"的风潮。在这种风潮给报纸带来前所未有的大发展大繁荣之时，也将报纸的"工具化使用"推向了顶峰：

> 一方面，士大夫办报纸显然是承续和延伸了这个群体据有议论并以议论为天职的传统，所以《时务报》取法的不是重新闻的《申报》，而是布道理的《万国公报》，而由此形成的"按时立论，畅所欲言"在那个时候都是士人写而且士人读的东西。另一方面，士大夫办报纸又显然是前所未有地别开一种立说的空间，使产生于这个群体的议论一经变为报章文字便可周行而四达，引出交流、交汇、共鸣、回响。[3]

---

[1] 如果非要找一个"主题"的话，那么，也许"猎奇"最为合适。

[2] 在某种程度上，可以猜测不仅是《循环日报》的编辑，而且还包括《申报》等当时其他主流报纸的编辑。要知道，1874年5月下旬，《循环日报》上刊登的"神怪志异"的新闻中，有三分之一都是转载自《申报》。

[3] 杨国强：《晚清的士人与世相》，生活·读书·新知三联书店，2017，第197页。

维新运动时期报纸的繁荣首先得益于甲午战争所体现出的洋务和清流两种力量的同时衰落,甲午战争失败引发知识人对现实中国的极度失望,庙堂和政府在士议鼓荡面前自信不足,而少部分下层士人由于从一开始就营造并据有报纸,从而"依靠这种从来没有过的传播方式,出自少数的声音可以节节放大,在响声和回声里幻化为大海潮音而左右一时之人心,因此,据有报纸的少数能够驾乎多数之上,在那个时候的士人世界里成为居于强势的一方"[1]。

这一时期,报纸被深深地卷入了历史进程,并且由于其间特殊的"报纸营造名士"的时代机制,创立报纸并在言论界求生存,就成为士人参与政治甚至进入官场高处的终南捷径。但时代风潮去留皆瞬,报纸的这种"工具化"带来的结果是舆论成为"报馆主人所得而私",随着本以舆论为立身之地的人们失去对于舆论的敬意,舆论与真相断脱,其公共性越来越走向反面,"不过十多年之间,报纸和舆论的声光都在自轻之和人轻之里剥落殆尽"[2]。

在这种历史背景下,再来审视《循环日报》市民化和理性化的演变,由于身处条约口岸,西方新知的迅捷涌入和读者群体自身生活和观念的转变,以报道新闻为鹄的的报刊在与世界每日每时的接触,以及持续不断的"有机运动"中,对世界的呈现也必然越来越趋向真实客观,在这个过程中,板结义理和刻板成见的稀释减少也顺理成章。

早期《循环日报》在新闻中所体现出的强烈"论说"色彩,出于儒家士子以"义理"观世界的惯性。而维新运动时期报纸及舆论的忽起忽落,则凸显了即使在新旧交替时代,单纯以一知半解的"新知"做支撑的"论说"也难以久远,更不足以完成革故鼎新的任务。早期《循环日报》秉持以孔孟而清议的旧色彩,维新运动看似颇具标张时务的新精神,然则其背后都是志在庙堂的处士横议。相较前者有着两千年的"清流"传统和完整的价值体系,后者则是一知半解中,以其昏昏,使人昭昭:

> 当日清流立庙堂,奏折所要打动的是帝王一个人;此时名士作言论,报纸所要打动的却是世间之众人。然而立言的一方试错之后可以纠错,被牵来牵去的人心则一变之后已不可复原。这个过程说明读报能获得新学和新知;读报也能获得支离破碎和目迷五色。而支离破碎的新学是一

---

[1] 杨国强:《晚清的士人与世相》,生活·读书·新知三联书店,2017,第202页。
[2] 杨国强:《晚清的士人与世相》,生活·读书·新知三联书店,2017,第214页。

种片面；目迷五色的新知是一种混沌。[1]

近代报纸后期的演变表明，"文人论政"虽然使一部分知识分子"凌越庙堂与大众，岿然居于天下之中心"，达到了前所未有的高峰，但脱离了事实基础和中国社会的底层实际[2]，加之这种"论政"缺乏新的价值理念层面的支撑，它的迅速衰亡和失败也是命中注定。以此观之，《循环日报》从"论说"走向"事实"，从"主观"走向"客观"，从"混乱"走向"有序"，既是报纸长期稳健发展的必然，也是遵循新闻与舆论的自身规律，实现其"主体性"和"本质规定"的必然。

---

[1] 杨国强：《晚清的士人与世相》，生活·读书·新知三联书店，2017，第210页。

[2] 即所谓："由于不自内生，所以变法自强虽以中国为对象，但说变法的议论则大半不是从中国社会的底层和深处提取出来的，而是横看西洋东洋，同彼邦比较出来的。"（杨国强：《晚清的士人与世相》，生活·读书·新知三联书店，2017，第246页）。

第五章　旧文人与新职业：报人群体的身份转换

内容概要

中国现代社会的种种专业性职业并非直接从传统社会中承继而来，相反，它是依托"西学"而来的新知识群体分化的结果，律师、医生（西医）、外交官等新式职业要求与"儒学"完全不同的近代知识。本章通过对王韬主办《循环日报》前后两个时期朋友群体的考察发现，在诸多现代社会的新式职业向传统文人关上大门的同时，条约口岸中日趋繁荣的文化市场给一部分传统文人提供了生存空间。厕身近代化报馆、印刷机构，从事新闻出版相关行业成为传统文人向近代知识分子转化的捷径。在这一过程中，一部分传统文人完成了在现代社会中的身份转换，并逐渐成为现代意义上的新闻从业者。这给中国新闻业的发展及中国新闻业特殊的职业化进程埋下伏笔。

如果说读者群体的身份变迁是以《香港船头货价纸》为代表的早期中文报纸发生改变的重要推手，那么，到了《循环日报》时期，中国社会的历史文化和沉淀在办报人头脑里的义理及道德标准则开始在更大程度上决定着一份报纸的新闻呈现。

随着中文报纸的逐渐增多，一个小型的报人群体也开始形成。在历史的舞台上，近代报纸、近代读者、近代报人，如走马灯一样开始先后释放出其自身的影响和"魔力"——近代报纸带来了全新的信息传播渠道和多元化、水平化的信息传播方式，近代读者决定了报纸究竟应该登载哪些内容，也影响着报纸对于内容的呈现方式，而近代报人则是报纸演变的直接推手。这个正在形成中的报人群体，将在未来发挥更为重要，有时甚至是关键性的作用。

从源头看，这个正在形成的报人群体的特征为何？身处20世纪中后期这样特殊的历史时代，会以怎样的机制给他们的思想和行动带来影响？

回答这些问题，不妨仍从王韬和他身边的朋友说起。

一、王韬和他的朋友们[1]

作为第一批"条约口岸知识分子",王韬的朋友关系并不复杂。根据王韬在其《弢园老民自传》的记载,初到上海时,他"其交尤密"的有姚海伯(姚燮,清文学家)、张啸山(张文虎,清学者)、周弢甫(腾虎,曾入曾国藩幕)、龚孝拱(龚自珍之子)。后来,西馆中,则与海宁李壬叔(李善兰,清末数学家)、宝山蒋剑人(蒋敦复,清文学家)、江宁管小异(嗣复,协助译西医书)、华亭郭友松(清末著名"落拓才子")"并负才名,皆与老民为莫逆交"。

《循环日报》时期,协助王韬办报的则有"原为外报翻译后接办《华字日报》的陈霭廷,中国最早留美学生黄胜,留学英国学法律的伍廷芳,《申报》职员、王韬的女婿钱征,广东秀才洪士伟,报纸翻译、后为香港富商的胡礼垣等"[2]。

(一)最后的传统"名士":墨海书馆时期的交游唱和

分析王韬的这些朋友,一般认为,前者大多是不得志的传统"名士"和"狂生",如王韬曾描述他的好友、龚自珍的儿子龚孝拱:"居恒好漫骂人,轻世肆志。白眼视时流,少所许可……始纳一妾,觅屋同居海上,擅宠专房。时绳其美于客前……与妻十数年不相见。有二子自杭来沪省亲,辄被逐。论者拟之陈仲子之出妻屏子焉。有弟曰念匏,以县令候补江苏,亦不和睦。"[3]

与龚孝拱不守伦常的"狂"不同,与王韬一起同时流落条约口岸的知识分子大多还有一言难尽的迫不得已,王韬的好友张文虎曾自述:"衰年远客,为贫所使,往返千里,音问都难。使故乡有五十千文馆,决计归峪,亦不恋此非幕非官之一席矣。"[4]

张文虎的遭遇相当有代表性。这些"名士""狂生"事实上往往背负着来自生活等各方面强大的外在压力:

---

[1] 对王韬朋友和朋友圈的叙述基本是围绕王韬在上海和香港两地最主要的工作进行的,如前者的墨海书馆,后者的《循环日报》。某种程度上,王韬的这种朋友圈也是工作圈。这种选择一方面是为了研究的便利,另一方面,与工作关系较密切的朋友圈,对王韬的新闻思想相对影响更大,也更为符合本文的主题。

[2] 夏良才:《王韬的近代舆论意识和〈循环日报〉的创办》,《历史研究》1990年第2期,第157-168页。

[3] 王韬:《淞滨琐话》,岳麓书社,1987,第119-120页。

[4] 张文虎:《张文虎日记》,上海书店出版社,2001。

第五章 旧文人与新职业：报人群体的身份转换

　　王韬的例子是众所周知的，可以推想，假如不是因为江南水灾，不是因为父亲去世，家中生计无法维持，以王韬先前的志趣和抱负，他是不会走进墨海书馆的。沈毓桂也属此类。他幼年丧父，家境贫寒，在50岁以前，一面在乡间设馆作塾师，附带行医，维持家庭，一面研习八股，不断参加科举考试，走的是典型的旧式读书人的路子……1859年，他52岁那年，实在穷极，孑然一身，再来上海，卖文鬻字，聊资自给。途遇英国传教士艾约瑟，遂被聘为墨海书馆译员……管小异、蒋敦复之受雇于墨海书馆，情况也与王、沈相似。[1]

王韬早期其他一些朋友的情况参见表5.1。

表5.1　部分墨海书馆中佣书西舍的江南人士[2]

姓名	祖籍	出身	时间	佣书缘因
管小异	江宁	茂才	1854年	战争避难
郭友松	松江府	秀才	不详	生活困窘
李善兰	海宁	诸生	1852年	探讨算学
蒋剑人	宝山	诸生	1853年	小刀会战乱

　　个人的生活困窘显然只构成了问题的一部分，以"名士"自诩的王韬对于当时日趋腐朽的社会还有一种几乎出于本能的抗拒。王韬自谓：

　　自少性情旷逸，不乐仕进，尤不喜帖括，虽勉为之，亦豪放不中绳墨。既孤，家益落，以衣食计，不得已佣笔沪上……惟是时事日艰，寇氛益迫，老民蒿目伤心，无可下手，每酒酣耳热，抵掌雄谈，往往声震四壁，或慷慨激昂，泣数行下，不知者笑为狂生，弗顾也……此三年中，老民以孤身往还数万里，尝登舵楼以眺望，决目极天，荡胸无际，波涛消其壮志，风雨破其奇怀，未尝不感怆身世，悲悯天人，击碎唾壶，泪涔涔堕也。[3]

　　晚清以来，江南一直有着名士传统，与王韬为莫逆交的龚孝拱的父亲龚自

---

[1] 熊月之：《略论晚清上海新型文化人的产生与汇聚》，《近代史研究》1997年第4期，第257-272页。熊月之在文中将传统文化人转变为新型文化人分为外压型和内驱型两种。但从他所举之例可以看出，这两种类型之间并不均衡，外压型的人数远远多于内驱性。事实上，除李善兰等技术性人才之外，绝大多数文化人的转换在初期都有相当大的被动性。

[2] 欧德良：《晚清"条约口岸知识分子"的地缘成因》，《苏州大学学报（社会科学版）》2010年第3期，第90-94页。转引时有删节。

[3] 王韬：《弢园文录外编》，上海书店出版社，2002，第271页。

珍就是嘉庆、道光年间最著名者："所谓名士气最足者，当以龚定庵为第一。其风气亦自定庵倡之。"[1] 在李泽厚看来，作为名士的龚自珍是"改良派变法维新思想的'前驱先路'"[2]，其"思想的特点和意义，主要是在于那种对黑暗现实（特别是对那腐朽至极的封建官僚体系的种种）的尖锐嘲讽、揭露、批判……在于那种开始隐隐出现的叛逆之音"[3]。而这种思想的背景则是：十九世纪上半叶以来，清王朝迅速走向腐朽没落。

可以说，晚清的名士一方面对丑陋的社会现实怀抱着极强的批判性，另一方面，这种批判性和个人生活的困窘之间产生了益发强烈的相互激荡。这种家国之间的复杂情怀又由于"条约口岸"的出现而被注入新的内容。因此，当王韬和他的名士朋友们被迫在条约口岸的洋人那里寻求到基本的生活依托之后，种种复杂的情感就汇聚成一股极其强大的力量：在这里，个人的困窘、王朝的没落、文化的衰颓，加上前所未有的西方震撼，累积了无比强大的势能。比照魏晋名士"时无英雄，使竖子成名"的个人化慨叹，这种力量被注入了更多普遍化内容，家国之间融入了太多中国历史上前所未见的中西之别、文化之较。

以今日的眼光目之，这些名士被教育成心忧天下，但同时又非统治阶级中的一员，没有"既得利益"之累。这种若即若离的"边缘人"身份使其能够成为传统士人之外的一种过渡性的新生力量。"江流石不转"，在王韬及其名士朋友们和魏晋传统名士同样"放浪形骸"的背后，新的因素早在无声地生长、蔓延：

> 在十九世纪中期大动乱的前夕，社会名流主要是由那些在职或退休的官吏和有功名或学衔的文人及其家族组成的……在十九世纪的最后三十年，捐官总数达534 000名，而在太平军起义之前还只是355 000名。
>
> 文人阶层人数的增加……迫使功名较低的人在社会上只能得到甚至更低的地位，这也是造成其日益贫困的一个因素。它还降低了这个最初以文人阶层的特权为基础的社会等级制的合法性和作用，并且危及由文人同朝廷的结盟所支撑的政治秩序。
>
> 在十九世纪后半期，随着专门化技术作用的发展，新的集团正在统

---

[1] 瞿兑之：《人物风俗制度丛谈》，山西古籍出版社，1997，第233页。

[2] 李泽厚：《十九世纪改良派变法维新思想研究》，载《中国近代思想史论》，生活·读书·新知三联书店，2008，第27页。

[3] 李泽厚：《十九世纪改良派变法维新思想研究》，载《中国近代思想史论》，生活·读书·新知三联书店，2008，第31页。

治阶级内部形成。到十九世纪终结时，这种新集团的形成已经比以传统方式起家的绅士名流的发展更为重要了。[1]

（二）西式教育下的知识人：《循环日报》时期的朋友圈

经过"太平天国上书事件"所引起的离沪抵港的风波，王韬主办《循环日报》前后，一个新的、不同于早期名士的朋友圈逐渐形成。新的朋友圈更多体现了专门化技术所带来的影响，它的构成也远比早期的名士更复杂。

下面，我们来看一看王韬这一时期的朋友们——陈霭廷、黄胜、伍廷芳、钱征、胡礼垣、洪士伟的具体情况，以及王韬与朋友，王韬友人之间的相互关系。

陈霭廷——又名陈言，肄业于香港圣保罗书院，后在港府裁判处任通事（翻译），1861年入《德臣报》任译员。《华字日报》是《德臣报》附印的中文报纸，由陈霭廷动议，在伍廷芳的帮助下创办。陈霭廷"邃于国学，因鉴于香港割让于英国以后，华人以得为买办通事为荣。不特西学仅得皮毛，且将祖国文化视为陈腐，志藉报纸以开通民智"[2]。

黄胜——1825年出生，号平甫，广东香山县人。1841年1月，15岁时进入中国的早期西式学校——为纪念第一个来华新教传教士马礼逊而建立的澳门马礼逊学堂就读。1847年，黄胜和同学容闳、黄宽跟随马礼逊学堂的布朗夫妇赴美，就读于麻省的孟松学校。第二年因病提前回国，随即从事出版、翻译、教学等工作。黄胜在中国就读的马礼逊学堂的课程以西学为主。与黄胜同时留学的容闳成为近代"西学东渐"的领军人物，并可能参与创办过与《循环日报》同一时期的《汇报》（方汉奇语），黄宽后来在英国获得医学博士学位，成为"华人留学外国全面掌握西医学科领取医学证书的第一人"[3]。

伍廷芳——祖籍广东新会，1842年7月出生于新加坡，4岁随父回广东，14岁随亲戚陈霭廷到香港读书，就读于圣公会所设的圣保罗书院，曾担任法院翻译多年。1874年，赴英留学，肄业于林肯法律学院。3年后考取大律师证书回香港执业。曾任港英议员。历任香港高等审判庭翻译、律师、法官，清廷驻美国、西班牙、秘鲁等国公使。曾参与《中外新报》编译工作，1882年10月入李

---

[1] 费正清、刘广京编《剑桥中国晚清史（1800—1911）》下卷，中国社会科学院历史研究所编译室译，中国社会科学出版社，1993，第616-617页。

[2] 徐培汀、裘正义：《中国新闻传播学说史》，重庆出版社，1994，第136页。

[3] 梁碧莹：《简论黄宽黄胜对西学的传播》，《广东社会科学》1997年第4期。

鸿章幕，跟随李鸿章14年，是后期洋务运动的重要策划者和推动者。后期曾任南京临时政府司法总长、黎元洪时期外交总长等。[1]

钱征——生于1833年，名徵，字昕伯，别号雾里看花客、尊闻阁主，浙江湖州人。早年中秀才，才思敏捷，善诗文。1868年与王韬之女王苕仙在上海结婚。1872年《申报》在上海创刊，钱昕伯被报社派赴香港考察报业，回报社后任文艺主编。1874年，在香港《循环日报》任编辑。返沪后，接替蒋芷湘任《申报》总主笔达十余年之久。钱昕伯所撰诗文，当时常载于《瀛寰琐记》《四溟琐记》《寰宇琐记》等文艺期刊。晚年喜好弈棋、作曲，常与海内外名士聚集唱和。[2]

胡礼垣——字荣懋，号翼南，佛山三水乐平镇人，生于香港。父亲经商，常年在香港做生意。童年时的胡礼垣精通四书五经，写得一手洋洋洒洒的八股文，但科举屡次受挫。1857年，10岁的胡礼垣跟随父亲来到香港，接受西式教育，15岁时进入香港中央书院学习。为尽快提高英语水平，曾拜伍廷芳为师。1870年，23岁的胡礼垣成为香港第一所官办中学——中央书院的教师。其间，曾创办《粤报》，又翻译《英例全书》，两年后辞职离校。此后，到父亲经营的航运公司兼职。一度在《循环日报》工作，担任该报翻译，与王韬成为知交。[3]

洪士伟——又名洪干甫，出生年月不详，籍贯广东番禺，秀才。曾在湘学名将、广东巡抚蒋益澧手下任职。曾在西报《孖剌报》担任翻译，后协助王韬主持《循环日报》笔政。[4]

表5.2　《循环日报》时期王韬部分友人基本情况一览表

姓名	祖籍	出生	教育背景	职业	曾参与报刊	备注
陈蔼廷	广东新会	早于1842年	曾习经史，肄业于香港圣保罗书院	办报、翻译、外交官	《德臣报》《中外新闻七日报》《华字日报》	曾撰报纸作用和办报思想的专文
黄胜	广东香山	1825年	澳门马礼逊学堂/留美	办报、翻译、教师、商人、议员	《华字日报》《循环日报》	最早的留美学生之一

---

[1] 刘家林：《中国新闻史》，武汉大学出版社，2012，第118页。
[2] 浙江省新闻志编纂委员会编《浙江省新闻志》，浙江人民出版社，2007，第835页。
[3] 张礼恒：《何启 胡礼垣评传》，南京大学出版社，2005，第85页。
[4] 根据各方资料整理。

续表

姓名	祖籍	出生	教育背景	职业	曾参与报刊	备注
伍廷芳	广东新会	1842年	香港圣保罗书院/留英	办报、律师、外交官、议员	《中外新报》《华字日报》《循环日报》	李鸿章幕僚、革命家、外交官
钱征	浙江湖州	1833年	秀才	办报、文学家	《循环日报》《申报》	王韬女婿，主持《申报》笔政
胡礼垣	广东佛山	1848年	习经史，入港中央书院	办报、商人、政论家	《循环日报》《粤报》	著名政论家
洪士伟	广东番禺	不详	秀才	办报、翻译	《循环日报》《孖刺报》	协助主持《循环日报》笔政

除与王韬之间的交谊之外（表5.2），这些友人相互之间也有着密切联系。下图（图5.1）是根据各方资料整理出的王韬与其朋友之间的社会关系网络图：

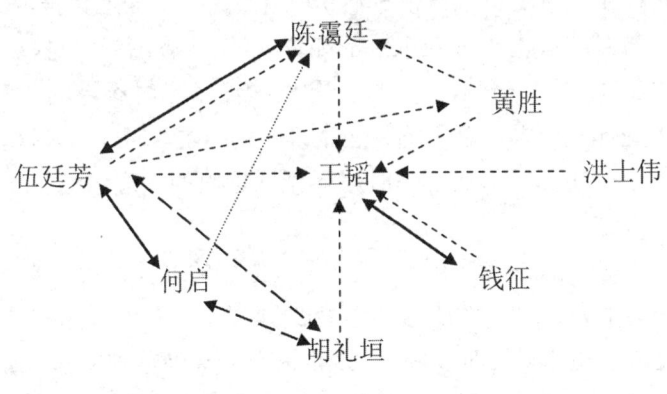

图5.1 《循环日报》时期王韬部分社会关系网络图

实线——亲戚关系。伍廷芳与陈霭廷为亲戚；伍廷芳与何启为两世姻亲，伍廷芳为何启姐夫，何启长女何瑞金则嫁与伍廷芳之子伍朝枢；钱征是王韬长女婿。

间断线——密友（师徒）关系。何启、胡礼垣合作发表大量政论文章，后世研究者常常将二者并称；胡礼垣在香港学习时曾拜伍廷芳为师。

虚线——办报上的协助关系。除陈霭廷、伍廷芳、胡礼垣、钱征、洪士伟、黄胜协助王韬办报之外，王韬曾任陈蔼廷发起的《香港华字日报》主笔；黄胜亦曾担任《香港华字日报》主笔；黄胜曾任《香港中外新报》主笔，伍廷芳亦曾担任《香港中外新报》主事人或参与报纸编译工作；伍廷芳还曾协助陈蔼廷创办《香港华字日报》。

点线——可能存在的协助关系。戈公振《中国报学史》曾提到何启协助陈蔼廷创办《香港华字日报》，后经研究者考证，时年何启年仅6岁，认为这一说法有误，故在图中以点线表示。

具体分析王韬创办《循环日报》时期的这一朋友圈，至少可以有以下一些发现：

其一，就圈子本身来说，王韬的这一朋友圈几乎垄断了当时香港的近代化华人自办报刊，影响力波及上海等地著名报纸。关系尤为密切的王韬、陈蔼廷、黄胜、伍廷芳四人，都是中国人自己办的最早一批近代化报纸的创办人。如陈蔼廷是《香港华字日报》及其前身《中外新闻七日报》的创办人[1]，黄胜、伍廷芳是《香港中外新报》的编辑人[2]。《香港华字日报》《香港中外新闻》与稍后的《循环日报》一起，共同构成了当时香港的主流华文报纸。如果再加上担任《申报》总主笔长达十余年的钱征、创办《粤报》的胡礼垣，王韬周边的这个小圈子形成了当时报界无比耀眼的璀璨星河。圈子虽小，影响之大，令人惊叹。

其二，与王韬在沪时期相比，这一朋友圈中的多数人系统地接受了西方教育，甚至兼通中外。这六位襄助王韬办报的好友中，除钱征和洪士伟外，其余四人均接受过系统的现代西方教育，黄胜和伍廷芳还分别留学美英。此外，陈蔼廷和胡礼垣还有着较深厚的国学基础。王韬曾称陈蔼廷"精于西国之语言、文字，西人延为西文日报主笔。西学之长，近时允推巨擘"[3]。黄胜则是最早的留美学生之一。这些背景都是王韬在沪时结为莫逆的朋友们所完全不具备的。

其三，这一朋友圈中的不少人本身就是中国近代史上的枢纽性人物，直接连接了洋务运动、维新改革、辛亥革命；涉及民族资产阶级、近代科学发展，其本人或密友成为中国律师、医生、外交官、革命家的先驱。六人中，除了秀

---

[1] 方汉奇：《中国近代报刊史》，山西教育出版社，2012，第59页。

[2] 据方汉奇考证，二人中主持报务的是黄胜，伍廷芳为助手。参见方汉奇主编《中国新闻事业通史（第一卷）》，中国人民大学出版社，1992，第300页。

[3] 王韬：《普法战纪凡例》，载卓南生《中国近代报业发展史：1815—1874（增订版）》，中国社会科学出版社，2002，第162页。

才出身、没有西学教育背景的钱征和洪士伟，在中国近代史上都有浓墨重彩的表现。胡礼垣（与何启合作）是继王韬之后的著名改良派变法维新思想家，"初步提出了在中国也实施议院政治、让资产阶级参与政权的建议"，"空前地在中国历史上明白提出用资产阶级代议制度来改变数千年的君主专制制度的主张，具有重要的思想意义"[1]。伍廷芳曾入李鸿章幕十余年，民初历任司法总长、外交总长，晚年追随孙中山，是中国近代第一位法学博士、香港立法局第一位华人议员，杰出外交家、法学家。黄胜则是"全程参与中国近代史"，"像镜子一样映照了近代中国的历史走向"的容闳同时赴美的同学。[2]

其四，多数人之后呈现出多样化的职业道路，涉及政治、经济、外交、教育等诸多领域，很少以办报或写作为唯一职业。除前文已经介绍过的胡礼垣和伍廷芳外，陈霭廷在《循环日报》创办四年后即离开报界：1878年出任清廷驻美国使馆参赞，旋调任驻古巴领事（兼驻马丹萨），1886年升任驻古巴总领事，1893年离任，回国后曾任开平煤矿会办。1905年在上海去世时系淞沪铁路和沪宁铁路督办。[3] 黄胜曾任上海最早的外语学校广方言馆英文教习近三年，协助容闳推进留美教育计划，1873年率领第二批30名幼童赴美，参与创办香港东华医院，出任香港法院第一位华人陪审员，同时还是一名成功的商人。[4]

二、王韬和朋友们的身份转换

（一）王朝背影下的"新文人"与"旧文人"

从上海到香港，从佣书西舍的"名士"到创刊办报的"巨擘"，王韬和其朋友圈的挪移消长究竟带来了或暗示着怎样的变化？

就王韬自身来说，前一时期他以其对中国古典的精通而成为传教士的合作伙伴，因协助翻译《圣经》而为人所知，其中发挥主要作用的仍是他所接受的传统儒学教育；而后一时期王韬创办的《循环日报》则是一份中国历史上从未有过的近代化报刊，"所有资本及局内一切事务，皆我华人操权"更是前所未见。如此办报毫无疑问受西方影响、得西人刺激，而这时的王韬，受人瞩目之

---

[1] 李泽厚：《十九世纪改良派变法维新思想研究》，载《中国近代思想史论》，生活·读书·新知三联书店，2008，第54-55页。

[2] 雷颐：《容闳：唯一全程参与近代史的幸运者》，《光明日报》2012年4月23日，第5版。

[3] 廖琼：《开枝散叶七子流芳 科学救国两代传奇》，《新快报》2013年3月12日，A32版。

[4] 梁碧莹：《简论黄宽黄胜对西学的传播》，《广东社会科学》1997年第4期。

处已不再是其传统的"才名",而是周游欧洲归国后新鲜的思想,并且对西方的译介——《普法战纪》的连载和出版给王韬带来了巨大声誉。

王韬自身发生巨大变化的同时,王韬前后两个朋友圈也显现出明显的差别甚或断裂。根据上文对其两个朋友圈的分别考察,我们大致可以作以下比较,见表5.3。

表5.3 墨海书馆和《循环日报》时期王韬朋友身份变化比较

	教育背景	相聚缘由	职业经历	经济来源	社会压力	历史影响
前期墨海书馆阶段	绝大多数接受传统儒学教育	经济困窘、战乱等被动性原因	贩卖诗文、教书、翻译为主	较不稳定,部分晚年生活贫困	多数直接遭受社会和时代负面影响	多限于传统诗文书画领域
后期《循环日报》阶段	多数接受过近代西方教育	具主动性的相互协助为主	政治、经济、外交、法律、教育等	相对稳定,多数享有较高收入	思想及历史包袱小,时代影响较中性	影响近代思想史、革命史

在王韬墨海书馆时期的朋友中,姚海伯中年时家道中落,生计无着,甚至寄食道观,1864年去世;龚孝拱晚年靠人资助为生;管小异1860年死于太平天国兵乱;郭友松晚年境况更困顿,靠卖画为生。

正如前文提及,以墨海书馆为中心的"秉笔华士"大多是出于战乱、生计、科举无望等原因聚集在一起的,他们既遭受着时代的直接影响(如战乱、自然灾害等),又承受着时代的间接影响(如人口膨胀、捐官泛滥等带来的谋生压力前所未有地加大等)。王韬这一时期常提到八位朋友:姚海伯、张啸山、周弢甫、龚孝拱、李壬叔、蒋剑人、管小异、郭友松,除了李壬叔(即李善兰)是主动到墨海书馆寻求数学知识,并利用其数学知识积极参与洋务运动,同时在数字著作的翻译和数字人才的培养上做出重大贡献,其他几位多局限于传统文人的诗文领域。

王韬《循环日报》时期的朋友则多数来自与外部接触较多的南粤地区,如新会陈氏一直与国外保持密切联系,陈蔼廷的父辈为买办,同族中人均游学国外,娶不同国籍的女子为妻妾,陈蔼廷本人的第四房太太就是古巴籍西班牙人。伍廷芳出生于新加坡。胡礼垣父亲在香港经商,其本人出生于香港。黄胜则在澳门传教士学堂受教。相对而言,他们受儒学教育的时间较短,思想及历史包袱小,同时,与外国通商贸易的增加事实上抬高了他们及其家族的社会经济地位。

如果说前一阶段,王韬的朋友们还像一个王朝的背影,那么,后一阶段,王韬的朋友们就像那些"自小齐埋于小草,而今渐却出蓬蒿"的新人,他们或者曾经不受关注地生长,或者刚出生不久,就进入一个完全不同的"新世界"。对王韬前后两个时期的不同朋友,柯文曾经分别做过论述:

> 王韬的朋友乃何许人也?他们许多都曾深受儒学经典训练,取得秀才资格,而又起码部分是因为西方人在上海的出现所创造的新的就业机会而来到上海的。作为个人而言,他们颇不寻常,甚或有些古怪,有时才华横溢。就整体而言,他们代表了中国大地上一种新的社会现象——条约口岸知识分子,他们的重要性将与日俱增。他们在中华世界的边缘活动。起初,他们的工作对中国主流中的种种事件似乎几无影响,但最终他们所提出的东西却与中国的实际需要逐渐吻合。直到这时,他们才渐次得到一定的社会地位和自尊。[1]

> 何启、伍廷芳,还可以加上容闳、黄胜及其香港澳门马礼逊教育会学堂的同学唐廷枢,成为一种"口岸华人"的全新代表。他们在许多方面不是与王韬50年代在上海所结识的那些口岸知识分子,而是与孙中山有着更为密切的联系,与大多数来自江浙地区的这些口岸知识分子不同,他们都来自广东南部——中国与西方接触最久的地区。他们大部分也都更为年轻。他们均倾向于成为头脑清醒的行动者,而不是书生气十足的偏执或神经质的文人……他们多采世界主义观点,又是得风气之先的民族主义者。他们更多地效忠于中华民族,而不是儒家文化。[2]

作为一个外在的观察者,柯文的描述充满了洞察,但同时也藏匿着作为一个"外人"的傲慢。柯文将王韬两个阶段的朋友同时归入"条约口岸知识分子",这一说法值得怀疑。他假设了这两者之间根本的一致性。而这种一致性难道仅仅来自他们都以其在"条约口岸"的活动而为人所知?在实际中,王韬前期的朋友们大多终生没有改变他们对儒学的信仰和效忠,他们中的绝大多数来到上海是出于被迫和无奈,甚至一有机会,他们就会回到自己熟悉的故土,回到给他们带来无比痛苦的传统中去。在柯文看来,他们"颇不寻常,甚或有些古怪",但置入中国的历史和传统,这些"名士"的放荡不羁、不守伦常,本身就是中国文化传统的一部分——孔子与接舆,儒家与道家,庙堂与江湖。他们的"古怪",无疑就是对末世衰微的一种悲叹,理想被现实碾轧的一种哀号。

---

[1] 柯文:《在传统与现代性之间》,雷颐、罗检秋译,江苏人民出版社,2003,第10页。
[2] 柯文:《在传统与现代性之间》,雷颐、罗检秋译,江苏人民出版社,2003,第50页。

"药方只贩古医丹"[1]，王韬前期那些"以国士自许"的朋友：姚海伯、张啸山、周弢甫、龚孝拱、李壬叔、蒋剑人、管小异、郭友松，其中，姚、龚、管、郭，晚年困顿，依靠书文字画、施舍为生，甚至死于战乱。张、周等人曾入曾国藩幕，但多数从事的仍是整理国故等传统儒生工作。"故人旧梦"，王韬前期的多数朋友并不能真正走进新的时代。

王韬并不是一个代表。王韬是一个另类。

伍廷芳、黄胜、何启、胡礼垣……王韬后期的朋友们与会聚墨海书馆的名士相比，完全是一代"新人"。如柯文所说，他们"都来自广东南部——中国与西方接触最久的地区"，"都更为年轻"，但他们与后者的区别并不是"头脑清醒的行动者"和"书生气十足的偏执或神经质的文人"之间的区别，他们与后者的区别是"新人"与"旧人"的区别，是"新兴知识人"与"传统文人"之间的区别。

（二）"新文人"的断裂与延续

小说家莫言在《檀香刑》的后记里记叙了，当他的爷爷奶奶还是吃奶的孩子时，德国士兵用剪刀修剪了男孩子们的舌头，让他们学习德语的传说。莫言说：

> 在我的脑海里，驮着小男孩的骡子排成了一条漫长的队伍，行走在胶河岸边泥泞曲折的小道上。每头骡子背上驮着两个篓子，每个篓子里装着一个男孩。大队的德国士兵护送着骡队，骡队的后边跟随着母亲们的队伍，她们一个个泪流满面，悲痛的哭声震动四野。据说我们家族的一个远房亲戚，就是那些被送到青岛去学德语的孩子中的一个，后来他当了胶济铁路的总会计师，每年的薪水是三万大洋，连在他家当过听差的张小六，也回家盖起了三进三出的深宅大院。[2]

这个想象中的悲惨场面最后却神奇地带来了令人艳羡的现实结局。

"修剪舌头"实在是一个绝妙的比喻。语言不只是一种工具，它还在一定程度上决定了人们如何思考。作为"口岸华人的'全新代表'"，伍廷芳、陈霭廷、黄胜、何启等，不仅熟练掌握了能够与西方世界沟通的语言，并且全都较

---

[1] 龚自珍语。
[2] 莫言：《檀香刑》，作家出版社，2012，第512页。

系统地接受了近代西方教育，在幼年时期就来到港澳等地，几乎算得上是殖民地的"土著"。尽管这一结果本身可能出于某种无奈——进入澳门马礼逊学堂学习的最早一批学生多数都是出于生活无着，但一旦如此，他们就脱离了世代延续的知识传统，从而与由江浙等地被迫到口岸谋生的文人存在根本的不同。换句话说，他们就是那些"修剪了舌头"的人。而正是这种新生力量，实现了与传统文人的"新陈代谢"。正如陈旭麓所说：

> 在同一过程里（旧式士人的变迁——引者注），新式知识分子则成了时代的骄子，他们尖锐地抨击王朝秩序，又向社会传播各种新的观念意识。随着他们的产生，同时出现了种种前所未有的职业，如记者、编辑、律师、医生（西医）、近代学堂的教师以及职业革命家，等等。他们成为20世纪士类的主流，并因此而成为"中等社会"的中坚。[1]

王韬时期，新旧士人的这种转换才刚刚露出"尖尖角"。有趣的是，这种转换不仅在王韬前后两个朋友圈中出现，而且呈现在围绕《循环日报》而来的后一个朋友圈本身。在前面比较王韬在上海和香港两个不同时期朋友的行文中，我们有意无意地忽略了王韬后一时期的两个重要友人和助手——钱征和洪士伟。的确，他们两人作为其中的"少数派"，与陈霭廷、黄胜、伍廷芳、胡礼垣等大多数相比显得有些另类。

从前文整理的王韬社会关系网络图中，一眼就可以看出他们的特殊之处：除与王韬的连接之外，陈霭廷、黄胜、伍廷芳、胡礼垣相互之间的联系和互动显然频繁得多。图中，钱征、洪士伟主要通过王韬与其他人连接在一起，在整个朋友圈里，显得孤独和疏离。不仅如此，陈霭廷、伍廷芳、黄胜乃至胡礼垣都在《循环日报》创办不久先后离开报界，并活跃在外交界、政治界、法律界以及思想学术等其他舞台。办报更像一个他们职业上的中转站，在此之前，他们大多从事的是翻译、教育等相对传统的职业，而在此后，他们所从事的几乎都是近代之后才出现的新职业，进入了新领域。

而或许有些出人意料，从办报这一角度来说，恰恰是与他人联系较稀疏的钱征和洪士伟长期从事报刊业。关于洪士伟的现有资料较少，但从王韬的叙述中可知，《循环日报》创办仅仅一年后，王韬就把日常笔政交给了他；而钱征则在《循环日报》之后几乎终生从事新闻事业：主持《申报》编辑部"尊闻阁"

---

[1] 陈旭麓：《近代中国社会的新陈代谢》，上海人民出版社，1992，第261页。

二十余年，编辑出版《申报馆丛书》，主编中国最早的画报《寰瀛画报》等。

回头来看，钱征和洪士伟更加接近王韬早期在墨海书馆时所结交的好友：他们接受传统的儒家教育，秀才出身；钟情诗文，喜与名士聚集唱和；除了办报，他们（主要是钱征）对后世的影响同样集中在传统的"国粹"……但相比墨海书馆不少人生活的艰辛和狼狈，同样缺少西方教育背景，同样"效忠于儒家文化"，同样"书生气十足"的"钱征们"却似乎进入了新的圈子，并在这一圈子中找到了自己的位置——在"报人"这种新角色下，他们从旧式文人中继承下来的优雅文笔、圣贤章句，甚至花鸟虫鱼、闲情雅趣统统找到了新的载体，虽无助于仕进，但足以养生自存。

三、作为一种职业的报人：新旧文人转化的特殊通道

（一）知识人的"改组"和旧式文人谋生路径的中断

对传统文人来说，除作为整个官僚阶层的候补，极少数幸运儿成为"国家和社会管理者"之外，多是一半设馆授徒，一半兼务农业。从生活来源来说，二者往往相互补充。传统的文人恐怕很少有人能够有底气地"以教书为业"。

事实上，近代意义上的职业是一种历史和社会现象。在古代中国，有"士农工商"等"四民"[1]的分类，但"四民"是指四种不同的社会集团，而不是一种严格的职业分工。也有"三百六十行，行行出状元"的说法，但"三百六十行"几乎都来自城市手工业和商业[2]，这与今天主流的"职业"只存在名称上的相似性。

在当代社会中起重要作用的职业往往与教育的普及有着直接关联，尤其是所谓的"专业性职业"，几乎都是随着现代知识的进一步专业化和细分化而逐步发展起来的。比照传统"士农工商"的分类，也许我们可以说，传统的

---

[1] 语出《管子》："士农工商四民者，国之石，民也。"

[2] 据史料记载，唐代开始就有"三十六行"。据宋代周辉的《清波杂录》记载，三十六行是指酒行、肉行、米行、茶行、柴行、纸行、巫行、海味行、鲜鱼行、酱料行、花果行、汤店行、药肆行、宫粉行、成衣行、珠宝行、首饰行、文房行、用具行、棺木行、针线行、丝绸行、件作行、驿传行、铁器行、玉石行、顾绣行、扎作行、皮革行、纲罟行、花纱行、杂耍行、鼓乐行、故旧行、彩兴行、陶土行。徐珂在《清稗类钞·农商类》中说："三十六行者，种种职业也。就其分工而约计之，曰三十六行，倍则为七十二行，十之则为三百六十行。"

"三百六十行"只是针对"农工商"而言,而近代的专业化职业,则是作为统治阶层"士"的细分或者转化——教育的普及打破了统治阶层对知识的垄断,从而中断了知识与"行政管理"和"统治权力"的联盟。这样,一方面,掌握知识的人不再天然地成为具备某种特权的"政治动物";另一方面,他们也获得了在政治之外的独立身份,并能通过其掌握的专业知识向社会索取回报。这些依托于近代的知识和教育所涌现出来的新职业,则"成为20世纪士类的主流,并因此而成为'中等社会'的中坚"。可以说,中国现代社会的专业性职业并不是直接从传统社会中承继而来的,相反,它是新的知识群体分化后的结果。

由是观之,王韬的时代,中国的知识人正面临着一个前所未有的大"改组":旧式文人上可仕进荣华、下亦雨读晴耕之路已行将就木,以"文"为生的新兴职业则要求完全不同的新式知识——律师、医生(西医)、外交官、议员,如此等等完全不是旧式文人所能承担的,它意味着作为一个整体,旧式文人不可避免地和整个时代一起逐渐成为历史的尘埃。

然而,"报人"则是一个例外。

不仅王韬及其朋友钱征和洪士伟成功完成了从传统文人到近代报人的转变,在香港和上海等"条约口岸",越来越多的传统文人围绕着"报馆",找到了在近代社会谋生的途径:

> 江浙一些科场失意文人士子纷纷来到上海,在中外报馆、书局谋职。上海著名报人蔡尔康,乡试屡试不中,遂入报界谋求发展。他20多岁即任《申报》主笔……浙江海宁名士王国维1898年到上海,入《时务报》担任司书、校对。江苏吴县名士包天笑,1900年来上海谋职……1906年后包氏定居上海,即任《时报》撰述员……张静庐来沪上先当学徒,旋即进《公民日报》《商报》等报任职……由上述可见,从事编辑、记者职业是江南士人日趋热门的近代职业。[1]

(二)新兴文化市场的形成和近代报刊的多元面向

随着报馆、书局的出现,一个新兴的文化市场逐渐在香港、上海等地兴起,稿费、版税制度日趋完善,传统文人所拥有的"文化资本"开始找到新的向"经济资本"转化的途径,并逐渐形成稳定的"以文为生"的生存模式。然而,这

---

[1] 夏俊霞:《上海开埠与江南士林新的从业观》,《天津社会科学》1998年第5期,第81-86页。

一过程漫长而曲折，一直要到20世纪末及至民国初年，这一生存模式才真正成为现实。[1]而其间，厕身近代化的报馆、印刷机构，从事新闻出版相关行业则成了传统文人向近代人文知识分子转化的一条最为便捷的通道。

事实上，现代印刷业、著书、办报三者之间在当时的分野远没有现在这样清晰可辨。办报的报人，著书的学者，负责校对和印刷事务的从业者、经理人，往往一身数任。曾虚白就认为，这一时期，办报与著书本身有着极为亲近的"血缘"关系：

> 就传播事业发展的沿革来讲，报纸是继承书籍做了新时代的传播新工具，可是在它发展的初期还没有蜕去其母体的形态。因此，以近代眼光办报，报纸的重心必在新闻，可是当年经常利用书籍做传播媒介的社会，看报的要求重心还只在知道某某问题某某人怎样看法。他们要的是"意"不是"事"。因此能文之士变成了办报的专才，而报纸内容就偏重于言论了。[2]

而即使抛开书籍与报纸的这种内在关联，报馆同时又是印刷企业，翻印著作与刊印报纸同行也有着明确的技术和经济原因——刊印报纸能够保证印刷设备的使用强度，翻印书籍则进一步减少设备的闲置时间，有号召力的作者则给这些印刷出来的文化产品的市场前景提供了背书。[3]

《循环日报》及中华印务总局的诞生过程也印证了印刷业、著书和办报三

---

[1] 据叶中强的研究，版税制度的出现，可推至19世纪90年代末，稿费制度的出现也是在清末民初。"民国时期，稿费、版税制度已在上海出版市场中普遍建立。1927年10月3日，鲁迅抵达上海，从此便留居上海直到逝世。鲁迅之所以放弃了广州中山大学月薪500元的丰厚待遇，毅然来上海做一名自由职业者，是因为行前已胸有成竹——他有着赖以'特立独行'的可靠经济来源，其中主要的部分即是来自上海出版市场的版税和稿费。"（叶中强：《稿费、版税制度的建立与近现代文人的生成》，《上海大学学报（社会科学版）》2006年第5期，第79-84页）。

[2] 曾虚白：《中国新闻史》，（台湾）三民书局，1989，第10页。

[3] 最早传教士所办的近代化中文报刊中的重要人物梁发首先就是一个印刷工人。而包括黄胜在内的相当数量的著名报人都从事过与印刷有关的工作。一些近代中文报刊创设的关键因素之一就是有闲置的中文活字。以政治经济学的观点来看，近代化的印刷机器和中文活字就是生产工具，而报纸和书籍就是生产工具所能产出的产品。究竟生产何种产品，一则根据市场需要而定，二则与生产工具的利用率有关。正是在这个意义上，现代印刷业的出现，给一个繁荣的文化市场提供了基础和动力。

者之间的内在联系：

> 虽然伦敦传教会印刷所的停办为中华印务总局的成立提供了契机，但真正导致该机构组建、并将其提上议事日程的应是王韬《普法战纪》的撰成……由于《普法战纪》的一些内容事先在《香港近事编录》刊载，书成后，其抄本又在一部分当道官员和王韬的一些朋友中传阅，产生了很大反响。因此，对王韬才具颇为叹服的港商冯明珊、陈桂士等人首先集议酿资刊刻《普法战纪》，并委托王韬好友、广东南海人梁鄂撰成《征刻王紫诠先生〈普法战纪〉启》，在《香港近事编录》刊出，为之征募资金。组建中华印务总局的具体活动很可能由此启动。[1]

换句话说，在诸多依托近代教育和特殊知识的新兴职业向传统文人关上大门的同时，近代印刷业的兴起却逐渐生产出一个日趋繁荣的文化市场[2]，借助这一文化市场带来的现代传播载体和传播手段，传统文人能够突破已有的酬答唱和及入幕上书的有限交往圈，其中佼佼者能够在文人群体乃至来自这一群体的官绅阶层中迅速扩大其影响力[3]。不仅由此获得声誉上的回报，也通过这一文化市场本身得到经济上的收益。正是在这一过程中，一部分传统文人完成了在新社会中的身份转换，逐渐成为近代意义上的人文知识分子：

> 中国职业文人的出现与形成，以晚清民初上海的一批"报馆作家"为标志。这与19世纪70年代以降，中文报刊在沪地大量涌现有关。……文人栖身报业，既为立言亦为谋生，同时亦缘报纸的广泛传播而获文名。

---

[1] 萧永宏：《中华印务总局与〈循环日报〉的创办——〈循环日报〉创办者问题辨证》，《新闻大学》2007年第2卷，第41-45页。

[2] 有必要将报刊与印刷业放在一起思考，报刊正是印刷业最重要的产品和最实际的应用，可以说，现代印刷业所带来的革命性影响，其效果和体现就是近代报刊，新技术、新媒介形态、新文化、新的人文知识分子，正是在近代报刊——这一当时时代先进生产力和生产工具的代表——熔为一炉，这使近代报刊有着极其复杂的面向，同时，不能忘记，资本主义和大工业生产始终是其原点和底色。

[3] 以王韬为代表的中国文人很早就注意到了近代印刷技术，1848年，21岁的王韬赴上海省亲，参观墨海书馆的一个最重要理由就是书馆中"竞谓创见"的机器印书："时西士麦都思主持'墨海书馆'，以活字板机器印书，竞谓创见。余特往访之……导观印书，车床以牛曳之，轴旋转如飞，云一日可印数千番，诚巧而捷矣。"（王韬：《弢园文录外编》，上海书店出版社，2002）。

不少有影响的文学作品是先通过报纸连载出名，而后刊刻成书行销于市的。[1]

作为工业化的产物，近代报刊给文化产品的大批量生产和复制提供了一个重要载体。近代报刊本身就是一个舞台，从新闻到小说、从革命家的慷慨陈词到市井文人的竹枝唱和，从政治风云的波诡云黠到社会传奇的亦真亦假，一幕幕活剧轮番上演，甚至不无串场。报刊在近代文人和近代文化形成中的枢纽和核心地位正是在这一过程中实现的，这赋予了中国近代报刊非常独特的烙印——它是陈腐的，它是新鲜的；它散布了蝴蝶鸳鸯的旧趣味，它传播着开天辟地的新精神；它是营商者的聚宝盆，它是革命家的核武器；它承继着剧变时代传统文人的剧痛和情怀，它孕育着崭新世界知识分子的行动和力量。它如同一个巨大的时光隧道，一头连接着中国传统知识人，一头连接着现代职业和知识体系。

近代报刊的这种枢纽地位也让它负担了超出其本身承载力的复杂角色：作为大工业下以利润为导向的产品，它以报道光怪陆离的世界为宗旨，甚至不惜以"志异"来赚取发行量；作为足以影响晚清时局的重器，它塑造和影响着公共舆论[2]，以至"所有的沿海改革者都积极参与了创办中国近代报刊"[3]；作为独特且相对自由的"发声器官"，它使身处江湖之远而心系庙堂之忧的儒家情怀有了现实的用武之地，不为官宦，亦可一展抱负。

近代报刊这些多元面向，使其吸引了形形色色的传统文人、改革家、革命者，这也使中国的近代新闻业从源头起便呈现出驳杂的色彩，给中国新闻业的发展、中国新闻业特殊的职业化进程埋下伏笔。正是由于新闻出版行业成为新旧文人转化的一条快捷通道，相比律师、医生（西医）、外交官、政治家等现代专业化职业，新闻业的职业化或者近代化显得不那么纯粹，其所担负的角色

---

[1] 叶中强：《上海社会与文人生活（1843—1945）》，上海辞书出版社，2010，第147-149页。

[2] 学者涂鸣华曾经考证了据称是左宗棠评价《申报》时所说"江浙无赖文人，以报馆为末路"一语。涂鸣华认为，这一时常被用以证明早期新闻人地位低下的例证事实上恰恰表明："《申报》的言论非但不是无足轻重，反而是影响当时政局的一股重要势力。北洋大臣李鸿章以其为来源上奏朝廷，以冀改变既定的大政方针……而另一实力派重臣左宗棠不得不多方应付辩解。这至少说明也许早期中国新闻界报人地位低下或许是事实，但中国近代报业在其发展之初，就已经开始在政治生活中发挥了重要的作用。"（涂鸣华：《重新认识早期新闻人的地位：姚公鹤的"江浙无赖文人"说辨析》，《新闻春秋》2013年第3期）。

[3] 柯文：《在传统与现代性之间》，雷颐、罗检秋译，江苏人民出版社，2003，第163页。

也与西方同行们相距更远。中国传统文人的家国情怀，也由此和这个时代的苦痛一起被封入中国新闻业和新闻人的血液和基因；中国新闻人所拥有和展现的也不仅是现代新闻记者"负责报道一切"的宣示，还有中国传统儒家知识分子的自我期许，以及伴随中国近代新闻业的诞生发展、延续上百年的历史主题所刻下的印记：

> 西方资本主义东来使中国历史改变了轨道。在炮口的逼迫下，中国社会蹒跚地走入了近代。走这条路不是中国民族选择的结果，而是外国影响造成的。于是而有种种变态。这一点是决定以后100多年中国命运的主要东西，它影响了近代百年社会新陈代谢。[1]

---

[1] 陈旭麓：《近代中国社会的新陈代谢》，上海人民出版社，1992，第52页。

第六章 大众化、政治化与公共性追求：近代报纸的演化逻辑

内容概要

　　相比以政论为核心的《时务报》，以新闻为本位的《国闻报》在近代报纸的演变中有着特殊意义。本章以《国闻报》为核心，详细考察其办报理念、报纸样态及新闻呈现。相比之前的报纸，《国闻报》在内容上更加突出政治和社会题材，关注动态新闻，寓评论于事实之中；随着"志异"类新闻的消失，报道的神秘色彩不断消退，而"以为世劝"的道德与伦理标准仍占据重要位置，监测环境、传播新知等种种现代新闻的功能得以彰显。受读者和社会多方面影响，《国闻报》体现出从精英到大众的新趋势，"政治"再次走向前台，成为一种支撑性因素。与此同时，《国闻报》秉持的"记而不确，焉用报为"，以及"平心以出之，正志以待之"的朴素真实观面临挑战。其根本原因在于，局限于少数官僚和准官僚的"言论界"的存在价值在很大程度上不是获取真知真理，而是谋求政治利益的新平台和新手段。在这一背景下，报纸及其"言论"难免成为党同伐异的武器。近代报纸真正发挥"社会公器"的角色功能，还有待于整个社会的转轨转型。

　　19世纪90年代中后期，随着维新运动的兴起，近代报纸已经从香港、上海等早期的条约口岸向内地极大地扩展了："这时许多报纸已见之于通商口岸以外的地方，不但出现在长江下游的苏州、无锡和杭州，而且也出现在汉口、长沙、桂林、重庆、成都和西安等内地城市。"[1] 如果我们把各类近代报纸想象成城市夜晚的灯光，那么，现在，这些灯光已经从中国南边和东边的角落亮遍了

---

[1] 费正清、刘广京编《剑桥中国晚清史（1800—1911）》下卷，中国社会科学院历史研究所编译室译，中国社会科学出版社，1993，第387页。

几乎整个中国。随着近代报纸在中国各地的勃兴，它的作用越来越受到人们的重视，近代报纸与中国近代历史开始更加深入地缠绕到了一起：

> 以商业利益为目标并为外国人所有的条约口岸的旧式报刊，一般都避免刊登有社会政治意义的争论性文章，而在1895年以后，社会精英的新式报纸则和新学堂及学会一起，变成了传播新政治意识的工具。
>
> 这三种工具和机构互相支持。一方面，主要的维新派报纸报道关于创立像报纸、新式学堂和学会这些新工具和机构的消息；另一方面，在新式学堂和学会中，报纸被阅读和讨论……三者之间的这种相互促进大大增强了它们的总的影响。它们创造了一种引起思想激动的气氛，这在受过教育的中国人中间广泛地起着作用。[1]

在以往的历史叙述中，《时务报》以其在维新变法运动中所起到的重要作用而引起了研究者们的广泛注意，围绕《时务报》所进行的讨论也很充分，自然无须赘述。而另外一家"起着其他维新派报刊所无法替代的重要作用"[2]（方汉奇语）的重要报刊——《国闻报》则似乎还有进一步深读和讨论的空间。这不仅因为它在维新运动中所起到的重要作用，还来自它具有的独特之处：相比作为"旬报"的《时务报》，《国闻报》从创刊开始就以日报的面目示人，从形式上看，《国闻报》与今天每日出版的报纸最为接近，尤其是它"特别重视新闻，不仅直接采用路透社电讯，还聘《泰晤士报》记者提供消息"，被西方人士评为当时"最佳的中国报纸"[3]。事实上，严复创办《国闻报》本身就在于认识到单纯"论政"的弊端，试图恢复报纸的"新闻"本位，提倡"记而不确，焉用报为"。

此外，与《时务报》身处开风气之先的南方地区不同，《国闻报》诞生和发展于北方的京津核心地区。由于现代化向中国的蔓延走过的正是一条从东部和南部沿海逐渐向内陆伸展的轨迹，身处北方的报纸就有了更为特殊的分析价值。

---

[1] 费正清、刘广京编《剑桥中国晚清史（1800—1911）》下卷，中国社会科学院历史研究所编译室译，中国社会科学出版社，1993，第389-390页。

[2] 方汉奇主编《中国新闻事业通史（第一卷）》，中国人民大学出版社，1992，第605页。

[3] 姚福申：《天津〈国闻报〉若干史实辨析》，《新闻研究资料》1990年第3期。

一、《国闻报》的演进与结构

(一)《国闻报》的演进

仅仅从名字上看,王韬创办的《循环日报》就渗透着泛黄的道学色彩,对其办报重点总有些语焉不详,而严复主办的《国闻报》则干干脆脆地将"国"与"闻"并置,展现出严复对要办一份怎样的报纸有着清醒认识。审视《〈国闻报〉缘起》等《国闻报》上刊登的告白文字,"国家"与"新闻"的确占据了核心位置。

与此同时,《国闻报》高度重视对西方报纸的学习和借鉴,并以政治和经济的双重效应看待报纸。《〈国闻报〉缘起》开篇便直言,该报"略仿英国《泰晤士报》之例"。有学者考证,《国闻报》初期分设日报、旬报,亦是对《泰晤士报》和《星期日泰晤士报》的模仿。不仅如此,1898年2月2日的第91号《国闻报》专刊一文《泰西报馆资本》,介绍西方报纸在政治之外的经济影响力:

前有友人自伦敦来云欧洲泰晤士报馆开销绝大,其所入亦属不菲。每礼拜开支需八千磅……至《泰晤士报》登上告白,每三十字地步,需价四先令,大约一日所入告白价计三百磅至五百磅,其获利亦厚矣。故欲设立报馆,非绝大资本不能开张。再就英国而论,如开在乡镇,需资本十万磅,开于京都,则需二十五万磅,凡创此业者,必预备亏蚀二年,二年之内开销均算入资本中……以二年内预算亏蚀共计六万七千磅,加之创业预蓄维持费一万磅,帐簿制造费一万六千磅,再总以上共计八万九千磅,除去各项开销,所剩资本亦属无多。盖泰西各国报馆为国家所关,几乎无人不阅,创办之时,资本虽巨,日久必得厚利,故此业大有各不相下之势也。

第313号则再次刊登"外国新闻"《美国极大报馆》,以示艳羡:

美国博士波君述其本国有新报馆,每日出报三十六万张,其纸页比中国报大四倍,有余纸幅约阔四尺许,卷成一轴如布匹然。印机上下均置字版纸入其中,则两面齐印,此进彼出,已裁好且折好矣。只用一个勤紧收取,忙迫异常,该报馆地位约合中国二十亩大,所有房屋俱用砖石铁料筑造,精固楼分二十六层高约三百六十英尺,其模规之高大如此,则其馆费之浩繁，报务之起色可知矣。

虽然持续时间有限，《国闻报》在经济上也得到了丰厚回报。夏曾佑在给汪康年的一封信中谈及《国闻报》出售于日本人："又陵博大胜，已到手者已万金，水师学堂总办大可不做矣。"[1] 即使考虑到夏曾佑说此言时悲愤交加的语境，这起码也可作为《国闻报》注重经营的一个旁证。

从具体内容和版面编排上看，虽然《国闻报》在"本馆条例"中说明，"日报首登本日电传上谕，次登路透电报，次登本馆主笔人论说"等，但在后期实际的办报过程中，《国闻报》并未把"本馆论说"置于核心位置，大量论说或译自外报，或源自"来稿"，甚至以各种章奏、条陈、呈稿、合同为主要内容的"本馆照录"代替"本馆论说"。对这一事实，《国闻报》在文章中坦承：

> 本馆报首例登论说，今年自刊上皇帝书九篇后曾曾八九十日未有所言也，盖自去冬德人占夺胶州海湾以来，譬如天海无风，一沤不见，忽有巨浪突起，其间则四周水面皆不能平，此浪未消，彼浪又起……本馆当此之时，尽其平时见闻之力与报纸面积之大，满登西报，以备觇国者之采择，而本馆管蠡之见遂无暇妄加逆億[2]矣，又以远近友人惠赐佳制，或言内政，或言外交，盲起废之文方甄录之不暇，此又本馆之幸也。[3]

与《时务报》不同，论说并非《国闻报》所重，正如其所宣称的，"翻译"和"采访"才是《国闻报》的立身之本。[4]《国闻报》从1897年12月30日的第66号开始，一直到1898年1月16日的第83号为止，连续刊登了18期"本馆告白"《添请访事友人》："京师为都会之区，情事最繁，非一二人所能尽得。本馆现拟添请京城采访友人一位，若有曾为南方各报馆访事，办理熟悉，愿为本馆访事者，请先寄新闻数条，写明住址，寄交本馆账房，本馆自当酌量延请也。"以后，第219号《国闻报》则又兴致勃勃地告诉读者："本馆现又延得陕甘新疆访事友人，以后西北一带之新闻可以按日登报以供同好矣。"

《国闻报》创办时期，各类政治外交事件层出不穷，对这些重大事件，《国闻报》更多是以千方百计采录事实，搜集各方反应，以"有闻必录"的方式予

---

[1] 上海图书馆编《汪康年师友书札（第二辑）》，上海古籍出版社，1986，第1340页。
[2] 原文如此，疑为"臆"之误。
[3]《书本馆译报后》，第169号《国闻报》。
[4] "本馆取报之例，大要有二：一翻译，一采访。"

以呈现。比如，对于俄国侵占胶州湾、大连旅顺，《国闻报》连续几十期刊登"山东教案""旅大近事"，对此事，当事人之一的王修植曾言："其后不久，即有胶州湾、大连旅顺被占领事件接踵而起。于是，我愈加注意，探求事实，面对世人毫无忌惮地进行了广泛报道。"[1]

再如《国闻报》对戊戌变法前后京津两地各方动态的报道，强调事实，记叙生动，人物场景宛若亲历。如慈禧发动政变后的第三天，1898年9月24日，《国闻报》在"国闻录要"中刊发《记天津初六初七初八三日惶惑情形》：

> 自六七月以来，京师种种谣言骇人闻听，捏造事实伪托图谶……初六日薄暮，传闻北京提督府差来官役数十名至天津密拿工部主事康有为……斯时已闻有皇太后训政之诏，然知者不多，大约官场中当要差者数人并外国领事府中人而已。初七日早六点钟，知汽车停止，人始皇皇而适……铁路公司中人……乃发德律风至马家堡问之，答云，早晨有旨拿问张侍郎荫桓，故暂停铁路云云。此说一传，众疑滋甚……三点半钟间，王菀生观察率同伍昭辰太守张文成司马由汽车至塘沽，密拿康有为，于是知康之踪迹已不在紫竹林矣。至晚各西人忽言康某已由塘沽拿获，又有西人由三点钟晚车自北京来云，张侍郎下狱并无此事，因缇骑围其第而索康故致此谣也。惟康有为之弟广仁及写字人等均已被获。又传闻圣躬不安，又传闻皇上暂居静室，不接臣僚，该西人又云，若果如此，外人定将干预，决不听之……初八日汽车已开，人心稍定，午刻王宛生观察回津，知康有为业已于初四日远飏，无从弋获……以上皆天津之情形也，至北京必更皇皇，而访事之人函尚未至，倘得来函，即行登报。

以及对谭嗣同就义的报道：

> 有西人自北京来，传述初七日中国朝局既变，即有某国驻京公使署中人，前往康氏弟子谭嗣同处，以外国使馆可以设法保护之说讽之。谭嗣同曰："大丈夫不作事则已，作事则磊磊落落，一死亦何足惜，且外国变法未有不流血者，中国以变法流血者，请自谭嗣同始。"即纠数十人谋大举，事未作而被逮，闻中国国家拟即日正法以儆效尤。

---

[1] 孔祥吉、村田雄二郎：《从中日两国档案看〈国闻报〉之内幕》，载孔祥吉、村田雄二郎整理《国闻报（外二种）》，国家图书馆出版社，2013，第18页。

相较于《时务报》较为传统的书籍样式，《国闻报》还非常重视利用现代印刷技术，不断改良版面编排。翻阅早期《国闻报》，首页的刊例、告白、启事、广告甚至更正等内容与上谕、辕门抄、新闻混排在一起，相互间没有明确区分；内文各栏目栏题和新闻标题字号大小相同，仅依靠栏题高出新闻标题一格以作区分，而直到175号之后，上谕、新闻等内容与告白、广告之间才有了明确的竖线分割。

或许《国闻报》编者也意识到了其中的种种不足，从创办后的第5号开始，《国闻报》以"本馆谨启"的方式加以说明："谨启者，本馆开办伊始，规模草草，一切各种铅字字模机器均未到齐，以致排印报章多有不纯不备之处，一俟字机到齐，自当收拾完整，以塞阅报诸君子之望。"

从第237号起，《国闻报》刊载启示，告知读者报馆新到印字机器，并将随之改版："本馆印字大机器由英京伦敦运到，现已装就，定本月十四日开印，报纸放大。价仍照旧，每张售大钱十文，外埠亦照旧章，酌加寄费，特此预布。"五天后，第242号《国闻报》版式全部改变。改版后的《国闻报》更为接近现代报纸：《国闻报》报头大幅缩小，报头下方加注拼音；报头左侧刊登"本邑分售处"和"外埠寄售处"告白，报头右侧刊登"告白刊例"；而原刊于报头两侧的纪年、刊期等列于中缝。整个头版看起来更为精致清爽，功能区域的划分更为明确，信息量明显增加。内文最大的变化是各栏目标题字号大幅加大，从而使不同板块之间区隔明显。从混沌到清晰，从粗放到精致，这是《国闻报》编排演变的一个重要特征。

（二）《国闻报》新闻的类型与结构特征

《国闻报》初期曾尝试对其所刊新闻做一大致分类："本馆编报之例，大要亦有二：凡寻常之事，无论内地边地，中国外国，义取观览明晓者，皆登之每日续印之报。至重要之事，亦无论内地边地，中国外国，苟足备留存考订者，皆登之十日合印之汇编。"然而，随着作为旬刊的《国闻汇编》的停办，"汇编后半所译登之洋报一并刊之日报"，日报与旬报在内容上的分工归于乌有。同时，应读者要求"变通前议"，择要刊发前所拒载的东南新闻："凡东南各省如有重要事情或关军国大计，或系民生利病，亦于各埠分托访事友人，量为采录邮寄，择其尤要者登之报章，题曰东南各路新闻，以厌阅报诸君之责，望至寻常小事与一切官样文章仍循前议，概不琐登。"

应该说，《国闻报》在办报过程中不断修正，其所刊发的新闻既有"义取观览明晓"的"寻常之事"，也有"足备留存考订"的"至重要之事"，既来自本埠、京师及东南各省，也来自"由英国购得各种西文报纸数百种"[1]。换句话说，它同样致力于"刊载一切适合刊登的新闻"。

那么，《国闻报》都刊登了何种新闻？

为便于考察，笔者选择了45份《国闻报》详加分析，包括创刊初期的第1~15号；中期为避难而求助于日本，改以明治纪年的第144~158号；晚期，标志戊戌变法失败、慈禧发动政变前的第308~322号。对《国闻报》来说，这三个时间节点背后都是具有标志性意义的事件，且不同阶段之间的时间跨度大体相当，具有较强的代表性。通过对这45份《国闻报》上刊载的全部1436条新闻逐一详读并进行归类，可以对《国闻报》新闻的刊载情况有一个概要性的了解。

（1）政治和社会题材居主导。

从整体结构上看，时政新闻始终居于主导地位，社会新闻占据重要位置，且保持着旺盛的生命力，而经济新闻所占比重则相对较小，在全部1436条新闻[2]中，时政新闻963条，社会新闻372条，经济新闻101条，占总数的比例分别为：67.1%、25.9%和7%。如果我们将各种论说、来稿，主要反映西方国家政治动态的"路透电报"[3]以及单纯的案件示谕性质的"县批录要"[4]搁置，单独计算其他与今天的定义较吻合的新闻数量的话，那么，社会新闻在其中所占比重略有上升，约为三分之一，时政新闻仍占六成左右份额，经济新闻的比重变化不大。

纵向来看，与1874年和1881年前后两个阶段的《循环日报》相比较（见表6.1），1897~1898年间，《国闻报》中时政新闻的分量保持上升趋势，优势地位

---

[1]《本报添译西报启》，《国闻报》第78号。

[2] 不含《上谕》。

[3] 在笔者统计的45期《国闻报》中，共刊有"路透电报"106条，其中政治类的有103条，社会类的有3条，其中与中国直接相关的只有8条。典型的"路透电报"如第1号《国闻报》："英国首相沙士侯照会美国云，聚议白令海捕獭之事如有日本与俄罗斯干预，我国不愿与议。"

[4] "县批录要"以案件示谕为主，每期刊发的数量2-14条不等，数量较多，性质雷同。典型的"县批录要"如第2号《国闻报》："四品衔都司刘大有前控董敬安、张实轩欠银一案业已堂讯，限董交钱将张差带，前月二十三夜间张母向刘拼命，刘疑张所主使，具呈控告，据批张实轩主使其母张氏寻衅拼闹，是否属实，候提比时并讯究夺。"

更加明显，经济新闻的比例依然保持在低位[1]，社会新闻的比例有所下降，但仍占据了四分之一以上的份额。

表6.1 《国闻报》与《循环日报》新闻类型比较

	时政	社会	经济
《循环日报》（1874）	30.7%	45.0%	24.3%
《循环日报》（1881）	53.5%	40.6%	5.9%
《国闻报》	67.1%	25.9%	7.0%

随着戊戌变法运动进入高潮，时政新闻的数量再次大量增加，但即使如此，社会新闻在版面中所占比重仍与初期基本持平。如果排除论说、"路透电报"及"县批录要"，那么，社会新闻所占比重甚至超过前期，接近总数的近三分之一。可以说，社会新闻有着旺盛生命力，一旦时局稍有缓和，社会新闻的分量就有稳步上升的趋势。见表6.2。

表6.2 《国闻报》不同时期新闻类型比较[2]

	时政	社会	经济
前期（1～15号）	68.6%（63.7%）	23.3%（27.6%）	8.1%（8.7%）
中期（144～158号）	60.5%（49.7%）	32.0%（40.9%）	7.4%（9.4%）
后期（308～322号）	72.3%（60.1%）	22.3%（32.5%）	5.5%（7.4%）

由此可见，就国人自办报刊来说，随着新报从条约口岸城市逐渐向内地延展，这些报纸的经济色彩和经济功能逐渐减弱，时政新闻和社会新闻成为新报绝对的主导。

（2）时政报道聚焦官员新闻。

《国闻报》刊登的时政新闻就其主题来说，大体可以分为官员动态、地方政事、中央政事、军事情况、皇室消息、教育科考、治安管理、西政外交等几种类型。官员动态主要包括各级官员的升迁、调动、行止、往来，以及主要刊登此类内容的地方官报；地方政事则主要是指地方各级政府的宪示批示；中央政事即中央各部动态、指示；治安管理大多来自各级政府关于"冬防""巡防"

---

[1] 在经济新闻方面，与《循环日报》等之前的报纸相较，新出现了报道进出口等各种统计数字的宏观经济类报道、反映币制银价等货币金融类报道，并在经济新闻总体中占据相当重要的位置。这二者与同样趋于宏观的厘金税收一起，构成了《国闻报》经济新闻中另一个重量级板块。回首条约口岸时期各报大量的"船头货价"类经济信息报道，中国报纸的经济新闻越来越脱离具体的"生意"，而与"国计民生"有了密切的关联。

[2] 表6.2中括号内的数字为排除"论说、'路透电报'及'县批录要'"之后各类新闻的比例。

等治安问题的要求训令；西政外交则列入有关中外交涉、中外关系，以及单纯性的西方各国政事。其中，报道官员升迁、调动、行止、往来的动态，以及以报道各级官员指示、批示为主要内容的地方政事在时政新闻中占据重要位置，官员的一举一动仍是当时人们最关心的新闻。

不同类型的时政新闻数量和比例见表6.3。

表6.3 《国闻报》各类时政新闻的数量和比例[1]

类型	官员动态	地方政事	中央政事	军事情况	皇室消息	教育科考	治安管理	西政外交	合计
数量	125	142	82	58	20	56	29	109	621
比例	20.1%	22.9%	13.2%	9.3%	3.2%	9.0%	4.7%	17.6%	100%

表6.4则展示了不同类型的时政新闻在不同时期的比例变化[2]。

表6.4 《国闻报》各类时政新闻在不同时期的比例变化[3]

类型	官员动态	地方政事	中央政事	军事情况	皇室消息	教育科考	治安管理	西政外交	合计
前期	22.9%	18.1%	16.5%	8.8%	6.0%	4.4%	7.6%	15.7%	100%
中期	12.4%	30.3%	13.0%	10.3%	1%	9.7%	3.2%	20%	100%
后期	24.1%	21.9%	9.1%	9.1%	1.6%	14.4%	2.1%	17.6%	100%
总体	20.1%	22.9%	13.2%	9.3%	3.2%	9.0%	4.7%	17.6%	100%

根据这一统计结果，"地方政事"和"官员动态"类新闻合计占据时政新闻总数的43%。考虑到"地方政事"中大量的抚宪批示、督辕批示等反映的也是地方官员的态度、意愿，可以说，官员们，尤其是地方官员的一举一动是当时人们最关心的时政新闻。分阶段来看，"地方政事"和"官员动态"二者在时政新闻总体中所占比例的变化幅度也很微小，占比最小的前期为41%，占比最大的后期为46%。

除"地方政事"和"官员动态"之外，"西政外交"和"中央政事"则是时政新闻的另外一个重点，二者合计占比为30.8%。由于统计未计入篇幅较长的各类论说、来稿，以及条数较多、以反映西方政事为主要内容的"路透电报"，可以想见，如果将这些内容统计入内，并且考虑到实际占据的版面，"西政外

---

[1] 统计不含"论说、'路透电报'及'县批录要'"。

[2] 如果加上主要反映外国政治动态的"路透电报"，西政外交的数量将翻番，增加至212条，所占比例亦将大幅提升到29.3%。

[3] 统计不含"论说、'路透电报'及'县批录要'"。

交"和"中央政事"在时政新闻中的实际分量还将更大。

《国闻报》在反映西方国家政事政情方面也经历了一个过程,"路透电报"就是一个明显的例子。由于能以最快速度得知世界各国消息,"路透电报"受到当时报刊的普遍关注。即使作为旬刊的《时务报》也专门辟有"路透电音"。然而,早期《国闻报》在刊发电报时似乎并没有太多筛选,电报中的多数内容是西方国家之间的交往以及西方某国的政事政情,大多与中国没有直接关系,恐难以引起读者的太大兴趣。或许是逐渐对这一问题有所觉悟,分不同阶段看,《国闻报》上刊载的"路透电报"有日益减少的趋势,从早期几乎每天皆登,到最后仅不足半数。这或许暗示编者和读者对单纯的西国政治动态的兴趣正在减弱,从初期的"来者不拒""囫囵吞枣"到越来越重视与己的相关性,看世界也经历了一个不断筛选、变化的过程。

其他几项中,"皇室消息"[1]和"治安管理"数量过少,实际统计中的意义不大;由于处于甲午战争和义和团运动之间,军事消息相对稳定;"教育科考"类消息由于戊戌变法时期学堂的大量兴起,以及设特科、弃八股等因素的影响,其在时政新闻中所占据的分量稳步上升亦在情理之中。

(3)志异类新闻的消失。

从社会新闻的结构看,曾经在早期报纸中占据一定位置的"神怪志异"类新闻基本消失,治安事件与道德人伦成为社会新闻的主流。

与宏大的政经"硬新闻"相比,社会新闻往往更能反映市井百态和日常生活。即使是维新运动和戊戌变法的最高潮,《国闻报》中仍然刊载了大量诸如《花丛寻衅》《不体亲心》《识法犯法》《土屋易坍》等社会新闻。

具体类型和阶段性变化情况见表6.5和表6.6。

表6.5 《国闻报》各类社会新闻的数量及比例关系

序号	天变灾害	治安事件	道德人伦	事故意外	生活民俗	诉讼纠纷	神怪志异	文化新知	市政交通	慈善赈济	合计
数量	18	141	54	29	40	14	1	27	30	7	361
比例	5.0%	39%	15.0%	8.0%	11.1%	3.9%	0.3%	7.5%	8.3%	1.9%	100%

---

[1] 前期较多的"皇室消息"大多与慈禧庆寿有关。

表6.6　《国闻报》各类社会新闻在不同时期的比例变化

序号	天变灾害	治安事件	道德人伦	事故意外	生活民俗	诉讼纠纷	神怪志异	文化新知	市政交通	慈善赈济	合计
前期	6.5%	41.7%	11%	2.8%	13%	3.7%	0.9%	6.5%	12%	1.9%	100%
中期	2.6%	35.5%	21.2%	11.8%	12.5%	3.9%	0%	4.6%	5.3%	2.6%	100%
后期	6.9%	41.6%	9.9%	7.9%	6.9%	4.0%	0%	12.9%	8.9%	1%	100%
总体	5.0%	39%	15.0%	8.0%	11.1%	3.9%	0.3%	7.5%	8.3%	1.9%	100%

总体来看，与各类盗窃、抢劫、凶杀等治安类有关的事件在社会新闻中占据了最大比例，且这一比例在各个时期并没有太大波动。事实上，这种治安事件可以认为是社会新闻中的一个"常量"，即使在早期《循环日报》中，这类新闻在社会新闻中的分量同样也是最大的。除治安事件外，与道德人伦有关的内容占据了社会新闻中的重要位置。诸如《孝丐殉身》《石雷诛逆》《拾金不昧》等新闻频频见诸报上。

与此同时，以往掺杂神秘色彩的天变灾害类报道也减少了，其内容也更接近今天普通的气象报道。与《循环日报》等早期报纸相比，《国闻报》在社会新闻领域还出现了一些前所未有的新内容：被归为"文化新知""市政交通""慈善赈济"的新增部分，共同占据了社会新闻总数近18%的份额。如果再算上与城市生活关系密切的"生活民俗"类新闻，以及绝大多数发生于城市的"治安事件"，那么，可以大体上说，反映城市日常生活的内容成为《国闻报》社会新闻的主体。

二、《国闻报》的时政报道

作为维新报刊的代表之一，《国闻报》自然与政治有着莫大的关联。但与《时务报》相比，《国闻报》并非主要通过旗帜鲜明的言论来进行鼓动和宣传，其"最大特色是新闻多，消息快"（方汉奇语）[1]。这使《国闻报》显得更加纯粹——它看起来更像是在以发行报纸和发布新闻的"经典"方式参与政治，而不是充当某种现实政治的直接"工具"；它以全方位的事实搜集和信息传递为职责，致力于将各类大小政治事件呈现出来。

那么，《国闻报》如何搜集和报道事实，尤其是时政类的事实？对事实而非观点的重视是否意味着《国闻报》更加回归新闻"本位"，更加重视新闻的

---

[1] 方汉奇主编《中国新闻事业通史（第一卷）》，中国人民大学出版社，1992，第609页。

普遍规律，更加将新闻自身作为"目的"？

《国闻报》诞生之时，正是列强开始掀起新一轮瓜分中国的风暴之初。德国借口教案事件强占胶州湾，英、俄等国蠢蠢欲动。在光绪下诏变法和慈禧发动政变之前，由德国强占胶州湾所引发的瓜分狂潮，是当时国人最关注的政治事件。我们不妨以《国闻报》对这一"硬新闻"的报道来为以上问题寻找答案。

从创刊初期开始，《国闻报》就把目光聚焦到了"山东教案"，不仅持续追踪事件进展，评论中外在这一事件中的利钝得失，尤其关注由这一事件所引发的国际舆论。以从1897年11月18日的第24号《国闻报》起至1897年12月18日的第54号止的一个月为例，30天时间，《国闻报》共刊发有关报道63条，其中以"山东教案某志"为题的动态消息26条[1]，"路透电报"18条，本馆论说5篇7次。

（一）高度关注动态新闻，广泛搜集事实信息

《国闻报》对山东教案的报道最引人之处就是它对于事件动态等新闻事实的极端关注。可以说，无论"路透电报"还是中外报端，无论专任访事抑或来津友人，无论市井传言还是德人公告，《国闻报》无不搜罗毕至。除西方电讯或报纸外，仅其罗列的消息来源就包括"访事友人""来津友人""燕台西友""津人传说""传抄告示"等。而其所关注的内容除这一事件本身之外，还包括更广泛的政治、军事甚至经济与外交情报。

此外，《国闻报》接连刊载"山东教案"二十七志[2]，更是不断更新事件进展。如第24号《国闻报》刊发的首篇《山东教案详志》：

> 山东曹州钜野县土匪滋事伤害德国教士二人，东抚李中丞未即奏报，德国公使在湖北接该国领事电信，因即据情电询总署，并报该国政府。而我国驻德公使许竹篔侍郎亦即由德发电回华，以此颠末详询总署。朝廷以事关重大，严旨责问东抚从速秉公查办，并饬令俟此案办结之后再行交卸。乃廷寄甫下，而德国已派兵船三艘，驶行来华，于本月十九日抵胶州海湾下锭。有兵官登岸逼令该处防营，限四十八点钟内将防兵离营，让予德兵驻扎。该营总兵官章鼎臣、总戎高元惧开边衅，不得已将全营暂退数十里驻扎，而德兵即入而据焉。按戕害教民系曹州地界之事，

---

[1] 其间，《国闻报》登有"山东教案二十七志"，但遍查报纸，只有第二十五志和第二十七志，其中第二十六志未见，疑《国闻报》排序有误。

[2] 其中第二十六志未见。

而德兵所据乃在胶澳。其将有挟而求耶？抑将借此发端，以偿其大欲耶？俟有访问再行登录。

短短280余字，这则消息便将事件缘由、中外交涉、德军占领胶州湾以及中国军官妥协退让的全过程毕录无遗，"严旨责问""从速秉公""廷寄甫下""登岸逼令""惧开边衅""入而据焉"，等等，更是描述了中国政府的小心翼翼、德国政府的迫不及待、中国军人的怯懦退让、德国兵士的骄横狂傲。仅仅一天之后，第25号的《东省教案三志》再次详报了事件最新进展。

除在刊首专列"山东教案"之外，遇有较重要的关联新闻，《国闻报》还在"天津本地新闻"之前的"要闻"板块，加以标题突出报道。如第45号"山东教案二十四志"之后的《德人拟索南北关》、第54号传言英国拟借机索取定海和舟山的《讹言四起》。此外，有关消息还散见于"山东新闻""天津本地新闻""京师新闻""外国（德国）新闻"等各个新闻板块。其中不少新闻除直接反映事件动态之外，更搜集和透露相关的军事与经济情报，如《德兵船在中国海面之数》（第28号）、《德国在华行数及在行人数》（第30号），以及外交情形，如《德使过津》《德使进京》《东抚行程》《领事赴东》，甚至对谣传的驳斥、提醒等。

第96、97号《国闻报》更是全文刊登了属于"机密"的《总理衙门奏教案办结胶澳议租折》，并由此受到守旧派及俄国的强大压力，最后不得不改以明治纪年，将报纸假托于日本之手。《国闻报》这种信息搜集能力受到了各方关注。如档案显示，时任日本驻天津领事馆一等领事的郑永昌在给日本外务大臣的专题报告中曾言：

《国闻报》虽说创立之日尚浅，但其所著眼以及刊载者，无一不是中外交涉之事件和外国报纸所刊载之有关日清两国交往事项，一一取来，翻译登录。尤其在胶州湾及旅顺口占领问题上，各处寻求通信与联络，无论事情大小，俱有所记，毫无遗漏之处。又如北京通信，大有所据，虽然是外交上之问题，直言明记相关事实。由于其探察之敏捷，亦不乏其人，一时颇得内外人士之好评与广泛信用。[1]

---

[1] 孔祥吉、村田雄二郎：《从中日两国档案看〈国闻报〉之内幕》，载孔祥吉、村田雄二郎整理《国闻报（外二种）》，国家图书馆出版社，2013，第15-16页。

可以说，"用事实说话"是《国闻报》重大政治事件报道的一个突出特点。不独在德占胶州湾这一事件中，在之后的慈禧政变中，这一特点也体现得非常明显。如前文曾经述及的《记天津初六初七初八三日惶惑情形》以及谭嗣同就义的报道等。

（二）评论依托事实，注重外报翻译，营造危亡舆论

《国闻报》围绕德占胶州湾事件所作评论，皆可归入"时评"之列。从1897年11月18日到12月18日，《国闻报》共刊发了5篇评论，5篇评论全部针对《国闻报》之前报道的事实，涉及事件本身、事件当事人、德人寻衅之借口以及外报评论。其中事件初起一周内，《国闻报》几乎一天一议，第25号、27号、28号、29号、30号、31号连续刊发了《论山东曹州教案事》、《论德人举动大碍耶稣教流行》（分三期刊发）、《驳英〈泰晤士报〉论德据胶澳事》、《论胶州章镇高元让地事》四篇评论，见表6.7，几乎涉及与这一事件相关的所有方面。

表6.7 《国闻报》围绕德据胶州湾事件的五篇评论及相关新闻对比

评论	相关新闻
《论山东曹州教案事》（25号）	《山东教案详志》《东警续述》（24号）
《论德人举动大碍耶稣教流行》（27号、28号、29号）	《山东教案详志》（24号）、《东省教案三志》（25号）
《驳英〈泰晤士报〉论德据胶澳事》（30号）	路透电报："《泰晤士报》深许德与中国交涉所用之势力且深愿英之举动永与此相类。"（25号）
《论胶州章镇高元让地事》（31号）	《山东教案详志》《东警续述》（24号）
《论胶州知州某君》（50号）	《山东教案二十二志》（43号）

第一篇评论出现于《国闻报》首次报道山东教案事件的第二天——1897年11月18日第24号，题为《论山东曹州教案事》，此篇评论重点在于论述山东教案事件本身，尤其是事件的起因——教案事件本层出不穷，而此次导致如此重大祸患正是由于地方官员空持不谈洋务之陈义，闭目塞听、处事不当。比较这一评论与前一天刊登的《山东教案详志》，可以说，这一评论是对《山东教案详志》前半部分内容的深入阐述和分析，尤其重在对中国地方主政官员处事不当的反思。

第二篇评论则以分三期连载的巨大篇幅指证德国以教案为借口的虚伪。《国闻报》分别在之前《山东教案详志》的按语（"按戕害教民系曹州地界之事，而德兵所据乃在胶澳。其将有挟而求耶？抑将借此发端，以偿其大欲耶？"），

以及《东省教案三志》("钜野县地方德国教士被害乃系本月初七夜间之事，教士正在行路，突遇土匪多人疑西士带有辎重行李，乃聚众行劫，并非与教士有所嫌恨也。")中有所暗示提及，这一评论则呼应两则新闻所述内容，从宗教本身自证德国借口之妄，并直指德国之根本目的在于"瓜分中国无落人后"，既挑明了中国今后所可能面临之悲惨形势，也指出德国"二心"给自身所带来的恶果。

第三篇评论则是收入《严复文集》的著名论说，《驳英〈泰晤士报〉论德据胶澳事》。这一论说有极强的论战意味。第四篇评论、第五篇评论则分别针对德据胶州湾事件中，中方的两名当事人——带兵的总兵官、总戎，以及主持地方民政的胶州知州。《论胶州章镇高元让地事》中涉及的事实在《山东教案详志》《东警续述》中都有记载，其论述重在批评其"葸懦畏死"、轻易撤军，以致中国局面被动，多遗后患。而《论胶州知州某君》所针对的事实内容则见于数天前刊发的《山东教案二十二志》。

可以说，围绕山东教案和德国强占胶州湾，《国闻报》的评论紧紧依托于其不断更新的新闻事实，新闻与评论紧密结合。评论往往由新闻内容衍生，评论的同时加入更丰富的背景信息，而新闻则以附注按语的方式随时点评。以事实为核心，新闻与评论构成了重大政治事件报道的一体两面。

随着山东教案事件报道从初期的高潮阶段进入到中期平稳报道阶段，事实性报道越发稀疏，评论更多来自对西报评论的翻译，其着眼点也从具体事件转向对瓜分中国的讨论。其中既有直言不讳的《论瓜分支那》（103号、105号）、《美人论瓜分中国》（119号），也有旁敲侧击的《英人议论东方大局》（98号）、《论欧亚今日相关之势》（110号）、《论欧人合谋中国》（122号）等[1]。可以说，《国闻报》对德据胶州湾事件的报道也由此进入后期阶段——从报道事实真相进入到集中呈现西方对此事的评论，从单纯关注事件本身进入到关注事件所引发的连锁和示范效应。

如103号、105号连载《论瓜分支那》："此次德皇在支那已算成一大业，渠竟能绗得俄罗斯之臂……然则瓜分支那一事，此时实已动手兴工矣。如俄德两

---

[1] 1898年1月11日，第78号《国闻报》刊登《本报添译西报启》，明确表明《国闻报》大幅呈现西方议论观点和报刊舆论的志愿，也可作为这一转向的旁证："本馆设报之意原冀将中西政俗参互考求，下以扩草野见闻，上以备当途之采择。兹本馆由英国购得各种西文报纸数百种，择其中有议论中国政治风俗及西人在华权利者，无不按照原意译成华文，另为一题。题曰：西人议论华事，以俾当世悯物君子留心时事者有所考求焉。"

国人虽自解说百般，而实则心欲何地即得何地，法人国论亦言我法乃东方大权，此时须证其如是，不可再落人后云云。大抵其所分者，在滇粤琼雷间也，独有我英在太平洋北有莫大海军，而所行事宜复如何，须早决耳。虽然，此不难决也。夫瓜分人国之事，本是我所不为，独主相逼而来，则亦只能如此。设至彼时大家都已如此，则天与我者，英岂能不取耶？"

106号、107号连载《论英宜保护东方商务》，认为"德人注意胶澳已非一朝夕矣，其意殆欲于远东得一水师根本之地，以推广亚东商务"，"独是德人目炎炎以东方商务为重，至于英商较诸德奚啻霄壤，不当尤为加意耶？"

110号刊发《英会计报论欧亚今日相关之势》："夫为保全支那而兴兵衅，美洲之人固不肯为，我英亦然。然使两国出而求其分，愿各国之不敢不敬诺无疑也。""故使中国果分，则谓人分杯羹、争优竞捷，早晚之间必出于战，此诚确论，然去此尚远，不必虑也。"[1]

其间102号刊有《德报论俄船在旅顺事》，104号刊有《论德国籍教案占夺胶澳事》，108号和109号连载《论中亚通商情形》，均为翻译外报评论。其中除《论中亚通商情形》系谈论英（印）俄在中亚贸易竞争之外，其余均与德俄占据胶州、旅顺，引发瓜分中国有关。紧接着，第122号刊发《论欧人合谋中国》，第128号则登有《英国宜在中国北方得一口岸论》，131号有《论俄德近日在亚洲之步骤》："天下痛心之事莫若割地与人今日五城，明日十城，如某之据胶州，步其后者方将不论，何事皆可以建其功名与意外之想、关系之要。如野有死彘，鹰将群下而啮焉已耳。凡此可为长太息之事者，欧人固行于亚非利加州之故智也。"[2]

第140号之后，仅仅罗列论说标题就可知其大概：第141号《论各国占据中华要区》，143号《论英国在东方商务情形》，144号《英国政府拟处中国时局定策》，145号《论英国东方权利》，146号无论说，147号《论支那之危》，148号《论支那之不可分》，149号《英人论黄海商务》。如果加上散见于"外国新闻""西

---

[1] 本文后附有按语："译者曰，忍哉，为前论者也。群盗取他人之财产而析之，若不关痛痒者，从旁论砭疽，且虑盗自为争而分之难，乃自相慰勉之〇如此，此岂复有人理哉？余译前报，因记吾师侯官严先生所译希腊伊术寓言……今以一国之众，低目下心，甘摧辱受侵略，曰吾行行柔道而守雌，则亦无愧而不知耻也。夫伊术之言如此与前报有互相发明者，故牵连书之。又本馆上皇帝书谓中国之大患在西人私相约纵，以不战而分吾国，今观前报，则知此局将成，而吾师不幸乃获知言之名。悲夫！"

[2] 本文后附有按语："本馆谨按，此文持论过偏，已拟不登，继思存录异闻于阅者，不为无益，姑存其大意如此。诸君子鉴之。"

人议论华事"等新闻板块的相关评论,直到第151号《国闻报》全面报道"公车上书",掀开百日维新的序幕为止,《国闻报》刊发的西方关于瓜分中国的言论如同动地而来、急切震天的渔阳鼙鼓,如同自天而降、愈落愈大的夏日雷暴,可以想见,它对当时阅读此报之人,会产生怎样的冲击和震撼。

瓜分,抑或不瓜分;与德俄合作瓜分,抑或与日美合作瓜分;武力瓜分,抑或不战而分;像非洲一样瓜分,抑或像波兰一样瓜分;回想百余年前,《国闻报》编者忍不住高呼:"群盗取他人之财产而析之,若不关痛痒者从旁论砭疵,且虑盗自为争而分之难,乃自相慰勉之如此,此岂复有人理哉?"[1] 多少读者至此拍案。

在《国闻报》的呈现下,亡国灭种的未来变得具体、真实、可信。赴京应试的举子们究竟在多大程度上受其影响虽不可考,但作为主要发行于京津地区的新报,作为当时中国北方最有影响的报纸,《国闻报》所呈现和传递的舆论氛围却实实在在。在这个背景下,当麦孟华写下——"西人之觊我中国久矣,瓜分之图腾布宇内。特今俄割旅大,英法必不肯独让,法割滇粤,英割长江,日割福建,眈眈逐逐纷至叠来,二万万里之幅员一旦可以立尽"[2]——之时,不难想见,应试的"公车"们自然心折首肯、竞相列名。

事实胜于雄辩。报道事实、呈现观点,作为日报的《国闻报》走了一条与旬刊的《时务报》不尽相同的道路。当我们关注"文人论政"的传统,强调快意恩仇的宣传鼓动之时,也不要忘记报道事实的"新闻"本身的力量。桃李不言,下自成蹊。客观报道,用事实说话,本身就是我国新闻业发展的一条重要道路,在近代的历史风云中,在推动近代舆论场的生成和演变中,它同样有着极为宝贵的价值,起到了不可忽视的重要作用。

三、《国闻报》与人们日常生活的新闻呈现

《国闻报》明言,其刊载的内容既包括"义取观览明晓"的"寻常之事",也有"足备留存考订"的"至重要之事"。"至重要之事"往往显而易见,不费思量。反而是"寻常之事",由于琐细杂乱,数量众多,如何"漏万挂一"倒颇需要一些标准。

即使身处"三千年未有之大变局",彼时之人,也并非人人都是政治动物,

---

[1]《英会计报论欧亚今日相关之势》按语,见第110号《国闻报》。
[2]《顺德麦孺博孝廉上都察院呈稿》(公车上书),见第151号《国闻报》。

时刻关心军国大计。那么，作为面向"商贾百执事之人"的日报，《国闻报》如何反映人们在政治之外的日常生活？通过这种呈现，《国闻报》又留下了怎样的痕迹？

（一）神秘外衣的褪去与道德标准的持续凸显

随着神秘主义色彩的消失，中后期《循环日报》中出现的理性化趋势在《国闻报》得以延续，"礼俗社会"中的道德标准却沉淀下来，逐渐成为反映日常生活的一个稳固框架。

本文前论曾经提及，早期《循环日报》有新闻"奇闻化"的特点，这一特点到了《循环日报》中后期不断弱化，并有逐渐走向理性化之趋势。观察《国闻报》刊发的众多社会新闻，首先的一个印象便是带有浓厚神秘主义色彩的奇闻几乎消失了。在统计的361条社会新闻中，神怪志异类新闻再也难觅踪迹。即使有可以勉强归于此类的新闻，其神秘化色彩也淡薄了许多。如第14号《国闻报》刊登的《鲇鱼噬牛》：

> 沂州府蓝山县城外野树丛杂，自成村落。几家茅屋临水而居。每当夕阳西下时，牧牛童儿咸相约放牛水滨，自为嬉戏。前日有一牛甫下浅濑，倏来一鱼噬其蹄不释，牛觉而欲逸，鱼则愈噬愈力，竟吞其蹄尺许入于腹中，牛负痛跃岸，始见一大鲇鱼，长五六尺，上贯于牛之膝而死。盖牛亦用力抟之也。噫，以物戕物竟如斯之甚哉。[1]

另外一些多少带有神秘色彩的新闻，其重点则不在于"神秘"和"奇闻"本身，对于不可理解的部分"存而不论"，既不惊讶，亦不寻求超自然的解释。此外，道德化标题几乎是这类新闻的普遍特征。如第152号"京师新闻"中的《是禽兽也》：

> 新乐县刘某在宣武门外骡马市口开设馒首铺，囊橐颇充。与父母分居有年，二月抄刘父以家贫岁荒至刘乍延，刘佯为不识，挥之便去，父怒甚，欲死于刘前。适所畜二驴由后院奔出，刘方回顾，被驴撞倒，踏及要害而死。何报因之巧哉。

---

[1]《国闻报》，第14号。

类似的还有反映媳虐婆被石雷击毙的《石雷诛逆》[1]、报道宰牛屠户孙媳生出怪胎的《宰牛孽报》[2]等。

《国闻报》还花了不少篇幅报道大量与社会风气有关的内容。有些事情小到今天看来似乎不值一提。如第13号的《拾金不昧》："李某者，浙之绍兴人，业贩酒，往来南北，岁以为常。近又以运酒至京，寓李铁拐斜街某店。昨甫外出，忽于琉璃厂东门外捡拾一函，并纹银陆两，封面详书住址，知为送信人所遗。因为特向信局投寄，而揭其原委于失物处，俾原主见之得取信票以归。世风日浇，侵攘相习，如李某者亦足多矣。"再如第147号的《诬良为盗》："谚云，贼咬一口，入骨三分。京师近来风俗日坏。一日昨某汛弁在广渠门外蛮子营拿获贼犯一名，捕差串通，令其诬攀。乡间平民良懦畏讼，即央孔方兄息事，株连蔓衍，受害者指不胜屈。贤有司宜何如彻底清究耶？"

采写新闻"以为世劝"，一直是早期中国报人自诩的一项重要责任。王韬自言其办报撰文"出于风闻，得其大概者，不过借彼事端发挥胸臆，以明义理之不诬，报应之不爽，俾众生感发善心，消除恶念，发幽光于潜德，开悔悟于愚民而已"[3]。在新闻反映百姓日常生活方面，王韬的这一着眼点即使到了《国闻报》时期，也并未发生太大变化。而且，这很可能仍然是当时报人的一种共识。

（二）现代新闻功能的强化与报纸社会角色的显现

新闻的种种现代功能，如维系社会、监测环境、传播知识，这一时期开始得到进一步彰显，报纸在社会生活中的角色越发清晰。

清代末年，"那种讲求个人关系和社会责任的体系已经分崩离析"[4]，但即使如此，在戊戌变法前的新旧转折点上，传统的礼俗和伦理仍然是维系社会的

---

[1]《国闻报》，第12号。
[2]《国闻报》，第13号。
[3]《循环日报》，本馆日报略论。
[4] 费正清、刘广京编《剑桥中国晚清史（1800—1911）》下卷，中国社会科学院历史研究所编译室译，中国社会科学出版社，1993，第676页。

第六章　大众化、政治化与公共性追求：近代报纸的演化逻辑 | 113

一个最重要的，甚至是唯一纽带[1]。《国闻报》对传统伦理标准的强化和着意，本身就体现了新闻媒介"维系社会"的一项重要功能，只不过这种功能的发挥开始越来越脱离传统的形式，越来越脱离神秘主义的外衣，从而更直接地显露出来。

在《国闻报》上，近代新闻媒体所具有的监测环境、传播知识，甚至提供娱乐等其他一些功能也开始渐次展现。

在监测环境上，小到生活提醒。如第158号的《童子何知》："昨日老龙头铁道中有王姓九龄幼孩当轨而立，嬉戏自若。正值火车开行之顷，幸站长瞥见赶紧向前抱而之他，险哉！居铁道附近者，切勿任幼孩自在游行也。"

其中有对不良作风的批判，如第13号的《噩耗讹传》："王朋九观察锡侯昔曾随曾惠敏公出使英俄法德诸国……今年秋间因抱病思归，遂收拾琴书束装东迈。先发一电致总理衙门，请为转告家属，言抱病而归，约十月半可以到沪，嘱其往迎。不意翻电报者误将十月半译作十一卒，遂以为东坡已死、恒子丧归，遽告其家，举哀成服，迨二三日后，复接来电，始知原译之错……噫，寻常电码，些少错误尚无大碍，设军情密报一字之间其误人家国者，夫岂鲜哉？犹忆乙未秋间，四川教案要电译流亡之亡为死亡之亡，案情出入遂大相悬殊，当由总署堂官将译报之法文副教习某重罚以示警诫，不意司此事者今日之茫茫仍如故也。"

大则包含初步的舆论监督。如第157号的《顾名思义》："本埠义塾林立，原为培植寒家子弟而设，每塾学生皆有一定额数，乃近来有殷实之家亦愿入塾受业，以致人浮于额，寒家子弟反不得其门而入，当轴诸公宜何如整顿耶。"再如第154号的《胆占官地》："河营前有某甲侵占官地私盖铺房两间，昨经该管地方查明拟欲报官，惟惧甲系某候补之子，以故隐忍。噫，势力之能服人一至于此哉。"当然，这种所谓的"监督"，称之为"建议"或"感叹"可能还更贴切些。对此，严复在给汪康年的信中直陈自己的担心："既开报馆，原与庶人不议之例不符，与其不议，不如勿开。开而议之，窃恐方今之日，尚不能言

---

[1] 陈旭麓认为，作为一个复杂的社会实体，反映了"在欧风美雨浸染下中国社会价值观念与行为模式的变化"的"中等社会"崛起于庚子之变后，正是"中等社会"的出现，"体现了中国近代各种社会实力的消长，并很快成为推进中国近代社会新陈代谢的决定性力量。"维新运动戊戌变法的主导者还是旧式的"士人"，新式"社会"和它所代表的伦理标准尚未成为一种足以维系整个社会的主流标准。(陈旭麓：《近代中国社会的新陈代谢》，上海人民出版社，1992，第257页)。

者无罪也。"[1] 可以想见,《国闻报》在报道上的模糊与踌躇,背后多有苦衷。

传播新知是当时报纸的一个普遍功能。各地新报普遍刊登各类公司、学校章程,各类新式学堂考题,世界名人传记,以及各国出现的新知识、新发明。具体到《国闻报》来说,这类新知首先出现在报首"论说"部分,如甫一创刊的第3号就刊登了一条题为《论测验天空气之法》的论说,开篇即云:"环地球之外为流质大海,如无数同心球之所包裹。此气界内人物赖以养生,风雨赖以变化,能透光亦能折光,能传热亦能藏热,其功用极大,谓之天气。"其次则大量存在于后来出现的"外国新闻"栏目里。如第152号在"外国新闻"中连续刊登了三条类似消息:《火车带风》《电气暖被》《养气入饮》,其中《电气暖被》不但介绍了原理、具体的发明,还对其在生活中的运用做了饶有趣味的推想:

> 凡用铁丝过电,若阻力甚巨,其铁丝立刻生热。故后人有用以烹饪者,有用以暖屋者。近美国某君又有以之暖被者,其法系于夹被内安放铁丝,将电气由铁丝过入被内,欲温欲热,为所欲为。凡老年者,可免衾冷如铁之苦。噫,此法其益人不浅哉。由此推之,则人身上所穿之衣服亦必可用此法也。

当然,也有反映都市社会生活及纯粹趣味性的内容。如第152号的《城游不夜》:"省垣南城根新制盒灯一架,高与云齐,名曰十彩花灯,五光十色,艳丽夺目。其各玩景,一曰仙子献桃,二曰花姑献瑞……九曰鱼跃龙门,十曰鱼龙变化,入夜各灯齐放,照彻街衢,红男绿女,远近来观者如蚁如猬,诚为一时胜游云。"第155号的《并州剪子》:"孀妇某氏欲再醮,自诩丰姿,未肯草草,故择人甚苛,适有金家厂鳏夫王二续弦情急,恐秃首如椎,未能中选。因倩邻人某甲冒名以往,甲年少而貌亦清秀,事乃成。昨日过门,王露出本来面目,妇不作一声,提携衾具而出。王挽留之,妇云:癞蝦蟆想吃天鹅肉耶?闻者皆绝倒。"

现在,让我们从《国闻报》中抽出身来,重新回顾社会新闻从《香港船头货价纸》到早期《循环日报》,再到中后期的《循环日报》一路走来之过程:《香港船头货价纸》几乎全部社会新闻都集中在治安问题上,"差役总馆"是这张新闻纸上最炙手可热的名词,几乎没有现代意义上的文娱新闻;早期《循环日报》则热衷于如《阅微草堂笔记》一样的"志异搜神",相当一部分新闻裹着

---

[1] 上海图书馆编《汪康年师友书札(第四辑)》,上海古籍出版社,1989,第3278页。

深厚的神秘外衣,其事囵囵含混,若有若无,与其说是"新闻",实则更像"副刊";中后期《循环日报》开始褪去神秘色彩,一方面,直接反映现实生活的内容不断增多,从当时最引人注目的社会事件到各类新事趣闻,另一方面,传统儒家的礼俗伦理依然是时人判断新闻价值的重要标准。

以这一轨迹来看,《国闻报》的社会新闻正是历史流脉的自然延展:报纸对人们生活世界的呈现越来越脱离报人自身的想象,新闻正在不断塑造着它自身,以它自身的、理性化的方式来重新架构和组合着人们的社会生活。在这个层面,中国的报纸正以它自己的节奏向更具有普遍性的阶段迈进,亦即不断向西方的报纸重新靠拢,不断展现着现代媒介所具备的种种功能,即将在历史舞台上彰显其巨大力量。而在另一个层面,以儒家伦理为核心的传统价值观仍然是衡量新闻,尤其是社会新闻价值的重要标准。"忠孝节义"是时人做出新闻判断的"卡尺",王韬所言的"俾众生感发善心,消除恶念,发幽光于潜德,开悔悟于愚民"在不断的演进更替中极为"坚强"地保留了下来,在维新变法那个新潮迭起、破旧立新的时代成为中国新闻人潜在的共同的思想传统。

从《循环日报》到《国闻报》,阅读这些琐碎、片断、让人哑然的社会新闻,常常有似曾相识的感觉,今天的人们不会把某人简单的"拾金不昧"登上报端,更不会直接以道德判断或伦理标准作为新闻标题,但大量的"正面报道""主题报道",那些对于"社会主义核心价值观""感动中国"的宣传,同样是以伦理或价值作为衡量新闻的标准。这些报道经常会受到没有"新闻性"的指责,而受批判的一方则常常于此无可辩白,甚至以宣传需要为借口"顾左右而言他"。

回顾历史,当我们注意到中国报纸"新闻性"不断增强,不断与"普世化"的媒介功能相吻合的趋势之时,同样,我们也不能忘记伦理和价值观同样是中国报人们选择新闻的重要标准。伦理和价值观可以改变它所依托的载体,可以褪去种种迷信的色彩和神秘的外衣,但它作为新闻选择的标准意义却始终未曾淡化,一直是中国新闻的独特传统、所来之径。

四、大众化、政治化与公共性:《国闻报》的演变逻辑

综上所述,《国闻报》"平台化"的特征、"报道事实"的特点都使它的新闻呈现更为丰富。而作为"社会公器",新闻呈现的背后往往是多种力量的相互影响和冲击,它既越出了办报人自己的设想,也并非某种现实力量的简单投射。

那么，在办报人之外，读者诸君、政治环境与社会时代如何影响着《国闻报》的新闻呈现？

（一）从精英走向大众：报纸变迁中的读者因素

《国闻报》创设于《时务报》一纸风行之后，《时务报》是《国闻报》最直接的模仿对象。《国闻报》两名创办者严复和王修植在与汪康年的信函中分别提及《国闻报》对《时务报》的这种学习与模仿。如严复在信中说：

> 卓如、孺博、穰卿三先生阁下：每怀风采，延企为劳。伏维台候万福，为时自重。上月托公度观察袖呈《国闻报》启一通，求登贵报，俾我下乘附骥而行，谅荷垂察⋯⋯弟等本议旬报之外兼出日报，日报则仅详北数省之事，旬报则博采中西之闻，与尊属一节正相符合。现在资本已集，印机已购，开办之期即在来月，伏乞将前寄启文赶为登录，将来出报之后，南中各省埠尚拟依附贵馆派报处代为分送，素纫公谊，当亦乐观其成也⋯⋯[1]

王修植更是直接点出："弟日来与又陵、穗卿商，拟在津门亦开一馆，一切体例略依尊处，稍为变通，急待从者之至，相与斟审。"[2]

可见，至少在《国闻报》创办者初期的设想中，作为旬刊的《国闻汇编》与作为日报的《国闻日报》（在严复、王修植等人与汪康年的信函中屡次如此表述）本应相辅相成。揣度严复"旬报之外兼出日报"，以及王修植"一切体例略依尊处，稍为变通"的表述，很有可能，《国闻汇编》在创办者心目中的分量还要超过作为日报的《国闻报》。但是，与《时务报》同为旬刊的《国闻汇编》却并未坚持太久。《国闻报》创办三个月后，正式以"告白"的方式宣告"停印国闻汇编"：

> 敬启者，本馆原议日报之外兼出旬报，名曰国闻汇编。惟近来汇编所译印者，前半论说均系西儒考求治化专书，意蕴宏深，体例严密，若分期排印，则今日一鳞明日一爪，读者转不得其全书宗旨之所在，至汇编后半均系翻译洋报，又以先睹为快，积至一旬已成旧闻，反不足以厌

---

[1] 上海图书馆编《汪康年师友书札（第四辑）》，上海古籍出版社，1989，第3274页。
[2] 上海图书馆编《汪康年师友书札（第一辑）》，上海古籍出版社，1986，第78页。

第六章 大众化、政治化与公共性追求：近代报纸的演化逻辑 | 117

读者之目。兹拟将每旬所出之汇编，暂行停止。以其余力译印西儒专书。如赫胥黎治功天演论，悉宾塞尔劝学篇之类，陆续将其全书印出，即暂由本馆发售，其汇编后半所译登之洋报一并刊之日报，庶不至为失晨之鸡，贻后时之诮，特此告白，伏乞垂青。[1]

告白给出的停印理由自然有其合理之处，但其停印的根本原因还在于其过于精英化的语态不为读者所接受。王修植曾就此事致信汪康年，直言："《国闻汇编》阅者多以文义艰深为嫌，每期仅售至五六百分，实在赔本不起，现已停止不印，专办《日报》。"[2]

《国闻汇编》的这种曲高和寡不用翻看全文，仅仅一观"《国闻汇编》叙"便可明了：

> 图书所载，四五千年红黑黄白之族，民皇帝王之政，兴亡倚伏，狎主扶舆，何莽然其不一致也！然求其公理，蔽以一言，不过相通则治进，相闭则治退而已。相通之用奈何？横胪异说，校其旨趣，以甲例乙，以丙例丁，博涉深思，择其至当，一家之学，万国之书，乃相待而得定论焉。神州建国，群圣相承，大义微言，既明既习。惟彼欧美，政教如海，方我震旦，凫鹄异涂，名言所隔，阻于人天，丏灵舌人，传者万一……事有古今，贵通则一。凡百君子，幸而教之。

时至今日，再读此"叙"，同样感觉其意义模糊、晦涩难懂。事实上，"务求平易与畅达"已经逐渐成为当时报人在实践中的共识。而其中重要的一环，就是将"报"与"书"彻底分开。黄遵宪在一次与汪康年的信函中谈及《时务报》新聘章枚叔、麦孺博两位主笔，"大张吾军，使人增气"，同时也对章枚叔的文章予以评点，颇有识见："章君学会论甚雄丽，然稍嫌古雅。此文集之文，非报馆文。作文能使九品人读之而悉通，则善之善者矣。然如此既难能可贵矣，才士也……"[3]

《国闻报》另一个根据读者需求做出的重要改变还在于增设"东南各省新闻"。在《国闻报》原定章程与设想中，"日报仅详北数省之事"，然而《国闻报》

---

[1]《国闻报》1898年2月26日，第115号。
[2] 上海图书馆编《汪康年师友书札（第一辑）》，上海古籍出版社，1986，第81页。
[3] 上海图书馆编《汪康年师友书札（第三辑）》，上海古籍出版社，1987，第2351页。

创刊仅月余，就在读者的强烈要求下改变了既有方针。1897年12月8日，第44号《国闻报》刊登了《本馆告白》：

> 本报原定章程专纪西北各省之事，至东南诸路报馆林立，一切新闻无俟敝馆赘述。乃近来阅报诸君多嫌本馆不载东南之事，因思申江各报馆亦闻载京津各事，义取相副，不以重复为嫌。本馆因特变通前议，凡东南各省如有重要事情或关军国大计，或系民生利病，亦于各埠分托访事友人，量为采录邮寄，择其尤要者登之报章，题曰东南各路新闻，以厌阅报诸君之责，望至寻常小事与一切官样文章仍循前议，概不琐登。谨启。

以上这些，都是《国闻报》以"告白"的方式明言的内容，《国闻报》还以其他潜在的方式改变着它的版面布置和内容安排。前文曾有提及，从趋势上看，《国闻报》上的"路透电音"有日益减少的趋势。除德据胶州、俄占旅大等重大事件之外，"路透电音"上刊登的新闻多数与国人并没有直接关系，随着办报时间的延长，《国闻报》上那些也许能够帮助读者认识世界，但却与之没有什么直接关系的"外国新闻"不断减少了。另外，《国闻报》中期，与读者生活关系更密切的社会新闻数量却大幅增加了，这一趋势一直延续到戊戌变法进入高潮、政治重新成为人们关注的核心焦点。

姚福申通过研究也发现：

> 综观现存的《国闻报》实物，国外新闻所占的比重甚小，不足全部篇幅（不包括广告）的十分之一。显然"以通外情为要务"的办报方针实际上早已改变……这一办报方针的改变是新闻价值规律所决定的。[1]

由此可见，即使面对的是以知识分子为主要受众的"高端读者"，《国闻报》一旦步入实践，同样要遵循"大众传播"的规则——在这里，这一规则鲜明地体现为不断地从语言和思想的"神坛"拾级而下，不断促使办报者将其办报着眼点从理想和最高目标上"降落"下来，走向读者触手可及的现实世界和读者的生活本身。可以说，《国闻报》自身就首先实践着从精英走向民间和大众的过程，即使这一过程目前仍然局限在知识群体之内。

---

[1] 姚福申：《天津〈国闻报〉若干史实辨析》，《新闻研究资料》1990年第3期。

（二）官员与政治：报纸一幅看不见的"骨架"

1898年9月11日，第312号《国闻报》在《东南各省新闻》栏目中刊发了一则题为《福州议设看报会》的短消息："福州省城士林欲设看报会，广购各项报章，立一公所，按人捐钱，公同阅看。但闽士寒贫居多，无官绅为之倡，率终恐无成。"

有趣的并不是"福州议设看报会"这一消息本身，而是《国闻报》随附的点评"闽士寒贫居多，无官绅为之倡，率终恐无成"。连看报都须官绅为倡始可有成，实在让人讶异。但这确实是维新运动时期报纸面临的常态。

《时务报》与张之洞等官员的纠葛早已是公案，而关于《国闻报》与先后两任直隶总督王文韶、荣禄的关系，也已有大量优秀的研究。朱志刚并对之加以总结：

> 纵观国闻报馆的创建、运作与转让的全过程，报馆同人与权势人物，尤其是北洋主宫之间的关联，既如草蛇灰迹、若现若隐，又是贯穿始终、无处不在。实际上，要纵论国是国事，就必然会与政局备派的现实利益发生关联。在表达自由本身根本没有任何保障的情况下，也只能如国闻报人这样在相当程度上依附于政治势力，在各派势力的纠缠与缝隙之间，以回避、遮蔽，甚至刻意扭曲某些话题来换取对其他话题的言说空间。[1]

其实，包括《国闻报》在内的维新派报纸，与政府或官员的联系并非只是支持、利益等显而易见的方面，事实上，正如"福州议设看报会"的消息所暗示的，官员和政府机构实际上构成了整个新报的基石，从办报需要筹集的巨大经费，到报纸的发行推广，再到设会阅读，无一能够离开整个官僚系统。在这个意义上，以下潘光哲对《时务报》所作讨论也同样适用于《国闻报》：

> 《时务报》发展的群众基础，并不是纯粹由报馆本身打下的，在它方甫起步的时分，首先便得力于清廷封疆大吏提供的资源，同时也得力于参与《时务报》的士大夫的私人关系网络，始可营构出《时务报》发展的物质基础。随着它的基础愈趋坚实，读者群体愈形扩充，它和官府以

---

[1] 朱志刚：《国闻报人的隐衷》，《新闻与传播研究》2012年第6期，第49-57页。

外的社会力量越来越有结合在一起的机会。[1]

新报与官员及政治的这种紧密关系同样体现在《国闻报》具体的新闻呈现中。前文对《国闻报》时政新闻类型的统计分析显示，反映地方官员转任迁贬、行止批示的"地方政事"和"官员动态"类新闻占据时政新闻最多的份额。如果再加上与中央官员动态有关的部分，那么，反映整个官员阶层动向的报道在《国闻报》时政报道整体中所占份额将超出半数。不仅如此，与官员有关的新闻在时政新闻总体中所占的比例，从变化幅度上来说也是最小的，各阶段相比的差别在5%以内。

换句话说，无论从任何一个方面考察，"官员"都始终处于《国闻报》等维新报刊的核心位置。但值得注意的是，这种核心位置恐怕不能够被简单的操纵报纸或强力压迫这些描述所完全覆盖，对维新报刊来说，他们的创办人、他们的资助者、他们的读者、他们在报纸上发表的新闻和论说所希望影响的对象，甚至是他们的消息源、他们的报道对象都不可能离开具体的官员。

也因此，需要考察的或许并不在于某位官员对报纸的具体干预和影响，而在于更为宏观的报纸自身自觉或不自觉的"转型"——从条约口岸的商业报纸到商业、时政和城市生活并重的都市报纸，再到更为关注时政和城市生活的时政生活类报纸，直到以论政为主的政论报刊，"政治"以及作为其代表和象征的"官员"在其中的分量在不断上升。尤其当我们把注意力从特殊的、作为全球资本主义飞地的"条约口岸"（主要是上海）中挪开，逐渐进入到更传统的中国，或者说真正一体化的中国，那么，我们会惊讶地发现，"官员"和"政治"再次成为撑起一张报纸的骨架与核心。

夏曾佑在《国闻报》"认真卖与日人"之后的一段"自白"，可以反证"政治"在《国闻报》中所起到的作用：

> 国闻报馆已认真卖与日人，已交五千元，而余数尚未决定，馆事则一切交与日人矣。弟等当初办此事时，作论打听新闻则甚劳，筹款备赔则又甚困，大为外力所挤则又甚窘，其事之苦如此。而自交日人之后，日人西村博名为馆主，而其人性极雅憺，且与支那言语文字均不甚通……遂将全权付与宁波某君。某君为此以后，不以报之优劣与销数之多寡为报馆之政策，而其政策专主证人、纳贿。于是苞苴盈庭，有赌场数处，

---

[1] 潘光哲：《〈时务报〉和它的读者》，《历史研究》2005年第5期，第60-83页。

每处每日送二十元，其他称是，于是大发其财。而我辈昔日之地狱，一转移间而为天堂，挽而思之，不觉大笑。从此有一公理可知，盖支那者无教化之国，在不开化之地者决不可行开化之事，强而行之，不受大祸，亦有大累。惟相与为不开化之事，则实福可得，而恶名亦可免焉。此理既明，吾党亦可无怨矣！[1]

"宁波某君"[2]的所作所为令王修植不齿，甚至为之感到愤慨和荒谬自不难理解，不少学者引用这一段落或者说明《国闻报》售与日本人之后"已经与以前不可同日而语了"[3]，或者意在澄清"《国闻报》在易主过程中交接很顺利"[4]，不存在"停刊"之论。而在笔者看来，王修植此段情绪极为激烈的表述，恰恰表明了《国闻报》售与日本人之后彻底"去政治化"的结果——新接手的主笔"专主诬人、纳贿"，"其他称是"，使夏曾佑之前"甚劳""甚困""甚窘"的种种"昔日之地狱"消失于无形，从而"一转移间而为天堂"。然而，夏曾佑所谓从此可知的"在不开化之地者决不可行开化之事"的"公理"，对个人来说或许如此，但对整个《国闻报》来说却是大谬不然。

随着《国闻报》的"去政治化"，《国闻报》的影响力也每况愈下，以至夏曾佑在给汪康年的另一封信中，向其推荐浩吾（叶瀚）在天津"所居之地"时提到可到报馆任职："近日《国闻报》之陋劣，胜之甚易，但须预备年余赔垫耳。"[5]

（三）"公器"之难：朴素真实观与公共性

光绪二十四年七月二十九日（1898年9月14日），严复蒙恩被召见于乾清宫，光绪帝问及变法之事："书中大意是要变什么法？"严对："大意请皇上于未变法之先可先到外洋一行，以联各国之欢，并到中国各处纵人民观看，以结百姓之心云云。"光绪听及至此微叹曰："中国就是守旧人多，怎好？"[6]

明明有理、可行之事，即使是皇帝本人也知无法实现。作为一张报纸的《国

---

[1] 上海图书馆编《汪康年师友书札（第二辑）》，上海古籍出版社，1986，第1338页。
[2] "宁波某君"应指《国闻报》完全售与日人后的主笔方成。
[3] 孔祥吉、村田雄二郎：《从中日两国档案看〈国闻报〉之内幕》，载孔祥吉、村田雄二郎整理《国闻报（外二种）》，国家图书馆出版社，2013，第56-57页。
[4] 姚福申：《天津〈国闻报〉若干史实辨析》，《新闻研究资料》1990年第3期。
[5] 上海图书馆编《汪康年师友书札（第二辑）》，上海古籍出版社，1986，第1350页。
[6]《国闻报》，第320号。

闻报》，面对同样的社会，恐怕也一样无可奈何。

在进京奏对的半个月前，严复在《国闻报》上发表了著名的《说难》：

> 某甲谓某乙曰："天下有三事同习气：一酒肆中之庖人，二北里中之女子，三报馆中之文章。此三事者，托业不同，而终于无以善其后则同也。"
>
> 某乙曰："何谓也？"
>
> 某甲曰："充酒肆之庖人者，未始无大家之良庖也；为北里之女子者，未始无良家之处子也；作报馆之文章者，未始无当世之文人也。然而既已在酒肆、北里、报馆中，则断不能逃三者之习气，必尽失其本来，无他，欲使人人讨好而已……"
>
> 某乙曰："子之言理诚精矣，而词则未辩也，试为子析之。三者之中，酒肆最易，女闾稍难而仍易，惟报馆最难……其记事耶，记而不确，则焉用报为？其记而确，则局外之人观之，未必即遽爱报馆也，不过曰：分所当为而已；而局中之人，则以为报馆宣泄其事，而衔之次骨。不悟苟有所作，人必知之，有报馆与无报馆等也，而其怨则已深矣。其论说耶，夫人之语言，犹人之行步也，一举足则不能无方向，一著论则不能无宗旨。从甲则违乙，从乙则违甲，故甲观之以为是，乙观之必以为非；甲观之以为是之极，则乙观之必以为非之极。正负相生，断难免一。而其甚者，则甲乙丙无以为是者焉……故曰：报馆之文章至难也。支那之设报馆二十年矣，向见各报，其论事也，诡入诡出，或洋洋数千言，而茫然不见其命意之所在。其记事也，似是而非，若有若无，确者十一，虚者十九。方怪其何以若是，及其后经于世故者渐深，乃知人间世之情伪相攻，爱恶相取，崎岖险阻，不可方轨而驰也。彼之为此，盖有不得不然之道焉，非所谓欲人人讨好，而乃不觉而成此习气哉……支那不然，其人本无所谓党。称为党者，皆彼此倾陷之辞耳。其实则人各一心，且一人之身心之所计，与胸之所见不同；胸之所见，与口之所言又不同；种种差别，无限无量，一席之间，冥如万里，不若东西人之皎然易明白也。三事之难易盖如此。"
>
> 某甲曰："辩斯辩矣，然而为何道以处此？"
>
> 某乙曰："就吾见闻，敬告天下，平心以出之，正志以待之，如此而已矣。若必谓效其习气，而后可免于今之世，则何如无此报馆之为愈乎？"
>
> 某甲曰："吾闻吾乡有老医焉，有高弟子三人，技既成，将出而行其

道，老医乃召三人者而问之曰："若出应世，固操何道以自处？"甲弟曰："无论人疾之寒热，吾悉以热药治之。"老医曰："可。"乙弟曰："无论人疾之寒热，吾悉以寒药治之。"老医曰："可。"其丙艺最精，曰："人病寒，吾以热剂投之；人病热，吾以寒剂投之。"老医曰："吁！子存此意，子其殆矣。彼甲乙者，杀其半犹可生其半也；如子者，必尽杀而后可，子其不免矣。"后如所云。若所云云，非老医之术耶？"

某乙曰："唯唯否否，不然，支那之人，其病或寒或热，亦寒亦热，非寒非热，虽有和扁不能定名。"

于是相与一笑而散。[1]

纵观《说难》一文，可以说，它是严复对报馆来自社会各方压力的一次总"清算"。如果说来自读者的反馈给《国闻报》带来的是正面的调整，政治及官员是《国闻报》立身的基础和报道的重心，那么，来自社会的压力，显然主要是负面的。种种"守旧""虚伪""自利"的社会风气对严复"就吾见闻，敬告天下，平心以出之，正志以待之"的朴素真实观构成了极大挑战。

除公开"发牢骚"之外，严复在私人信函中也不断提及办报之难："弟自到津以来，凡百叨花，惟山河举目满市夷歌，令人邑邑耳。京、津两处皆有人拟鸠股本开设绝大报馆，挽弟为之著述家，独是朝廷虽累有新政之诏，然观其行政用人，似与所言尚非相应者。既开报馆，原与庶人不议之例不符，与其不议，不如勿开。开而议之，窃恐方今之日，尚不能言者无罪也。足下以为何如？"[2]

《国闻报》另一位创办者夏曾佑也在信中感慨："敝报风波叠见，虽不足为害，而蜩螗聒耳，殊厌听闻。总而言之，中国之事万不能做，而报馆尤不可开也。"[3]

黄遵宪对《时务报》所受压力的说明也可作旁证："夫都中论者仍多以报馆文为谤书，前刻某君来稿（大僚阅者尚少，然有日新月盛之象），语侵台谏，乃当世所敛手推服者，则以为犯不甚，弟言偶失检耳，照章程例不论人，非有意也，此后当力守此诫。其他泛论之语，有骂詈之辞，可省则省，愿与诸君子

---

[1]《国闻报》，第275号。
[2] 上海图书馆编《汪康年师友书札（第四辑）》，上海古籍出版社，1989，第3278页。
[3] 上海图书馆编《汪康年师友书札（第二辑）》，上海古籍出版社，1986，第1331-1332页。

共勉之。"[1]

可以说，被报道者痛恨报馆泄露其事，被议论者不察报馆之宗旨，而以之为个人之攻击诽谤，是一个具有普遍性的问题。在这样的背景下，不仅议论常有阻碍，即使报道事实也殊为不易。严复因在《国闻报》披露总理衙门的奏折而遭弹劾，《国闻报》也不得不在名义上售与日人，此事影响之大，甚至在严复晋见光绪时，例常答对后，光绪问的第一句话就是："本年夏间有人参汝在天津国闻报馆主笔，其中议论可都是汝的笔墨乎？汝近来尚在国闻报馆主笔否？"[2] 反观《国闻报》的报道，其创刊后不久（自第120号起），就刊登了大量直接译自外报的论说，从而减少了来自国内信源的报道分量。再比较《国闻报》不同时期"中央政事"报道的数量也可发现（参见《国闻报》各类时政新闻在不同时期的比例变化），除"治安管理"类以外，有关"中央政事"的报道是所有不同类型时政新闻中唯一呈现出持续下降趋势的新闻种类：其在时政新闻中所占比例从前期的16.5%下降到中期的13%，并再次降低至后期的9.1%。前后相比，几乎减少了一半。

对于人们普遍关心的重大时政新闻，缺少正常的信息获取渠道，这始终是20世纪中期以来近代报刊需要面对的一个突出困难。这种困难，再加之"其记而确，则局外之人观之，未必即遽爱报馆也，不过曰：分所当为而已；而局中之人，则以为报馆宣泄其事，而衔之次骨"的社会现实，办报人所面临的困境和诸多压力便可想而知了。

回首《国闻报》时期，报纸虽然前所未有地打开了言论空间。但是这种言论空间只不过是使庙堂外的"名士"取代了庙堂内的"清流"，但无论"名士"还是"清流"，从本质上讲，仍然是传统的"士"人。而士议之人，则"大率皆不知世务之人"[3]。由于议论之人所凭借的依然是传统的"规范知识"（即知道应当怎样去处理事务），在面对以"自然知识"[4]（即知道事物是怎样的）为核心的新世界时，不能不"愿想多而理致少，附会多而真知少，意见多而思想

---

[1] 上海图书馆编《汪康年师友书札（第三辑）》，上海古籍出版社，1986，第2351页。

[2]《国闻报》，第320号。

[3] 杨国强：《晚清的士人与世相》，生活·读书·新知三联书店，2017，第245页。

[4] 所谓"规范知识"和"自然知识"的区分来自费孝通，即"在人类所知的范围里，本来可以根据所知的性质分成两类，一是知道事物是怎样的，一是知道应当怎样去处理事物。前者是'自然知识'，后者是'规范知识'"（费孝通：《论"知识阶级"》，载费孝通、吴晗：《皇权与绅权》，知识观察社，1948，第12-13页）。

少"[1]。

因此,"虽言之凿凿,而手段大半都在以情绪鼓荡人心"[2],且"以鼓荡相伴随的,常常是浮嚣"[3]。一方面,办报人确有"公器私用",以致操纵舆论之事[4];另一方面,涉事者也是"人各一心",党同伐异。在这样一个参与各方都以"立场""情绪"而非建立在共享价值基础上的"事实"为核心的所谓舆论场上,种种乱象自不可免。

再进一步,士人的定位本身就是官员和候补官员,即所谓"以四书五经为其训练,去实践治国平天下之理想,其职业则是做官,'做了官是大夫,没有做官是士;士是候补的大夫'"[5],这使得所谓的言论界不过局限于一小部分官僚或候补官僚群体。而这些"儒者所熟习的是一些在现实上没有作用的四书五经,又没有专门的维生技能,故必须依靠着买空卖空贩卖其所谓治国平天下的知识以维持住自己的身份,所以只能是'热衷'趋利,是奔竞,是不能坚守原则"[6]。

在众声喧哗的浮嚣过后,士人的"无用"被进一步凸显出来,传统价值观的解体和儒家"以富贵利禄为心"[7]也使为达目的不择手段成为一种普遍。士人"无品"也逐渐成为一种自我认知:

> 除因为无"用"而引起的自贬外,清末还有一些读书人开始认为,

---

[1] 杨国强:《晚清的士人与世相》,生活·读书·新知三联书店,2017,第246页。
[2] 杨国强:《晚清的士人与世相》,生活·读书·新知三联书店,2017,第246页。
[3] 杨国强:《晚清的士人与世相》,生活·读书·新知三联书店,2017,第209页。
[4] 杨国强曾经举杨度和梁启超的例子,这两位言论界的巨子,"一个说要把口号('一语')化作宗教,把宗教化作舆论,而后使'脑筋复杂者'变简单,使'脑筋简单者'跟着走。一个说要暗中制作舆论,明里服从舆论,自信可以运用之妙存乎一心。比之当日因知识不够而凭空杜撰,这些一手提调都是在做操弄"(杨国强:《晚清的士人与世相》,生活·读书·新知三联书店,2017,第212页)。巨子尚且如此,一般人觉悟相形更绌,加之知识不够的问题,种种操纵怕不是个别现象,而是当时言论界的常态。
[5] 王汎森:《中国近代思想与学术的系谱(增订版)》,生活·读书·新知三联书店,2018,第325页。
[6] 王汎森:《中国近代思想与学术的系谱(增订版)》,生活·读书·新知三联书店,2018,第313页。
[7] 章太炎曾对此详细解读说:"君子时中,时伸时绌,故道德不必求其是,理想亦不必求其是,惟期便于行事则可矣。用儒家之道德,故艰苦卓厉者绝无,而冒没奔竞者皆是。"(汤志钧编:《章太炎政论选集》,中华书局,1971,第291页)。

即使从道德的层面去考虑"士"的水平,则"士"自许为四民表率的说法根本站不住脚,当时"士"的道德水平不但不是最高的,甚至可能是四民中最低的。[1]

也因此,这种局限于少数官僚和准官僚的"言论界"的存在价值在很大程度上不是获取真知真理,而是谋求政治利益的新平台和新手段。在这一背景下,报纸及其"言论"难免成为党同伐异的武器。

新瓶里装的仍然是旧酒。

在这样一个言论界或者舆论场上,"就吾见闻,敬告天下,平心以出之,正志以待之"自然成为一种奢望,其不能实现的根本则在于缺乏相应的现实基础。

近代报纸真正发挥其"社会公器"和"公共领域"的角色功能,还有待整个社会的转轨转型。其中核心的一点,就是要打破小部分人对于"士"的角色垄断,所谓在"理想的现代国家,'士'不是一小群读书应考者的专称,所有人民都应该受教育"[2]。没有了占据"规范知识",因而据有道德制高点,并专门以捍卫价值观为职责的知识人,现代意义上的公共舆论才有了形成的空间。

与此同时,只有舆论场的参与者大大超脱于官僚和候补官僚群体,从"精英"走向"大众",从而脱离"以政治为业","公共领域"的出现才有可能,"社会公器"的实现才有可能。

以此观之,在这种社会和时代背景下,中国报人对于新闻的认识,以及为"兑现"这种认识所付出的努力更加值得后人尊敬。比较王韬对于"采访失实,纪载多夸"所采取的"或并有之,均不得免,惟所冀者,始终持之以慎而已"[3]的"宽容"态度,严复"记而不确,则焉用报为"的鲜明立场,显得尤为可贵。

---

[1] 王汎森:《中国近代思想与学术的系谱(增订版)》,生活·读书·新知三联书店,2018,第311页。

[2] 王汎森:《中国近代思想与学术的系谱(增订版)》,生活·读书·新知三联书店,2018,第305页。

[3] 王韬:《弢园文录外编》,上海书店出版社,2002,第171-172页。

第七章　新闻话语、功能与职业：近代报纸的历史遗产

内容概要

重返近代报纸的生成现场，我们有了许多新的发现，比如，传统《京报》中的种种要素，不仅被近代报纸完整地保留了下来，并且成为今天中国媒体的一个重要传统，在从"旧"到"新"的演变中，《京报》以新的形态继续在中国的新闻传播中展现着它的脉动；又如，无论是通上下，还是通中外，近代报人最为看重新闻"通"的功能，但反观其实践，这时的"通"仍然局限于知识群体内部，相反，同普通百姓，尤其是农村百姓的距离却不断加大，"通"的问题不是减轻了，而是更为复杂和严重了；再如，中国近代新闻人并未以"报人"或"新闻从业者"相期许，而致力于把自己的事业与整个中国的事业结合在一起，在与更广泛的社会群体的勾连中，在与救亡和启蒙等时代主题的深入融合中，实现着自身价值，彰显着新闻从业者群体的独特作用，从而既在职业的规范之内，又在时代背景中，不断书写着新闻、塑造着历史，他们构成了中国近代报纸重要的历史遗产。

通过以《循环日报》为核心，前伸至《香港船头货价纸》，后探到维新时期的《国闻报》的考察，可以看到，中国近代报纸如何向当时的人们再现着家国与世界的图景，又如何通过对外部世界的反映展现了各自对新闻的定义，呈现着一个时代的新闻观。

新闻的内容样态及其变化本身就蕴含了理念的某些踪迹。只不过，这种呈现上的灰线草蛇所暗示的不只是编辑人的新闻观，而是一种社会的共识：其中既包括新闻从业者的思想理念，也包括读者和各方社会力量及其观念的综合。在这里，理念不是康德意义上"先在"和"先验"的"范畴"，而是在实践（互动）中的生成和结晶——读者的身份与演变、报纸神秘化和理性化色彩的淡出淡入、传统价值观影响的框架效应、官员政治的潜在逻辑，如此等等，都在决

定着报纸新闻呈现的同时，展示着一个时代对"什么是新闻"的共识。

这种不断积累的"共识"形塑了我们今天新闻业的"基体"和"底色"，如同黄河波涛旋转滚滚而过之后留下的层层泥沙，它是滞重的、价值无涉的，却构成我们今天思考和行动的起点。它反对以当下的需要来叙述历史，更无意于在自己的梦境中幻想别人的现实。

一、《京报》与政治：历史地理解新闻话语

（一）《京报》传统与新报的"主流化"

站在时代的交汇点上，《香港船头货价纸》是一个奇特的融合体：一方面，它引进和移植了西方当时最先进的新闻报道方式、各种各样的报道体裁、较为现代的新闻写作，如此等等，即使今天来看，也毫不逊色；另一方面，它在短暂告别了传统《京报》的内容之后，又将《上谕》重新嫁接回来，在经过一段时间别别扭扭的"和平共处"之后，再次被冠之以《京报》的名目回到新报之中。

这种现象并不是《香港船头货价纸》所独具的，致力发掘早期中文报纸原件，并深入解读的卓南生同样有着类似发现：

> 不论是在中国近代报业史上的草创期，还是19世纪70年代香港中文报业竞争激烈的转折期，《京报》的内容都是近代报刊一大不可忽视的组成部分。

从这个角度来看，在研究方法论上，为区分新报与《京报》（"古代报纸"是否为最恰当的用语固然可以探讨）之差异，将两者分割开来辨析，或许有其积极意义的一面，但全面否定两者之间的关联性与连续性，恐有欠妥之处。

寓居新报的《京报》缘何一度受到格外关注与重视，又缘何没落并最终被时代所淘汰，这是一个值得进一步研究和探讨的话题。但在一段相当长的时间，《京报》是当年香港新报不可或缺的组成部分，也是一个不争的事实。特别是《香港华字日报》改版为日刊之后，《京报全录》常占新闻版的三分之一乃至三分之二的版面，更说明了《京报》在新报蓬勃发展的时期，曾有过"回光返照"

的现象，而构成中国近代报业史上一大独有的特色。[1]

事实上，对于《京报》的重视不仅停留在"香港三大华文新报"，也不仅仅局限于20世纪70年代"新报蓬勃发展的时期"。刊载《京报》的传统在中国的报纸中得以一直延续下来，从《香港船头货价纸》到之后的《循环日报》，再到维新时期的《国闻报》，转载《京报》，都是报人们极为重视的一项工作。仅以各报不断刊发的"告白"为证。

1874年5月23日，《循环日报》刊发告白，表示"本局京报最为迅捷"：

> 本局告白：启者，本局京报最为迅捷，现已接至三月二十四日为止，因拟挨期登录以便阅者次序井然，不致紊乱。其事关至要者则略撮大意刊入新闻，庶几先观为快。此则两全厥美矣。再者京师邸报每日一本，而本局每逢虚房星昂四日停派，故间有叠登两期者，职以此也。如此庶于官场大有裨益，而草野中欲闻朝事者亦得全览无遗，不虞或有间断矣。倘蒙贵客赐顾者伏祈俯察，不胜欣幸！甲戌四月初八日，中华印务总局谨白。

之后不久，5月29日再次刊发告白，向读者解释其对于转载《京报》的处理方式：

> 本局告白：本局京报昨自京师邮递至此已至三月二十七日为止，第以取阅邸抄者，贵在循序按期，不宜越次跃等，一为捷足争先遂至头绪紊乱，故仍排日刊印于篇，阅者谅之。

维新时期的《国闻报》也是如此。如1898年第262号《国闻报》刊发告白：

> 本馆登录上谕及宫门抄每日由北京火车寄津，兹因初二日京友来信，中途道失，以致初一日上谕未及照录。兹特补登以厌阅报诸公之望，并祈鉴宥是幸。

在解释新报转载《京报》现象时，笔者曾经提及香港华商身份的转变、华商力量的整体性崛起，以及晚清末年绅商一体化的事实，这些来自阅读者的身

---

[1] 卓南生：《〈香港华字日报〉创刊初期大量原件的发掘与意义》，《国际新闻界》2014年第10期，第45-61页。

份以及信息需求的变化，影响了报纸的信息选择和新闻呈现。当这些新报从"条约口岸"逐步拓展到华南、华中，以及核心的京津地区，其读者本身当然也发生了巨大改变。虽然我们无法细析读者群体的详情，但依据一些线索可以判断：这一读者群体事实上正逐渐从亦绅亦商的"边缘官绅"向各级主流官僚及科举制度下的传统读书人不断转化。

众所周知，包括《时务报》和《国闻报》在内的维新报刊，其相当一部分发行量都来自支持维新的督抚大员的"公费订阅"和推广。如潘光哲先生在《〈时务报〉和它的读者》中，列举了给予《时务报》资助，帮助其发行的力量："封疆大吏的热心捐助"、汪康年的"人脉关系"，以及"和《时务报》主要成员未必有多少渊源的官府成员或是其幕客"[1]。而且，书局、报馆等文化机构成为人际网络之外，新报最有力的销售渠道，如《时务报》的例子（见表7.1）如下：

表7.1 《时务报》广州地区先后委托分设的派报处所[2]

《时务报》派报处所	广州							佛山	香港				澳门
	圣教书楼	中西报馆	鸿安栈	时务书局	知新书局	会经堂书坊	邓宅	义一斋书坊	百元堂	恒顺泰	鸿安栈	文裕堂书坊	聚珍堂书楼	维盛茶楼	知新报馆
地址	双门底	老城西门内朝天街	靖海门	双门底	双门底下街	双门底			旧槟榔街	上环	中环海傍	文武庙直街	中环威灵顿街	中环	南环大井头第四号

《国闻报》也在其告白和广告栏目中刊登了大量销售报刊的"各报分馆"的告白。

> 各报分馆告白：兹因各省风气大变，新设报馆不计其数，彼处经理

---

[1] 潘光哲：《〈时务报〉和它的读者》，《历史研究》2005年第5期，第60-83页。
[2] 汪叔子：《维新思潮的涌涨——以〈时务报〉在广州地区的销售为例》，《学术研究》2004年第4期，第106-109页。

报务十数载，年增月盛，日出各报一千八百余份，销行推广。今岁向友立约，在张家口即东口袁台子地方隆泰升门首新设各报分馆，诸公定阅就近向该处购取赐函分送，风雨不误。此请鉴垂。[1]

此外，新报也借助《京报》行、招商局等传统渠道扩大销售。如王修植、黄遵宪在给汪康年的信中先后提及："惠赐《时务报》二十本，当即分贻同人，莫不欲以先睹为快。此事将来必须专托一人经理，即归送《申报》《京报》人经手，于贵馆推广销路，最为相宜。"[2] "昨见沈子梅观察，托其于各通商口岸凡招商局船能至之地，均由局船代带，渠忻然允诺。"[3]

翻阅《国闻报》中后期刊载的各类广告[4]，除刊载医药、演出、绸缎、书画等类广告外，还大量刊载有关书院开馆、新出报刊书籍等方面的内容。如第242号《国闻报》在广告版就刊有《北京汇文书院告白》："汇文书院设于北京崇文门内船板胡同东口路北，教授中西实学历有年。所今春谕旨特颁准设经济科，本院已于六事翻成多书，因附西学新馆，房舍雅静，器具精洁，拟于七月二十日开馆，修金每年四十元，房价二十元，饭食到馆面定。愿学者请先期赴院挂号，届时到馆。此白。"《经世文新编》："此书为新会梁卓如孝廉所编，孝廉深于政学，海内共知。兹选此书，尤为宏富。现在既开特科，尤宜讲求时务。诸君子幸以先睹此书为快焉。如蒙赐顾者至北京琉璃厂土地祠内总报局售取可也。京都总报局启。"《三日一本，石印类类报》："约看至四个月可成书七部，八股已改策论，此报询○利器也。每月津钱六百四十文，先交报资，定看全年者，收洋四元，不折不扣。北阁内延邵公所对门类类报馆启。"

第245号《国闻报》在广告版刊有《石印时务策论总纂》："兹售总纂时务以学校天算分三十六类，所戴提要发凡条分缕析，洵资策论之实用而为时务之大观也。凡士商赐顾者请移玉至估衣街德兴里内便是。逸云斋白。"《新出西学通考》："是书系江建霞太史任湘学时为学者编定，分政学两大宗。学类分十六门，政类分二十门，最为西学善本，亦试策有用之书也。诸君子幸先睹为快，欲购者请到闸口风神庙间壁西学官书局售取可也。"

随着维新运动的深入，传统科举制度也不断变化，加试"经济特科"，开

---

[1]《国闻报》，第187号。

[2] 上海图书馆编《汪康年师友书札》（第一辑），上海古籍出版社，1986，第77页。

[3] 上海图书馆编《汪康年师友书札》（第三辑），上海古籍出版社，1987，第2345页。

[4] 现存《国闻报》影印件中，前期多数无广告版面，应为遗失未录。

试"策论",等等,都极大促进了社会对新报的需求,而新报也随之变得更加"主流化"了,这种"主流化"的一个重要因素,就是它在很大程度上被主流的官僚群体所接纳[1],并借助于科举的变革在整个士人群体中扩大了影响。

(二)分离与融入:《京报》命运的双重走向

以内容来说,从《循环日报》到《国闻报》,《京报》在其中的分量不是减少,而是增加了。这种增加体现在两个方面:

其一,《国闻报》在主报之外,附加了《京报》的内容。《国闻报》在"本馆章程"中明确表示:"日报另出附张,不取分文。先登告白,次登每日上谕,宫门抄,京外各衙门奏折,其所印奏折,四围留空白,以便阅报诸君将来汇齐,裁订成册。"而从1898年5月8日第186号开始,《国闻报》在报头左侧刊有"今日另印京报二页,不加分文"的字样,并始终保留。由于缺少这些附张的原件,我们还不能确定,另印的《京报》与"本馆章程"中所说的"另出附张"是否是一回事,或者是以另印的《京报》取代了之前设想的"附张"。但无论如何,《国闻报》在主报之外,单印附张刊载与《京报》类似的内容没有疑问。

其二,《国闻报》从创刊开始就在主报上选登部分《京报》或类似内容,其分量并在之后不断加大。《国闻报》从第1号开始在报首刊登"上谕恭录"(初期为"电传上谕恭录"),这一做法被列入"本馆章程"。而从第2号起,《国闻报》在刊登《上谕》的同时,增加了"制台辕门抄"。第2号、第3号的"制台辕门抄"被列于"天津本地新闻"最后一条,而从第4号《国闻报》起,"制台辕门抄"就以单列的方式置于《上谕》之后"路透电报"之前的核心位置。

仅仅以《国闻报》每日"另印京报二页,不加分文"来看,《京报》的生命力就不止于"中国近代报业史上的草创期",以及"19世纪70年代香港中文报业竞争激烈的转折期",直到19世纪末,《京报》仍然在中国报业舞台上占有重要位置。因此,将《京报》顽强的"生命力"称为"回光返照"[2]恐怕并不妥当,仅仅从读者角度看,《京报》仍然是世纪之交的人们极为关注的重要报纸。

一定意义上,《国闻报》对《京报》的处理方式已经暗示了《京报》命运

---

[1] 不少研究证明,不只是张之洞、陈宝箴,包括被"目为后党巨孽"的王文韶、荣禄等人都"对变法本身颇为赞成"(朱志刚:《国闻报人的隐衷》,《新闻与传播研究》2012年第6期,第49-57页)。

[2] 卓南生:《〈香港华字日报〉创刊初期大量原件的发掘与意义》,《国际新闻界》2014年第10期,第45-61页。

的两个走向：

其一，保留传统的《京报》，不仅在内容上，而且在形式上将《京报》与主报分离。这些刊登《上谕》"宫门抄"和"奏折"的部分显然不能被全部归为现代意义上的新闻，但在当时人看来，它或许比真正的新闻更有保留和参考价值。如若不然，《国闻报》的编者又何必在其章程中刻意强调，这些内容将"四围留空白，以便阅报诸君将来汇齐，裁订成册"？正如方汉奇所说："旧式的《京报》毕竟还有它的特点：谕旨、题奏一律照登原文，官场的信息比较集中，查阅比较方便等。这些，对热衷于仕途经济的封建官绅们说来，还是十分需要的。因此，即便受到了新报的冲击，它仍然能够存在于一时。"[1]

这种被"另置"的《京报》，可以被视为一种独特的"双轨制"，它的作用是对新报的某种补充，正是由于《国闻报》等新报的读者和《京报》的读者有相当大的重合性，多数同为"封建官绅"，因此，这种形式《京报》的消亡也要等到作为读者的"封建官绅"彻底消失之后。

其二，将《京报》及类似内容逐步"收编"和有机融入主报，使其成为新报内容的一个重要部分。《国闻报》中被置于报首的《上谕》"辕门抄"从本质上来说，都属于"古代报纸"的一部分，不仅如此，《国闻报》还在要闻、论说等板块中原封不动地转载各类章奏，如《总理衙门奏定山东教案要犯罪名折》（第95号）、《总理衙门奏教案办结胶澳议租折》（第96号）、《户部妥议奏覆筹借华款折稿》（第124、125号），以及各种"拟上"的奏折，如严复的《拟上皇帝书》、《顺德麦孺博孝廉上都察院呈稿》（151号）、《拟上请办德人拆毁山东孔庙呈稿》（184号）等。在地方新闻板块中也屡见"古代报纸"的身影：《国闻报》几乎期期必登"某某官报"（如"省垣官报""济南官报""开封官报"等，其内容基本等同于"辕门抄"），以及类似的"县批录要""藩宪牌示"等。

除此之外，《国闻报》还不惜篇幅全文刊载考试录用、输捐纳银、记功领赏、官员加封等人士的名单；刊载各种官员晋见往来、进呈贡物的清单，以及各种考试比赛的题目、各类新式学堂、企业机构规章制度等。如仅第11号就刊登《射中步箭三支宗室名单》《盛京将军续保奉天整顿税厘出力另核请奖文武各员查明更正清单》，第46号和47号则前后刊登《山东巡抚奏保拿获盗匪出力文武各员酌拟奖叙衔名清单》《丁酉科山东武乡试题名全录》，第250号和251号连载《京师大学堂章程》，等等。

---

[1] 方汉奇主编《中国新闻事业通史（第一卷）》，中国人民大学出版社，1992，第238页。

(三) 从"落红"到"春泥": 时政新闻中的《京报》传统

回望历史,将古代报纸的内容有机融入新报,也并非《国闻报》才有的现象,至少从《循环日报》就开始初露端倪。就目前能查阅到的《循环日报》而言,相比1874年,1880年的《循环日报》就在《羊城新闻》栏目中增加了"某月某日督抚宪辕报",报道地方官员行踪。有时,《循环日报》还在"督抚宪辕报"前后刊登有关地方官员动向的其他重要新闻。如1880年8月2日《循环日报》的《羊城新闻》,不但在"六月二十二日督抚宪辕报"之前记叙:"藩宪姚大人、惠潮道刚大人均饬赴新任;臬宪印务委南韶道华大人署,南韶道缺委雷蔓遗缺道童大人署,肇罗道潘大人饬赴新任,藩宪姚大人择六月二十四日巳时接印。"同时,在之后还录有"臬宪批词",三者共同占据了相当数量的版面。这一格局直到1884年的《循环日报》仍在保持。

另外,以《京报》为代表的古代报纸与新报的融合不仅体现在上述这种"机械"的并置,甚至还体现在官方批示与新闻报道内容的联动。如观察1881年间的《循环日报》,就可发现,它有意将政府(官宪)关注的重点和对日常生活的监测联系在一起。本书第四章曾提及,这一年二三月间,《循环日报》刊登了40条与"社会治安"有关的新闻,其中数量最多的主题分别是盗抢(14条)、赌博(11条),以及拐卖人口(5条),三者合计共30条,占全部治安类新闻的四分之三。而比较这一时期相关的地方时政新闻,除反映官员任免迁转行止的惯常性内容之外,打拐和查赌同样是时政新闻的焦点。如1881年2月11日的《控拐批语》,2月16日的《查封赌馆》,3月2日、3月5日《督宪批示》中关于商铺私收"闱姓"(清明末年一种类似今日彩票的赌博方式)的长篇批示等。

值得注意的是,以"督抚宪辕报"为核心的相关新闻一般列于《羊城新闻》板块首篇。上接报首的"选录京报",下承广州周边的社会新闻,显然,"督抚宪辕报"被视为不同于《京报》的地方重要时政新闻。做一个也许并不恰当的类比,它相当于今天报纸的"本地要闻"。如果抛开封建帝王的专制因素,仅仅从形式上看,那么"《京报》+本地新闻(要闻+社会及经济新闻)+中外新闻(国内新闻+国际新闻)"的报道模式与今天中国各地主流大报的编排样式也相类同。

《京报》代表着从上至下信息传播的传统模式,作为一个幅员辽阔的大国,一定程度上的"集中"是难免且必要的,因此,来自中央的消息、由上至下的信息传达,始终在中国的新闻传播中占据重要位置。同时,无论是洋务运动还是维新变法,这时,还都是集中于上层,甚至可以说,截至20世纪末的《国闻报》时期，中国各类救亡图存的尝试仍然是一场"来自上层的革命"，"知识精英"和新闻信息的传播模式自然也要置于这一框架来解读：

> 西方人的出现以及中国同外界的接触都推动着许多新的活动，改变了某些固有的职能，同时使得一批现代的商人和实业家、军阀、大地主和城市知识分子新兴起来，同时传统的士绅文人阶层则处在瓦解和变化之中。
>
> 然而，必须着重指出，在清末中国社会的演变过程中，知识分子运动在实现社会经济变化方面似乎比帝国主义起了重要得多的作用……正是这些维新派首创了资产阶级，或者可以说是发明了资产阶级。象（像）张謇等士绅文人在中日甲午战争以后之所以突然开始投资办现代企业，主要是出于政治和思想动机。他们的行动是由于在思想上改变了信仰或者受其他思想感染所致。只是在1905到1911年中国工业出现之后，利润的诱惑才占上风，经济收益才变成主要动机。中国的资本主义长期以来具有某种出于自愿的理想主义的特点。[1]

因此，《京报》虽然终归消亡，但《京报》对中央动态的集中呈现，对中央信息原汁原味、不折不扣的传达模式，所"正式"发布的高层人事动态，等等，不仅完整地保留了下来，并且同样是今天时政新闻中报道最多且关注最多的内容。以此观之，在从"旧"到"新"的步步演变中，《京报》并不是真正消失了，相反，它不过是以新的形式继续在中国的新闻传播中展现着它的脉动。

二、信息与治理：历史地理解新闻功能

在中国近代新闻史，尤其是新闻思想史上，"通"是一个被反复提及的"关键字"。从"第一个报刊政论家""具有专门办报思想的第一人"的王韬，到以《论报馆有益于国事》为《时务报》开篇的梁启超，从严复到郑观应，"通"都位于其思想的核心地位。

某种程度上，"通"象征了中国近代新闻人对新闻功能的理解。那么，中国近代报人为什么会不约而同地将"通"作为其新闻思想的一个支点？他们各自对于"通"的理解和希望是否一样？在这背后，又能体现出何种规律性？从

---

[1] 费正清、刘广京编《剑桥中国晚清史（1800—1911）》下卷，中国社会科学院历史研究所编译室译，中国社会科学出版社，1993，第673-674页。

最早期的口岸商业性报纸，到中国人成功自办的报刊，再到维新运动时期的著名报纸，不同时期报刊的新闻呈现与办报人主观的思想愿望之间，究竟有着怎样的关系？

（一）社会重建的路径之择："通"的语境与内涵

在多数论及王韬新闻思想的著作中，都会提及王韬对新闻"沟通上下"功能的强调。王韬在《本局日报通启》中提及其创办报纸的"区区之微意"就在于"俾在上者得所维持，在下者知所惩创"。王韬所最担心的是"夫国之大患，莫若民情壅于上闻"。[1]

总体而言，王韬的"通"是以富国强兵、离"乱"返"治"为其鹄的。王韬屡次强调"今夫富国强兵之本，系于民而已矣"[2]。"天下何以治？得民心而已。天下何以乱？失民心而已。民心之得失，在为上者使之耳。民心既得，虽危而亦安；民心既失，虽盛而亦蹶。"[3] 而一旦"上有以信夫民，民有以爱夫上，上下之交既无隔阂，则君民之情自相浃洽"[4]。显而易见，实现这一良善愿望，在于打破上下的"隔阂"，并寻求一个维持和联络之道："欲得民心，是在有以维持而联络之。"[5]

一是以革新"时弊"为着眼点。对中国和清政府而言，王韬所处的19世纪中后期各种社会矛盾不断彰显，农民起义、教案事件层出不穷，呈现出一番末世景象："赭寇所至，列城奔溃，无殊猛虎之驱群羊。"[6] 百姓则"衅于勇而畜于祸，徒贻君父之忧，而从未有挺身以赴义者"。王韬认为，造成此局面的一个重要原因在于——"维持而联络之道未得也"："今之民，疑官而轻上也久矣。疑则不能孚之以信，轻则不能联之以情。官之所以谕民者，率皆具文而无实意，其入告也，亦尽虚词而非实事。民习闻其然，安得而不疑？……官不能保民，而民亦不能恃官。民习见其然，安得而不轻？积疑且轻之心，而事不可为矣。有良有司至，必能笃挚恻怛，开诚布公，与民相见以天……上下之交既孚，无事不可办。"[7]

---

[1]《循环日报·本局日报通启》，同治十二年十二月二十六日。
[2] 王韬：《弢园文录外编》，上海书店出版社，2002，第16页。
[3] 王韬：《弢园文录外编》，上海书店出版社，2002，第17页。
[4] 王韬：《弢园文录外编》，上海书店出版社，2002，第16页。
[5] 王韬：《弢园文录外编》，上海书店出版社，2002，第17页。
[6] 王韬：《弢园文录外编》，上海书店出版社，2002，第17页。
[7] 王韬：《弢园文录外编》，上海书店出版社，2002，第156页。

二是以实现社会整合、"民心齐而志固"为现实目标。在王韬看来,建立一种上下之间的"维持而联络之道",有助于实现"民心齐而志固,同仇敌忾,素蓄于中"的理想状态[1]:"或者以为西法不足恃,何以西人用之,足以雄长欧洲,争衡天下?不知泰西诸邦,国小而民聚,其民心齐而志固,同仇敌忾,素蓄于中。在其国内,各事其事,各业其业,雍雍然其气静谧而专一,故国易以治。夫岂徒恃乎器艺技巧,繁术小慧,遂足以收效也哉?"[2] "即如英国,屹然三岛耳,其地不足当中国数省,其民不足当中国二大省,而民心团结,有若长城,遂足恃之以无恐。我中国诚能收民心为己助,其何向而不利?可使制梃以挞坚甲利兵而有余矣。"[3]

三是以君民共主的"国体"思考为核心指向。王韬周游欧美,对西方国体多有观察比较。而"通上下"则同样被王韬纳入到这种对根本性问题的思考之中,被认为是实现"君民共主"的一个核心指标:"泰西之立国有三:一曰君主之国,一曰民主之国,一曰君民共主之国……论者谓,君为主,则必尧、舜之君在上,而后可久安长治;民为主,则法制更多纷更,心志难专壹,究其极,不无流弊。惟君民共治,上下相通,民隐得以上达,君惠亦得以下逮,都俞吁咈,犹有中国三代以上之遗意焉。"在他看来,"通上下"以及"维持而联络之道"正是西方君民共主政治的核心:"泰西诸国,以英为巨擘,而英国政治之美,实为泰西诸国所闻风向慕,则以君民上下互相联络之效也。"[4]

可以说,面对危亡,王韬将"维持而联络"以"通上下"作为中国社会重建的基石。

严复则在"《国闻报》缘起"开头便提出:"报将出,客有造室而问曰,国闻报何为而设也?曰:将以求通焉耳。"与王韬相比,虽然同样用"通"来表达其对于报纸的寄望,但显然,严复对"通"的使用与王韬并不相同。

与王韬相比,严复讨论"通"是以他的"群学"思想作为基础的,它以"群"为出发点,使"通"有了一个具体的着眼点、落脚点。"人不自私其利,则积一人之智力以为一群之智力,而吾之群强;国不自私其治,则取各国之政教以

---

[1] 当然,王韬并不认为仅仅通过维持一种上下联络之道,便可以实现社会整合和社会动员。王韬还提出了"士农工商,使之各执其业而各食其食",以及"讲行古者宗法,以强宗维弱宗,小宗附大宗,各相为辅"的具体方案,有趣的是,王韬的这一方案既杂合了西方社会学家涂尔干的"职业群体"的整合观,又加入了古代的宗法观。

[2] 王韬:《弢园文录外编》,上海书店出版社,2002,第15页。

[3] 王韬:《弢园文录外编》,上海书店出版社,2002,第18页。

[4] 王韬:《弢园文录外编》,上海书店出版社,2002,第18-20页。

为一国之政教,而吾之国强","一群之民智既开,民力既厚,于是其为君相者,不过综其大纲,提挈之,宣布之,上既不劳,下乃大治","泰西各国所以富且强者,岂其君若臣一二人之才之力有以致此哉?亦其群之各自为谋也。然则今日谋吾群之道将奈何?曰,求其通而已矣"。

再者,与王韬强调"上下相通",尤其是上下"情"通,从而恢复其中的"维持而联络之道"相比,严复强调的是"通下情,尤以通外情之要"——具体说就是在"下"的百姓更要通外情:"昧于外情,则坐井而以为天小,扪籥而以为日圆;若是者,国必危","而通下情,尤以通外情为急,何者?今之国,固与各国并立之国,而非一国自立之国也。吾试言吾民不通外情之弊……尤甚者,见其男女之交际,而或疑为淫乱;见其贵贱之杂坐,而或讥为野蛮。此不通西人之礼俗也。其诸类乎此者,更仆不可以悉计。坐是不通之弊,于是平居无事,则互相猜忌,积不相能。仓促之间,毫毛之事,群然而哗,激为事变。数十年来,如闹教案,杀游士,不一而足。上烦九重之虑,下竭举国之力,仅而后安。不通外情,其流弊乃至于此,可胜痛哉!可胜悼哉!"

正是由于这个原因,严复相对更为突出"并立之国"的国际背景,更为强调"译报"作为手段的重要作用:"夫通之道有二:一曰通上下之情;一曰通中外之故。如一国自立之国,则以通下情为要义……如各国并立之国,则尤以通外情为要务","然则求吾民通知外情之道将奈何?曰:欲通知外情不能不详述外事,欲详述外事不能不广译各国之报。此国闻报馆之所为继诸家而起也"。

(二)"国家治理"的政治观照:不同表述背后的相同指向

可以看到,从王韬到严复,或许还有梁启超,当他们在谈论"求通"的重要作用时,他们所讨论的具体内容并不相同。这当然和他们各自的关注对象、经历,以及时代背景有关。然而,如果换一个角度看,在他们这些不同的论述背后,也隐藏着相同或类似的线索。

其一,无论王韬还是严复,尽管具体指向不同,但他们在讨论报纸功能时都有明确的现实指向,都是针对各自对其所处时代关键问题的了解和判断的——对王韬来说,关键问题是百姓"疑官而轻上也久矣",而对严复来说,关键问题则是普通百姓由于不通外情而"平居无事,则互相猜忌""群然而哗,激为事变",终至"上烦九重之虑,下竭举国之力,仅而后安"。

其二,无论王韬还是严复,尽管其所借力的"中介"不同——王韬所希望凭借的是"君民上下相互联络"产生的感情;严复所希望依靠的则是"群之道"和"群之力"——但其所指向的都是报纸强大的"社会整合"功能。

其三，无论王韬还是严复，尽管其所希望达到的目标不尽相同——王韬希望以"通"来实现"犹有中国三代以上之遗意"的"君民共主"，严复所痛恶的则是彼此倾陷、人各一心且心口不一，而指向宗旨既定、诸事公开的党派——但背后所关注的都是新闻与政治之关系。

严复曾在《国闻报》的论说《说难》中再次提及其对报纸的理解和办报的苦衷。严复将"酒肆中之庖人"、"北里中之女子"与"报馆中之文章"相并列，认为"此三事者，托业不同，而终于无以善其后则同也"。关键原因在于众口难调，报纸难以同时满足不同人的要求，以致府怨甚深。在其背后，则与政治体制和政治素养有关：

> 报馆之多，无如东西各国，分党之炽，亦莫如东西各国，而报馆之府怨，若不如此之甚者，何也？彼其各党之人，各有宗旨，均明言而不讳。各党即有各党之报，各党自观之，亦互观之。其互观之也，所以证其是非，而非所以行其意气；所以通其消息，而非所以供其挤排。故报馆立言记事，均有一定之方向，而阅此报者，亦有一定之责备也，则报馆易为也。支那不然，其人本无所谓党。称为党者，皆彼此倾陷之辞耳。其实则人各一心，且一人之一身心之所计，与胸之所见不同；胸之所见，与口之所言又不同；种种差别，无限无量，一席之间，冥如万里，不若东西人之皎然易明白也。[1]

由此可见，无论王韬还是严复，对报纸"通"的作用的强调都与今天媒介功能理论的解释不同。从拉斯韦尔到赖特，再到施拉姆，监测环境、联系社会、传递遗产，以及提供娱乐和助力经济等，构成了媒介功能的若干方面[2]。其中，只有"联系社会"这一项功能与"通"有关。"联系社会"泛指联系社会的不同方面和部分，以应对不断变化的环境。而"通"则单指打通上下或中外各方的隔阂，它首先预设了隔阂的普遍存在。换句话说，媒介功能理论对"联系社

---

[1]《国闻报》，第275号。
[2] 这里，我们暂不考虑媒介的负面功能。

会"的界定，与王韬、严复对"通"的判断，各自有着不同的指向。[1]

事实上，作为自觉的"改革家"[2]或"思想家"[3]，身处"时事日艰，寇氛益迫"的晚清，王韬和严复所持的新闻观都从属于他们各自对中国时事的系统思考和宏伟的"改革"计划。换句话说，他们是在"国家危亡、改革急迫中一份严肃的新报何为？"这样一个框架下对"新闻"做出定义和思考的。对他们来说，好比面对着一个即将"油尽厦倾"的残局，而报纸和新闻就是他们借来维持直至最终"翻盘"的棋子。在这种局面下，对于棋子的评价在于它在整个棋局中的功用。甚至，棋子的作用正是在这种博弈中被不断开发和重新认识的。

正如柯文的观察：

> 最要紧的是，王韬和严复所要解决的是中国问题。他们面对的中心问题不是如何最大限度地论证个人自由，把它当作终极目的或充分发展个性的手段，而是如何最好地实现中国的强盛。个人与国家相对的西方式问题不宜于输出。中国的问题是中国与西方的对立。[4]

历史从来不是在真空中行进的。中国的新闻业是在民族危亡的巨大压力下生长的，它从属于时代的主题，因此，王韬和严复等中国新闻人对新闻的所有思考，无论是其出发点——救亡复兴、着重点——社会整合、针对点——社会时弊，还是其根本点——国家体制，都从属于这样一个框架。王韬"日报立言，义切尊王，纪事载笔，情殷敌忾，强中以攘外，诹远以师长，区区素志，如是而已"[5]的深切表白，严复"人不自私其利，则积一人之智力以为一群之智力，而吾之群强；国不自私其治，则取各国之政教以为一国之政教，而吾之国强。此则本馆设报区区之心所默为祷祝者也"[6]的郑重宣誓，并不是仅仅从"信息

---

[1] 事实上，任何媒介功能理论都只能是基于其自身社会的一种对策性思考，或至少来自于这种对策性思考。比如，媒介理念中关于"监测环境""联系社会"等功能的界定，就不能离开西方对媒体"民主的看门狗"的定位和判断。而媒介功能理论正是在这个基础上抽象、概括而来的。拉斯韦尔关于媒介三种核心功能的阐述，杜威和李普曼的争论的着眼点均在于此。因此，王韬、严复对媒体功能的界定与西方媒介功能理论的不同，并不是对错之分，也非简单的抽象层次高低之别。

[2] 柯文对于王韬的界定。

[3] 李泽厚对于严复的界定。

[4] 柯文：《在传统与现代性之间》，雷颐、罗检秋译，江苏人民出版社，2003，第146页。

[5] 王韬：《上潘伟如中丞》，载《弢园尺牍》，中华书局，1959，第206页。

[6]《〈国闻报〉缘起》，《国闻报》，1897年10月26日第1号。

交流"的角度理解和阐释新闻的,毋宁说是以"国家治理"的政治角度对新闻施以观照的。的确,"大众参与的最重要实践在于政治领域本身"[1]。

如此种种,大体局限于办报人自身的设想。那么,对照《循环日报》和《国闻报》的新闻呈现,可以发现,王韬和严复的新闻思想的真正实现还面临着诸多困难。

(三)理想的局限:从信息之"通"到生活情感利益之"通"

从实践来看,《循环日报》大力介绍外国概貌,搜集各方面消息,特别是围绕日本出兵台湾等当时的重大事件,通过港口进出的船舶、译介外报外刊集纳了大量情报,刊发了有关历史地理等全方位的知识信息,的确向时人传递了有关世界和中国的大量情况。但由于主观的限制——传统文人强烈的"价值观"和"伦理观",以及客观的限制——缺乏有效正常的信息获取渠道,早期《循环日报》的报道一方面难免有扭曲和不实之处,另一方面也未必能真正来自闾里,达乎阙上,王韬所瞩望的"在上者得所维持,在下者知所惩创"恐怕仍然只能停留在纸面。王韬和《循环日报》是一个先行者,随着王韬自身办报实践的不断成熟,以及报纸自身的演进,《循环日报》对世界的反映也越来越趋向于理性和真实,扭曲度也因此不断减小,王韬的理想也在其中渐次得以实现。

《国闻报》阶段,严复的"中外"之"通"又面临新挑战。根据读者的需要,《国闻报》逐渐从纯粹、泛泛地介绍外国情况转变到围绕中国当时实际需要,而有选择地搜集外国及世界情况。由于民族危机的不断加重,这时的"通"变成了对艰难时局的客观呈现,并在实际上营造了一种危亡的氛围。

然而,无论是王韬还是严复,他们所关注的一个中心话题——中国普通百姓对西方的隔阂、误解,以致事变频发的现象,并没有真正解决。他们的"通"仍然是局限于"知识群体内部"的"通",并没有实现对普通百姓的教育和引导。特别是由于城市和乡村的隔离,事实上,他们同普通百姓,尤其是农村百姓的距离正在不断加大,因此,某种意义上来说,"通"的问题不是减轻了,而是更为复杂和更为严重了。

> 具有最严重后果的对立还是城乡双方的上层分子分道扬镳:城市的上层人物受到西方的感染,他们寻求变革,而乡村的上层社会则原来是其文化、政治和社会的温床……但是,农村的上层分子这时也被迫进城

---

[1] 柯文:《在传统与现代性之间》,雷颐、罗检秋译,江苏人民出版社,2003,第146页。

另辟财源……在二十世纪初，社会上层人物的都市化具有特殊的意义。他们迁居城市意味着不仅住在城里，而且关心城市，这样甚至使他们对农村的问题更加漠然视之……城市的上层人士便这样逐渐地与乡村隔膜起来，因此就整个动向来说，城市的上层社会与乡村的上层社会是志趣各异的。[1]

同时，由包括记者编辑在内的新式知识分子所构成的"中等社会"，"并没有真正深入到'劳动社会'中去，而是寄希望于几个'达识之士'和'聪明睿智之大人''率而用之，振臂一呼'……这除了说明'中等社会'的天真幼稚外，还说明了它与中国社会现实某种程度的脱节"[2]。

对当时本质上属于城市、属于少数人的新报来说，"通"在很大程度上是一个"无法完成的任务"。而只有与基层百姓不仅从知识、信息上"通"，而且从整个的社会生活、情感和利益上"通"了，信息上的"通"才可能真正实现。

三、事实与表述：历史地理解新闻职业

在当下中国新闻学术的语境下，讨论中国近现代报刊最常见的话题就是"文人论政"。与"文人论政"相并行的则是"自由主义"，以及以《大公报》为核心的中国式"新闻专业主义"。典型代表如李金铨在《文人论政：知识分子与报刊》一书"序言"中的总结：

> 文人论政是近现代中国报刊的特征，一方面延续儒家自由主义的传统，以天下为己任，以言论报国；一方面代表转型现代自由知识分子积极参与社会。他们莫不希望建立现代的"道统"，促进和监督权力中心的"政统"，以追求国家的现代化为目标。为了富国强兵，他们鼓吹自由民主不遗余力。[3]

文人论政，或者说"近现代中国知识分子以报刊论政报国"[4]，作为把握中

---

[1] 费正清、刘广京编《剑桥中国晚清史（1800—1911）》下卷，中国社会科学院历史研究所编译室译，中国社会科学出版社，1993，第650-651页。
[2] 陈旭麓：《近代中国社会的新陈代谢》，上海人民出版社，1992，第273页。
[3] 李金铨主编《文人论政：知识分子与报刊》，广西师范大学出版社，2008，第20页。
[4] 李金铨主编《文人论政：知识分子与报刊》，广西师范大学出版社，2008，第3页。

国近现代报刊发展的一条脉络当然是重要且有意义的。但回到中国近现代新闻业的现场，将"文人论政"作为涵盖一切的框架，甚至将其作为"自由主义"和"专业主义"的"中国滥觞"和"中国映像"，却有不少值得再思和商榷之处。

（一）多元身份与职业群体：中国新闻人的自我定位

从群体身份和职业认同来看，中国新闻人始终是复杂和多元的。这种多元性首先来自中国新闻人群体在其形成过程中的"不彻底性"——中国近代报人的身份获得来自新旧时代转型下，传统"士人"向新的"职业知识人"的转换。在这种转换过程中，由于传统文人所掌握的"文学"知识与报刊对从业者要求之间相对的适应性，以及大城市中文化市场的逐渐形成，一部分传统文人在新兴报刊中找到了就业之机，完成了其在新社会中的身份转换，成为最早一批报人的中坚。其结果如本书第四章末尾所言：

> 正是由于新闻出版行业成为新旧文人转化的一条快捷通道，相比律师、医生（西医）、外交官、政治家等现代专业化职业，新闻业的职业化或者近代化显得不那么纯粹，其所担负的角色也与西方同行们相距更远……中国新闻人所拥有和展现的，也不仅是现代新闻记者"负责报道一切"的宣示，还有着中国传统儒家知识分子的自我期许，以及伴随中国近代新闻业的诞生、发展延续上百年的历史主题所刻下的印记。

这一情况到了严复和《国闻报》时期也并未发生太大改变——办报者依然有着多元身份，更多仍然依靠私人关系来获取信息。《国闻报》的三位创办者中，严复是候选道、北洋学堂总办，王修植是进士、直隶候补道，夏曾佑为进士、礼部主事。严复是中国历史上著名的启蒙思想家，自不必说，而夏曾佑在民国还曾任教育部司长、北京图书馆馆长等职。[1]《时务报》诸公及其身份更无须笔者一一罗列。

以此观之，不仅"所有的沿海改革者都积极参与了创办中国近代报刊"[2]，几乎那个时代所有的改革者都与报纸有着或多或少的关联。不过，遗憾的是，和《循环日报》一样，除了汪康年等少数例外，这些重要报刊的创办者在后世大多以其他领域的成就而闻名，对他们来说，报人的光环只是他们身上众多标

---

[1] 王修植民国成立前便已去世。
[2] 柯文：《在传统与现代性之间》，雷颐、罗检秋译，江苏人民出版社，2003，第163页。

签中不那么"闪亮"的一个。

从另一方面来看,真正得力的"访员"在维新时期也还是一个空白。王修植在给汪康年的信中抱怨:"《国闻》访事人亦无好手,均系敷衍脚(角)色。京中时有重大新闻,或系得自西人,或系得之交好,亦无一定也。"[1]

日本外交官的报告也从侧面印证了《国闻报》信息的主要来源:"关于日清两国之外国新闻的翻译,由博文书院及海军学校高等学生等无报酬分担。因此,此报纸与其他清国之各港口报纸比较,实为高尚且有购读之价值。其报中所刊载之中外交涉事件,由于王修植及严复两人交游广阔,于总理衙门内亦有亲友知己不少,因此自然容易探听许多外交谈判之情况,从而其论述颇有参考之价值。"[2]

维新时期兴起的报刊中,除《时务报》等典型的政论刊物之外,大量报刊所讲的是"专门之学"[3],连最为注意收集各方面信息和事实的《国闻报》依靠的也主要是人际网络、外报和西人,相比《循环日报》时期对各路船舶和国外报纸的依赖来说,也并没有发生实质性的改变。

由此,可以说,至少在20世纪之前,作为报人的新闻人始终是多元、混杂和斑驳的,传统的"士""封建官僚"与思想家、革命家、宣传家等新兴知识分子的各种基因在他们身上并存,共同决定着他们对新闻的选择,决定着他们的思想和实践取向。

换句话说,历史上,中国新闻人对自身并不是以"报人"或"新闻从业者"相期许的,而当真正的新闻从业者作为一个职业群体终于趋向形成之时,传统"文人"的基因又因为这种新旧知识分子转换的不彻底性而一而再,再而三地自我表达和实现,"文人"的身份事实上不断弥散着新闻从业者作为一个职业群体的凝聚力和认同感。

(二)"正心诚意"与专业意识:中国新闻人的精神归属

舒德森在《发掘新闻:美国报业的社会史》一书中试图找出美国新闻业中

---

[1] 上海图书馆编《汪康年师友书札》第一辑,上海古籍出版社,1986,第82页。

[2] 《郑永昌致外务省次官小村寿太郎报告》,载孔祥吉、村田雄二郎整理《国闻报(外二种)》,国家图书馆出版社,2013,第20页。

[3] 这一点,除严复在《〈国闻报〉缘起》中有所提及外,从《国闻报》所刊登的大量与报纸有关的告白也可略见端倪。如203号告白"中国女学拟增设报馆",303号告白"新设医学报",327号告白"新出工商学报",328号告白"新设医学报册撰拼音字谱",等等。

客观性理想的发展历史。在舒德森的描述中，19世纪末的1880年，美国的新闻业已经成为一种"职业"。而与之相对，中国新闻从业者的共同体意识则长时期停留在想象阶段，或者说是以自己的经验来想象西方的同行。

比如王韬就非常关注西方的报纸和主笔，并发表了大量的感慨和评论：

其一："西国之为日报主笔者，必精其选，非绝伦超群者，不得预其列。今日云蒸霞蔚，持论蜂起，无一不为庶人之清议，其立论一秉公平，其居心务期诚正"，"顾秉笔之人不可不慎加遴选，其间或非通材，未免识小而遗大，然犹其细焉者也，至其挟私讦人，自快其忿，则品斯下矣，士君子当摈之而不齿"。[1] "其（泰西诸国）达彼此之情意、通中外之消息者，则有日报，时或辩论其是非，折衷其曲直。有时彼国朝廷采取舆论，探悉群情，亦即出自日报中。窃以为此亦可从而仿效者也。中外交涉之事，时时可刊之日报中，俾泰西之人秉公持论其间，是岂无所裨益者与？"[2]

其二："日报所以示信也，至日本之所刊，其论事反复不定，莫知其意旨之所在……种种虚词凭空播弄，噫是殆欲以之取信于人欤，曾不足以发一噱"[3]。"至于采访失实，纪载多夸，此亦近时日报之通弊，或并有之，均不得免，惟所冀者，始终持之以慎而已"[4]。

其三："哥思的美国人在仙摩剌地为日报主笔者也，一日等麻士地方官饬差拘之至案，谓其议论之间每上下其手，轻重其词，令阅者不能晓然于国家律例之所在，殊有窒碍云。按日报主笔本以支持清议，其于官衙案牍所系未经官宪定拟者，例不能置词。苟欲妄加议论，是谓侵官罚必随其后矣"[5]。

"日耳曼，欧洲之兴国也，曩时创行日报最先于民间之持清议者皆无所禁止。兹闻普国以天主教人在国中屡肆诽谤，妄议朝政之是非，殊足以淆惑众听，因此定议嗣后凡有日报主笔之士毋得论及朝政，恣意诋毁。又国事教事当判为二，教士毋得干预国事，此亦因时制宜之一端也。闻已定为新例。难士牧师以干议新政禁狱两阅月，以示儆云。"[6]

其四：《日报主笔膺驻京公使》"苦恨年年压金线，为他人作嫁衣裳。笔耨于人之苦况情见乎词矣。即处日报馆者亦何莫不然。然天时人事、国计民生、

---

[1] 王韬：《弢园文录外编》，上海书店出版社，2002，第171-172页。
[2] 王韬：《弢园文录外编》，上海书店出版社，2002，第29-30页。
[3] 《循环日报》1874年6月17日。
[4] 王韬：《弢园文录外编》，上海书店出版社，2002，第172页。
[5] 《循环日报》1874年5月25日。
[6] 《循环日报》1874年6月9日。

风俗得失、人心向背驰驱腕下、了暂胸中，率尔操觚者终不免见讥，言事事异，言人人殊也。鸦华厘者，美国日报馆主笔士也，才识超群，声名素著。其综论各国政事、列邦形势，类皆洞本探原，国人仰之如泰山北斗，现闻美国驻劄中国公使刘君解任，美国总统以鸦君长才重望，特简鸦君前来中土，以膺斯职。此真能量才授官者也。不禁为之吐气扬眉"[1]。

可以看到，这些言论和报道所涉及的主题分别是"公正""诚信""边界"，以及对西国报人所具崇高地位的艳羡。这种对于报业和国外同行的关注，到《国闻报》时期依然持续，同时也发生了一些变化。

首先，《循环日报》时期大体局限于对外人的评述，此时已经成为中国报人坚持的原则和公开的宣誓。如日人记载王修植关于《国闻报》的言论："《国闻报》必须主动基于一定的主义，坚持以公正的立场，作不偏不倚之论说，绝不能为金钱而改变其主义。"再如，关于"边界"的问题，《国闻报》已经将其明列入"本馆章程"："毁谤官长，攻讦隐私，不但干国家之律令，亦实非报章之公理。凡有涉于此者，本馆概不登载。即有冤抑等情，借报章申诉，至本馆登上告白者，亦必须本人具名，并有妥实保家，本馆方许代登。如隐匿姓名之件，一概不登。"

其次，《国闻报》已经从对外国尤其是西方同行"秉公持论"的迷信变为与西方报纸就报刊立论之责的论战。如其著名言论《驳英〈泰晤士报〉论德据胶澳事》："呜呼！吾今而知英人开化之说为不可信也。夫所谓开化之民，开化之国，必其有权而不以侮人，有力而不以夺人。一事之至，准乎人情，揆乎天理，审量而后出。凡横逆之事，不欲人之加诸我也，吾亦毋以施于人。此道也，何道也？人与人以此相待，谓之公理；国与国以此相交，谓之公法；其议论人国之事，持此以判曲直、别是非，谓之公论。"

再次，《国闻报》对报纸本身的关注也从初期对技术的赞叹逐步转向其背后的"资本"和"利润"。如早期《循环日报》所感叹的还是西国报纸，"一日至颁发十万张，可谓盛矣。大日报馆至用电报传递，以速排印。夫岂第不胫而走也哉？"而《国闻报》则详细历数"泰西报馆资本"："前有友人自伦敦来云欧洲泰晤士报馆开销绝大，其所入亦属不菲，每礼拜开支需八千磅，他如迭力迭鲁故拉夫报，每礼拜开支六千磅……故欲设立报馆，非绝大资本不能开张……盖泰西各国报馆为国家政事所关，几乎无人不阅，创办之时，资本虽巨，

---

[1]《循环日报》1874年6月10日。

日久必得厚利，故此业大有各不相下之势也。"[1]

纵向审视从20世纪中期的《循环日报》到20世纪末的《国闻报》，种种来自想象的"新闻理念"可以被归结为以下若干原则："正心诚意"以及"己所不欲，勿施于人"——从王韬的"居心诚正"，不齿"挟私讦人"到严复的"准乎人情，揆乎天理""不欲人之加诸我也，吾亦毋以施于人"，莫不如是。甚至，在王韬看来，"采访失实，纪载多夸"等真实性问题"均不得免"，"惟所冀者，始终持之以慎而已"。这样，就把一个客观是否失实的问题变成了一个主观是否居心诚正的问题。回想《聊斋志异》开篇《考城隍》中的对联"有心为善，虽善不赏；无心为恶，虽恶不罚"，其表现虽为二，而其原则却为一。

至少在20世纪，报人们在报业实践中，把传统儒家精神与新的规范要求混合在了一起，从而形成了中国式新闻理念的雏形。如果以此基点向后展望，那么，《大公报》所提出的"不党、不卖、不私、不盲"的"四不"原则，可以说早在这时就已经如草蛇灰线，打好了伏笔：严复的《说难》给"不党"做了注脚，王修植的自白立场即"不卖"，而"正心诚意"正是"不私""不盲"的内核。

在其背后，对中国报人来说，儒家文化，或者说传统的"文人"（士）身份和"文人"（士）立场远远超出了新闻人作为一个共同体的职业立场、职业意识。从底层的文化，到中层的以血缘和地缘为中心的人际网络[2]，不断在事实上影响甚至消解着作为新闻从业者的共同体意识，并在中国新闻从业者的理念中加入了特殊的色彩——从正面来看，这种"开放"性和深具使命色彩的新闻理念也正是中国新闻人的宝贵财富。

（三）政治动员与社会分工：中国新闻人的实践取向

如前所述，早期的中国报人身份极为复杂，创立报刊是他们寻求改革的最

---

[1]《国闻报》1898年2月2日，第91号。

[2] 如唐海江曾研究《时务报》之争背后的"同门""同乡"因素，他发现："清末政治文化的过渡性将政论报刊组织置于一定的困境之中。在政治文化发展的现代取向下，清末政论报人在政治价值观念上开始具有了自主、独立等现代国民品格，主体性得到一定张扬，但是由于受到传统政治心理的制约，人格依附、无意识服从等心理气质，仍不同程度地存在，有时候甚至受到非理性情绪的支配，其后果是与其现代政治价值观念相违背。这一点也是部分报人'文人意气'浓厚、组织内部'山头林立'的重要原因。这一困境在一定程度上阻碍了政论报刊组织的发展，特别是向具有理性、主体性等现代品格的政党报刊组织的方向发展。"（唐海江：《同门、省界与现代政治价值认同——清末政论报人组织离合的政治文化分析》，《新闻与传播研究》2006年第3期，第29-39页）。

重要的一个工具。[1] 众所周知，维新运动时期，创办报刊、开办学堂、设立学会往往是三位一体的[2]，而回溯至王韬，除办报以外，王韬晚年最重要的一项社会工作就是出任格致书院山长，大力推行西学教育，并主持该院每年四季的课士（有奖征文）活动。以王韬、梁启超、严复、王修植等人的办报实践来看，他们不仅仅是通过报刊来"论政"，他们或者通过学堂、学会等方式，或者以对开明官僚直接施加影响的方式[3] 来间接或直接地参与政治。从严复、王修植、夏曾佑等人的书信中还可以看到，这些报人还参与起草了大量章程，直接进行着各项革新实践。

即使是报刊本身，报人们也往往跳出"新闻"和"评论"的束缚，不仅"论政"，并且还通过倡导小说革命等方式"开启民智"、推进革命。《国闻报》上刊登的《本馆附印说部缘起》被认为是"为小说'雅化'为文坛正宗奠定了理论基础，也影响了梁启超对小说功能的认识，实为'小说界革命'的舆论先声"[4]。而梁启超更是在《清议报》的《译印政治小说序》中兴奋地描述："在昔欧洲各国变革之始，其魁儒硕学，仁人志士，往往以其身之所经历，及胸中所怀政治之议论，一寄之于小说。于是彼中辍学之子，黉塾之暇，手之口之，下而兵丁，而市侩，而农民，而工匠，而车夫马卒，而妇女，而童孺，靡不手之口之。往往每一书出，而全国之议论为之一变。"[5]

换句话说，20世纪中后期的文人知识分子绝不仅仅只是借助报刊"论政"而已。相反，"论政"带有极强的工具性和中介性、能动性和实践性，它是文人知识分子推进变革、谋求救国的一个重要的平台。脱离文人知识分子的改革和"参政"实践来谈"论政"，就容易将其与"无事袖手谈心性，临危一死报君王"的清谈混为一谈，从而扭曲了中国新闻和新闻人的历史。

如若按历史自身的脉络向后延伸，不难发现，承接王韬、梁启超、严复的"文人论政"传统的是以"竖三民"为代表的晚清末年革命派人士的办报实践，

---

[1] "作为改革的工具，在维新运动年头里出现的报纸和杂志比新式学堂和学会更为重要。"（费正清、刘广京编《剑桥中国晚清史（1800—1911）》下卷，中国社会科学院历史研究所编译室译，中国社会科学出版社，1993，第387页）。

[2]《时务报》的一个主要资金来源就是"强学会"的余款，而即使是《国闻报》，创办学会等也在其创办人的计划之内。

[3] 20世纪中后期，相当一部分文人以成为高官幕僚的方式参与政治。如王韬与李鸿章、汪康年与张之洞、严复与王文韶等。

[4] 惠萍：《〈本馆附印说部缘起〉：一份独特出版说明》，《中国出版》2013年第20期。

[5]《译印政治小说序》，载于《清议报》，第1册，1898年12月。

而在这之后，影响更广泛的则有中国共产党领导的革命报业的传统。回到历史的现场，胡适式的"自由主义"办报实践或许可以称得上是"坐而论道式"的"文人论政"，但以之为准绳来测量描述之前的王韬、梁启超，以及评价指点之后以舆论动员为主要特征的革命报业，恐怕难免圆凿方枘、格格不入了。

1898年，随着戊戌变法运动的失败，中国历史又翻开了新的一页。作为维新运动的一个重要遗产，中国知识分子这一新社会集团诞生了[1]。作为"中等社会"的中坚们，新知识分子逐渐认识到：

> 要"破坏上等社会"就必须"提挈下等社会"，"提挈"是"破坏"的前提条件……在那时的中国，正是依靠这种救世意识才产生了"中等社会"同"下等社会"的最初联系……"中等社会"必须走向"下等社会"，"与下等社会为伍"，并用新的社会理想"经纪""下等社会"，使他们成为"革命的中坚"、进行"有价值之破坏"和"有秩序之革命"。[2]

正是在这种"历史的主旋律"之中，中国的新闻人把自己的事业与整个中国的事业更深地结合在了一起，进一步地走向民间、走向群众，在与更广泛的社会群体的勾连中，在与救亡和启蒙等时代主题更深入的融合中，实现着自身价值，彰显着新闻从业者群体的独特作用，从而既在职业的规范之内，又在时代的背景之中，不断书写着新闻，塑造着历史。

历史上的中国新闻人，远远超越了"社会分工"这一静态、保守和"实证主义"的概念所能容纳的范围，在这个意义上，它是实践的，也是批判的，因而不是"自由主义""专业主义"等当代意义上的任何"主义"所能概括和框定的。认识我们自己，还是要回到这一起点，从头开始，从历史的事实开始，从我们自身开始。

---

[1] "维新时代的另一重要遗产，是中国知识分子这一新社会集团的诞生。"（费正清、刘广京编《剑桥中国晚清史（1800—1911）》下卷，中国社会科学院历史研究所编译室译，中国社会科学出版社，1993，第390页）。

[2] 陈旭麓：《近代中国社会的新陈代谢》，上海人民出版社，1992，第268-269页。

附一：呼唤新闻传播学的"嵌入式"研究
——浅析新闻传播理论发展的一种可能

新闻学始终饱受"新闻无学"的困扰。南京大学丁柏铨教授曾专门对新闻学的学科影响力进行了详细调研，发现无论从中国高校人文社会科学研究优秀成果奖以及全国优秀博士学位论文统计数据，还是CSSCI（中文社会科学引文索引）刊物上新闻学与传播学学科论文引用被引用情况来看，与相近学科相比，新闻传播学确实地位较低，影响力偏弱。

客观来看，新闻学的问题和当前整个社会科学的评价体系有关。作为一门缺乏"专业语法"，边界模糊，而"门槛较低"的学科，在相当一部分研究者看来，新闻学仍然停留在现代化学科的大门之外。一个例证便是：它离全世界研究者共享同一套语言和逻辑的数学、物理之类的纯科学最远，反之，它的不少研究仍然"仁者见仁，智者见智"。在当今的评价体系中，一个不能被量化和标准化的学科注定被边缘化——就如同我们看不到任何处在我们的眼睛感知之外的东西一样。

新闻与政治和意识形态的紧密关系，又让它的"独立性"受到深深质疑。一提及此，往往辩护者也泄了气。话说回来，中医在现代显微镜和解剖刀下也自信全无。不过，对这种"独立"的追求究竟是因为这是一门学科的内在属性，还是因为我们手里只有一把能切割而不能总揽的工具？

事实上，对社会科学研究的思维定式，一些西方思想家提出了强烈质疑。哲学诠释学的代表伽达默尔就曾对此做出激烈抨击：

> 受现代科学的客观化方法所支配——这是19世纪诠释学和历史学的本质特征——在我们看来，乃是某种错误的客观化倾向的结果……道德的知识显然不是任何客观知识，求知者并不只是立于他所观察的事实的对面，而是直接地被他所认识的东西所影响。道德知识就是某种他必须去做的

东西。[1]

那么，我们新闻学的研究能不能在现有社会科学研究框架之外来思考？能不能探究现有社会科学研究框架的史前史？能不能好好发挥一下想象力？

一、被忽视的人文传统：从亚里士多德到伽达默尔

伽达默尔上溯至亚里士多德的传统。在亚里士多德那里，人的活动有三种主要形式：理论的、制作的和实践的。其中，理论沉思是对不变的、必然的事物或事物的本性的思考的活动。它是不行动的活动——消极无为，不出于任何利害，是自足的。实践或制作则是人对于可因自身努力而改变的事物的、基于某种善的目的的行动的活动。二者的不同在于，制作以某种外在的善为目的，相应的活动则成为达成外在目的的手段；实践虽然也常常以某种外在善为目的，但实践活动本身也是目的。因此，正是在活动的目的既在于活动之外又在于活动自身这一点上，实践兼有科学或理论活动的性质。[2]

同时，实践的研究还避免了理论的科学所具有的只属于少数人、与任何利害和行动无关这样两个缺点：

> 一方面，实践的研究是对于变动的与多数人相关的人类事务的善的研究，与它相联系的实践理性的活动是属人的、多数可以从事的活动。另一方面，实践理性是积极的，它把可实践的善作为目的，发布命令并最终引向指向这目的的行为。实践的研究一方面透射出理论理性的光，一方面又把这光直接地投射到人类事务上面。[3]

换句话说，实践科学的自足性在于理论和实践的一体化，与价值、行动无涉的"理论的研究"相反，作为研究与人类事务有关事项的实践科学或实践理性，它承载了行动者的价值判断，同时，实践科学所对应的并非少数人纯粹的形而上的思想，而是他们具体的实践活动本身。

在此基础上，伽达默尔在其诠释学名著《诠释学Ⅰ：真理与方法》开篇的

---

[1] 伽达默尔：《诠释学Ⅰ：真理与方法（修订译本）》，洪汉鼎译，商务印书馆，2007，第426-427页。

[2] 亚里士多德：《尼各马可伦理学》，廖申白译，商务印书馆，2008，"译注者序"第21页。

[3] 亚里士多德：《尼各马可伦理学》，廖申白译，商务印书馆，2008，"译注者序"第23页。

"导言"中直截了当地提出,其"探究的出发点在于这样一种对抗,即在现代科学范围内抵制对科学方法的普遍要求"。因此,其所关注的是,"在经验所及并且可以追问其合法性的一切地方,去探寻那种超出科学方法论控制范围的对真理的经验"[1]。

伽达默尔随后说:

> 对精神科学中属真理事物的思考,一定不能离开它承认其制约性的传统而进行反思。因此,这种思考必须为自己的活动方式提出这样的要求,即尽其可能地去把握历史的自我透明性。为了比现代科学的认识概念更好地对理解宇宙加以理解,它必须对它所使用的概念找寻一种新的关系。这种思考必将意识到,它自身的理解和解释绝不是一种依据于原则而来的构想,而是远久流传下来的事件的继续塑造。因此这种思考不会全盘照收其所使用的概念,而是收取从其概念的原始意义内涵所传承给它的东西。[2]

在亚里士多德那里,实践研究和理论研究的一个重大区别就是:理论的研究是"知识"的,而实践的研究则是"推理"的[3]。顺承这种思想脉络,伽达默尔认为在精神科学里,抽象和固定的概念并非具有不可动摇的绝对性,相反,如其所说,对其所使用的概念的思考"绝不是一种依据于原则而来的构想",而是与具有制约性的传统有着密切关联。在根本上,这种传统就是亚里士多德所提到的多数人所从事的社会实践。

因此,伽达默尔提出:"现代的历史研究本身不仅是研究,而且是传统的传递。我们并不是只从进展的规律和确切的结果方面去看待现代的研究——在这种研究中好像也有了某种新的历史经验,因为在研究中我们每次都听到某种过去在反响的新的声音。"[4]

总而言之,在伽达默尔看来,从属于实践理性的精神科学研究需要具备以

---

[1] 伽达默尔:《诠释学Ⅰ:真理与方法(修订译本)》,洪汉鼎译,商务印书馆,2007,第3-4页。

[2] 伽达默尔:《诠释学Ⅰ:真理与方法(修订译本)》,洪汉鼎译,商务印书馆,2007,第6-7页。

[3] 亚里士多德:《尼各马可伦理学》,廖申白译,商务印书馆,2008,第22页。

[4] 伽达默尔:《诠释学Ⅰ:真理与方法(修订译本)》,洪汉鼎译,商务印书馆,2007,第386页。

下几个特点：

其一，放弃抽象的"唯一"和"绝对"的解释，强调"多样"和"对话"。伽达默尔认为，精神科学并不存在唯一和固定的"真理"，由于"时间距离"的原因，对真正意义的吸取是永无止境的，并且是一个无限的过程。每一个时代都会按照它自己的方式来进行理解。因而，"鉴于我们的历史存在所表现的有限性，那种认为唯一正确的表现的观念似乎具有某种荒谬的东西"[1]。同时，它也"不能理解为一种'绝对的'立场，而是一种经验的方法。它说明根本不存在有比开放谈话还更高的原则"[2]。

其二，放弃对"概念"所包含内容的"全盘照收"，将概念置于传统中考察和反思，致力于发现"永不陈旧的意义内涵"。既然概念并非一种依据于原则而来的构想，它直接产生于历史实践，因此，核心问题并不在于将概念所包含的内容"全盘照收"，而是回到其"原始的意义内涵"，找到其中"传承给它的东西"。在这里，伽达默尔提到了"古典型"的概念——"乃是对某种持续存在东西的意识，对某种不能被丧失并独立于一切时间条件的意义的意识……即一种无时间性的当下存在，这种当下存在对于每一个当代都意味着同时性"[3]。"古典型之所以是某种对抗历史批判的东西，乃是因为它的历史性的统治、它的那种负有义务要去传承和保存价值的力量，都先于一切历史反思并且在这种反思中继续存在。"[4]也就是说，精神科学所致力的正在于发现这样一种永不陈旧的意义内涵。

其三，放弃"对象化"研究，追求一种"置入式"的视域融合。"视域融合"是伽达默尔的一个核心概念。某种意义上，视域融合追求的是一种超越了主体和对象、过去与现在等种种二元区分的"向一个更高的普遍性的提升"，从而获得"卓越的宽广视界"，使研究者能够"在一个更大的整体中按照一个更正

---

[1] 伽达默尔：《诠释学Ⅰ：真理与方法（修订译本）》，洪汉鼎译，商务印书馆，2007，第169页。

[2] 伽达默尔：《诠释学Ⅱ：真理与方法（修订译本）》，洪汉鼎译，商务印书馆，2007，第617-618页。

[3] 伽达默尔：《诠释学Ⅰ：真理与方法（修订译本）》，洪汉鼎译，商务印书馆，2007，第391页。

[4] 伽达默尔：《诠释学Ⅰ：真理与方法（修订译本）》，洪汉鼎译，商务印书馆，2007，第390页。

确的尺度去更好地观看这种东西"[1]。伽达默尔就此论述说:"当我们的历史意识置身于各种历史视域中,这并不意味着走进了一个与我们自身世界毫无关系的异己世界,而是说这些视域共同地形成了一个自内而运动的大视域,这个大视域超出现在的界限而包容着我们自我意识的历史深度。"

在这里,研究者与研究对象的关系不再是冷冰冰的、价值中立的,而是一体化的、融合的。正是在这个意义上,伽达默尔说:"历史精神的本质并不在于对过去事物的恢复,而是在于与现时生命的思维性沟通。"[2]

二、作为社会理论的"实践哲学":葛兰西的重新定义

在学者仰海峰看来,亚里士多德的实践哲学,在伽达默尔那里成为人文科学的基础。这完成的是对实践哲学的伦理学解释,而"马克思哲学变革的过程,就是将这种伦理意义上实践哲学置于新的基础上,从而使实践概念发生了转换"[3]。

> 在马克思那里,实践并不是伦理道德意义上的实践,实践是一个历史的展开过程,因此要正确理解实践,就是要正确理解历史。历史并不是建立在先验理性或伦理道德的基础上,历史是以人在特定情境中的劳动在与自然及社会的内在关系中建构出来的。[4]

可以说,在马克思看来,实践既是一种"走向社会历史生活过程",也是一种"对社会生活的改造",这种对实践概念的理解,构成了葛兰西实践哲学的根本来源。

在反复讨论中,葛兰西试图使其笔下的实践哲学超越各种各样的二元对立,包括唯物主义与唯心主义,思想与活动,理论与实践,知识分子与大众,哲学与政治。葛兰西大声呼喊:

---

[1] 伽达默尔:《诠释学Ⅰ:真理与方法(修订译本)》,洪汉鼎译,商务印书馆,2007,第415页。

[2] 伽达默尔:《诠释学Ⅰ:真理与方法(修订译本)》,洪汉鼎译,商务印书馆,2007,第237页。

[3] 仰海峰:《实践哲学与霸权:当代语境中的葛兰西哲学》,北京大学出版社,2009,第64-65页。

[4] 仰海峰:《实践哲学与霸权:当代语境中的葛兰西哲学》,北京大学出版社,2009,第74页。

> 实践哲学是以所有这一切过去的文化为前提的：文艺复兴和宗教改革，德国哲学和法国革命，喀尔文主义和英国古典经济学，世俗的自由主义和作为整个现代生活观的根子的这种历史主义。实践哲学是这个整个精神的和道德的改革运动的顶峰，它使大众文化和高级文化之间的对照成为辩证的。它符合于新教改革加法国革命的联结：它是一种也是政治的哲学，又是一种哲学的政治。[1]

在强调这种"一体性"的同时，葛兰西重点讨论了思想与社会历史过程、主体的能动性与社会现实的改造之间复杂的互动关系。葛兰西论述道：

> 看来，只有实践哲学才能使哲学前进一步，它把它自身建立在德国古典哲学的基础上，但又避免了走向唯我论的任何倾向，它使思想具有历史真实性，即把思想看成是一种在许多人中间得散播（要是没有合理性或历史性，这种散播就会是不可设想的），并且以使自身变成为一种积极的行为准则这样的方式进行散播的世界观和"健全的见识"。所以，应当在"相对的"意义上去理解创造性，即把创造性理解为改变着许多人的感受方式，从而也改变着要是没有这许多人就不可设想的现实本身的思想。之所以是创造性的，也是因为它教导说，并不存在独立的、自在的和自为的现实，而只存在处在同那些改变着它的人们的历史关系之中的现实，如此等等。[2]

在这段有些拗口的论述中，葛兰西至少表达了三层意思：

首先，思想不能脱离多数人的行为本身而单独存在。作为一种在多数人中间散播的世界观，思想的存在方式就是指导实践，从而使自身成为"积极的行为准则"。其次，思想的创造性在于对现实的改变而这种改变正是通过改变个人的思想（感受方式）而实现的。再次，必须在人们的历史关系之中理解现实，同时，现实正是在人们不断进行着的历史实践中得到改变和重塑的。

如果说，亚里士多德的论述给我们打开了一种不同于现代科学的人文主义传统，伽达默尔的辨析为我们理清了一整套成体系的理论和方法，那么，葛兰西对实践哲学的重新定义则把我们的目光从笼统的历史和抽象的传统聚焦到以

---

[1] 葛兰西：《实践哲学》，徐崇温译，重庆出版社，1990，第83页。
[2] 葛兰西：《实践哲学》，徐崇温译，重庆出版社，1990，第28-29页。

下几个方面：

（1）理论与实践的统一：新的"实践观"。在亚里士多德那里，实践具有承上启下的双重作用。实践与制作的不同在于它不仅仅是一种手段，同时也是一种目的。亚里士多德认为实践具有一定的理论活动性质，正在于它把自身作为目的之一，同时，这个目的又是指向"善"的。且不论是否有意如此，葛兰西恰恰是在这个意义上使用了"思想"的概念。在葛兰西看来，思想是在多数人中间存在的、指向主动行为的、系统的观念。这与前文提到的亚里士多德对实践的界定——与多数人相关的、指向积极行动的、带有价值判断的，是一致的。

可以说，葛兰西在这里提到的"思想"，在一定意义上就是亚里士多德所谈论的"实践"。葛兰西认为，在知识分子与普通人之间的分裂，是理论与实践之间分裂的一种表现。实质上，之所以存在这种分裂，正是亚里士多德意义上的"实践"在现实中的缺位所造成的——问题的核心在于，普通人所从事的乃是一种"制作"式的活动，其活动本身只是一种手段；而知识分子所从事的则是局限于小圈子、看似与世俗无关的理论。

因此，理论与实践的统一就不是思维与行动这样两种异质东西的结合，而是亚里士多德对人类活动的三种分类之一的重现。换句话说，理论与实践的统一就是亚里士多德意义上的"实践"本身。而亚里士多德意义上的"实践"在人类社会中长时间的"消失"正是在于某种人为的割裂：将与多数人相关的，不仅是工具性的，更是目的性的，朝向于"善"的实践从多数人那里剥离出来，只留下工具性的"制作"。这样，"实践"的人就成了"制作"的人，目的与手段兼具的人就成了只有手段、完全"工具性"的人。

因此，实践哲学绝不是从属于少数人的、书斋式的、价值无涉的哲学理论。

> 被恰当地称作哲学运动的，到底是哪种致力于在狭隘的知识分子集团中间创造一种专门的文化的运动呢，还是那种在制订一种高于"常识"、在科学方面融贯的思维方式的过程中，永远不忘记还同"普通人"相接触，并且确实在这种接触中发现它动手去研究和解决的问题的源泉的运动？一种哲学只是由于这种接触才变成"历史的"，才清洗掉自己身上的个人性质的知识分子要素而变成为"生命"。[1]

---

[1] 葛兰西：《实践哲学》，徐崇温译，重庆出版社，1990，第11页。

（2）社会实践与政治实践：哲学与政治的统一。葛兰西呼唤"哲学运动"从书斋中走出来，指向大多数人和积极行动，并以此从根本上恢复了亚里士多德对"实践"的定义和期盼。现在，如果我们注意到葛兰西背后的整个时代，就会发现，葛兰西的实践哲学并不是一台"独角戏"。

葛兰西作为意大利共产党的创始人和领袖，他的哲学离不开马克思主义的传统，马克思的思想继承了黑格尔的一部分哲学，而黑格尔哲学的整个时代背景是"法国大革命所带来的历史的决定性转变"，即"人类达到对精神的依赖，并且敢于使既定的现实服从于理性的原则"[1]。法国大革命使哲学与历史交汇在了一起。法国大革命作为一个社会历史事件既使当时的哲学家们欢欣鼓舞，而其所造成的恐怖也同样引起了哲学家们的深刻反思。

在马尔库塞看来，这些都最终促使黑格尔带来一种从哲学到社会理论的转变：

> 从哲学向国家和社会领域的过渡已经成为黑格尔体系的一个内在本质部分。他的基本哲学观点在国家和社会所假定的特殊历史形式中已经实现了自身，而后者则成为一个新的理论的兴奋中心。哲学已经转化为社会理论。[2]

马尔库塞接着说：

> 通过辩证法，把历史变成理性内容的部分，黑格尔证明了，人类的物质和精神力量已得到广泛发展，足以达到要求人的社会和政治实践去实现理性的程度。哲学本身因此直接应用于社会理论和实践，不是作为某些外在的力量，而是作为其合法的继承人。如果存在着超出这一哲学的任何进步，那么，它必然是超越哲学本身的进步。与此同时，也是超越哲学所依存的社会和政治的秩序的进步。[3]

---

[1] 赫伯特·马尔库塞：《理性和革命：黑格尔和社会理论的兴起》，程志民等译，上海人民出版社，2007。

[2] 赫伯特·马尔库塞：《理性和革命：黑格尔和社会理论的兴起》，程志民等译，上海人民出版社，2007，第217页。

[3] 赫伯特·马尔库塞：《理性和革命：黑格尔和社会理论的兴起》，程志民等译，上海人民出版社，2007，第221-222页。

因此，黑格尔之后，作为这种转化的一部分，社会理论逐渐兴起。而社会理论的一条主线就是"否定哲学"与"实证主义哲学"间的斗争。在"否定哲学"看来，"理性按自身的要求不断地否定不合理的现实，以达到现实和理性的一致性。黑格尔的辩证法的核心就是否定，它必然与普遍的社会现实不断发生冲突"[1]。另外，"实证哲学家虚构了一个无所不包的独特哲学形式——实证哲学，用以取代黑格尔的否定哲学。实证主义的哲学和社会学使理性屈从于满足确定的事实，拒绝任何对事实的超越和对现实存在关系的偏离。"[2]

在这一宏大的时代和学术背景下，很容易理解，葛兰西的实践哲学既是一种哲学，更是一种社会理论。显然，作为"否定哲学"的一个"支脉"，实践哲学同样来自对社会现实的强烈批判。因此，"政治实践"，换句话说，根据理性的要求不断否定不合理现实的革命，就是实践哲学的核心议题。正是在这个意义上，葛兰西说，实践哲学是一种"也是政治的哲学，又是一种也是哲学的政治"。

（3）知识分子与政党：知识分子产生于政治实践。亚里士多德提到，实践理性是与多数人相关的、积极的活动，它将理论理性与人类事务联系在一起。在葛兰西看来，要实现这一点还需要一个中介。这个中介就是有力的知识分子集团以及相关的意识形态。

在葛兰西的理念中，实践哲学要真正实现自身，需要的是理论（知识分子）与实践（普通大众）在一个全新水平上的结合。葛兰西强调，这种结合一方面是让知识分子走向大众、走向实践，但在更重要的层面，乃是通过只有知识分子才可能掌握的一整套系统的世界观，来提升大众，从而使其获得进步。葛兰西说：

> 实践哲学倾向于不把"普通人"留在常识的原始哲学的水平上，相反地，倒是把他们导向更高的生活概念。如果说它肯定知识分子和普通人之间的接触的需要的话，那么，这不是简单地为了限制科学活动和在群众的低水平上保持统一，而恰恰是为了建造一个能够在政治上使广大群众而不只是狭隘的知识分子小集团获得进步成为可能的智力-道德集团。[3]

---

[1] 赫伯特·马尔库塞：《理性和革命：黑格尔和社会理论的兴起》，程志民等译，上海人民出版社，2007，"中译本序"第6-7页。

[2] 赫伯特·马尔库塞：《理性和革命：黑格尔和社会理论的兴起》，程志民等译，上海人民出版社，2007，"中译本序"第7页。

[3] 葛兰西：《实践哲学》，徐崇温译，重庆出版社，1990，第14页。

至少在一开始，革新不能来自群众，除非通过精英的中介，因为在精英那里，暗含在人的活动中的世界观，已经在一定程度上变成一种融贯的和系统的、经常出现的认识以及一种明确而坚定的意志。[1]

其中，政党和政治实践发挥着重要作用，葛兰西认为："在现代世界中，人们应当强调政党在制订和传播世界观中所具有的重要性和意义，因为它们所做的事情，主要的就是制订出符合于这些世界观的伦理和政治，并把它当作就是它们的历史'实验室'那样地去行动……政党是新的完整的和全面的知识分子的培养者，以及被理解为现实的历史过程的理论和实践的统一在其中发生的坩埚。"[2]

换句话说，只有通过政党和政治实践，才能产生实践哲学意义上完整的全面的知识分子，也才能完成理论和实践的统一。而在这种重塑和统一中，实践哲学的最终要求就是一种"共同的世界观"和"集体的人"。在著名的、发表于1917年12月24日的《反对〈资本论〉的革命》一文中，葛兰西说："如果说布尔什维克拒绝《资本论》中某些表述的话，那么，他们却并不拒绝它的令人鼓舞的、内在的思想……这种思想认为，历史中的决定性因素，并不是冷冰冰的经济事实，而是人，社会中的人，处在彼此的关系中、彼此达成一致，并通过这些接触（文明）发展出一种集体的、社会的意志的人"[3]，"社会主义宣传使俄国人民接触到其他国家的无产阶级的经验，社会主义宣传能在顷刻之间戏剧性地把无产阶级的历史带到生活中：它的反对资本主义的斗争，为把它从使它非常卑下的奴隶处境中完全解放出来所需要的漫长系列的努力，允许它去锻造一种新的意识，并在今天成为一个尚未到来的世界的声音"[4]。

在这里，我们看到的是实践哲学所致力包容的庞大内容：它不仅仅是一种思想和理论，也不仅仅是一种研究方法和看待世界的视角，甚至不仅仅是一种关注社会现实的社会理论，它还是一种直接改造世界的武器。因此，不能"把哲学同政治分离开"[5]，也不能把哲学同历史分开，"一个历史时代的哲学，无非是那个时代本身的'历史'"[6]。实践哲学也因此成为一个时代的历史，一个

---

[1] 葛兰西：《实践哲学》，徐崇温译，重庆出版社，1990，第17页。
[2] 葛兰西：《实践哲学》，徐崇温译，重庆出版社，1990，第16-17页。
[3] 葛兰西：《实践哲学》，徐崇温译，重庆出版社，1990，第170-171页。
[4] 葛兰西：《实践哲学》，徐崇温译，重庆出版社，1990，第171页。
[5] 葛兰西：《实践哲学》，徐崇温译，重庆出版社，1990，第8页。
[6] 葛兰西：《实践哲学》，徐崇温译，重庆出版社，1990，第27页。

时代的政治，一个时代的社会和运动本身。

三、实践哲学对新闻学的启示意义：嵌入式的社会实践

当前，作为与人类生活密切相关的社会科学，指标化、数据化、国际化的社会科学研究，数量越来越多，与现实的关联度越来越小。偏重实践的经验和总结又一味停留在罗列出一二三四的条条框框，缺乏系统、有机的理论思考。人文主义传统在一定程度上又成为小圈子的自娱自乐，在种种主观性的解读中摒弃了"方法"。

从亚里士多德到伽达默尔，从伽达默尔再到葛兰西，实践哲学走出了一条与现代实证科学完全不同的路径。经过长期的"思想接力"，实践哲学在事实上形成了一整套自成体系的逻辑和方法，并且，由于它"总体性""连接性"的特征，实践哲学很好地将主观与客观、理论与实践、思想观念与现实政治等结合在了一起。实践哲学作为对斯宾塞以来社会科学的抽象化倾向的一个"反动"，其思想资源给我们观察和认识当代世界开创了一种新的可能。

无论承认与否，通过种种社会政策和法规条文，社会科学与每个人的生活息息相关，它决定着物质财富的繁荣对每一个人来说究竟意味着什么，它决定着韦伯所说的充斥着"没有心灵的享乐人"的世界在多大程度上是一种现实，而实践哲学的思考意义正在于恢复属人的世界与人类社会和人类价值之间不可割裂的血脉。

大体上，实践哲学仍然是一种尝试，它始终处于一种开放的，甚至是流动的状态。从亚里士多德到伽达默尔，再到葛兰西，这些思想家各自都有自己宏大的理论体系，但即使如此，他们思想中仍有许多相同或类似之处，而这些或许能给我们的社会科学研究一些不同的启发。

首先，在研究方法上，具有明确的研究意识和价值关切，以"提问和推理"而不是概念和演绎为主要方式，重点在于"意义"和"反思"，而不是寻找确定不移的答案。正如伽达默尔所说："研究的进展不再普遍地以扩大和深入新领域或新材料这种模式加以理解，而是相反地以对问题达到某种更高的反思阶段加以理解。"

其次，在关注视角上，将考察对象置于社会历史运动中，从其与当时的历史、社会环境，当时的政治生活和政治实践等方方面面的联系中把握考察对象。

再次，在考察重点上，其所关注的问题不是一小部分精英传记式的"思想史"，也不是体现普通人日常生活的"社会史"，而是思想与生活的联结，或者

说，在这种联结下的实践。

总而言之，无论是亚里士多德还是伽达默尔，抑或葛兰西，他们所倡导的都是一种"总体性"。有学者将特别体现在葛兰西哲学中的这种总体性界定为："在特定的历史情境中，通过理论间的互文关系以及理论与社会历史实践的互文关系，达到对社会生活的总体性透视与历史性的批判。"具体来说，则包括三个具体层面：第一，"总体性首先是指实践哲学的内在理论空间具有一种总体性的关系"（换句话说，实践哲学是"自足"的，不能被"嫁接"的，它"开辟了一条全新的道路，从头到脚地更新了设想哲学自身的整个方式"）；第二，"总体性的第二个层面是观念与社会历史过程之间的总体关系"；第三，"总体性的第三个层面在于，总体性的获得取决于人的能动性与政治实践……在这种政治实践中，个体的能动性才能转化为大众的行动意识，通过对大众意识的提升，实现对社会的政治改造，这才是总体性的生成之路"[1]。

从与实证哲学的对立和批判，以及思想家们思想脉络的承继而言，以上对葛兰西哲学的概括同样适用于从亚里士多德到葛兰西的思想传统。

同样，如果我们摆脱对新闻传播学不证自明的、客观化的"科学"定义，而以这样一种"实践哲学"来思考，那么，首先，新闻传播学所关心的不仅是纯粹的真理（社会科学领域是否存在纯粹真理本身就值得质疑），它所关心的还应该包括"善""价值"，以及对这些价值的"践行"本身。

"嵌入式"研究正是立于从亚里士多德到伽达默尔再到葛兰西的"实践哲学"的土地上。作为一种与传统研究方式相区别的不同尝试，"嵌入式"研究的核心特征就是实践哲学所倡导的"总体性"，根据这种"总体性"，基于"实践哲学"的新闻传播研究应该具有三个特点。

其一，把新闻传播学视为一种"提问和研究"的学科，不只是为新闻传播研究要求一种"科学的方法"，不只是从"进展的规律和确切的结果方面"去看待新闻传播研究，而是同时将其视为一种"传统的传递"，致力于发现"某种新的历史经验""听到某种过去在反响的新的声音"。不是"无动于衷地站在对面去认识和判断，而是从一种特殊的使他与其他人联系在一起的隶属关系去一起思考"[2]。换句话说，就是放弃寻求某种脱离任何特殊存在的"纯粹"的知

---

[1] 仰海峰：《实践哲学与霸权：当代语境中的葛兰西哲学》，北京大学出版社，2009，第89-94页。

[2] 伽达默尔：《诠释学Ⅰ：真理与方法（修订译本）》，洪汉鼎译，商务印书馆，2007，第386页。

识和客观性，而是以强烈的现实关怀的动机不断地对其进行"提问"。

其二，把新闻传播学作为一种与人们的意识和行动关联密切的学科，将其置于社会历史过程的总体之中进行把握。这就是说，并不存在一个抽象的、孤立的新闻传播学和新闻传播业，必须将其视为一种"社会实践"，不仅从行业自身发展看待新闻传播，更从时代主题和社会变迁的角度看待新闻传播。

其三，把新闻传播学同样也视为一种多数人参与其中的、有着明确价值取向的"政治实践"。在这种政治实践中，传播者与传播对象相互"影响"或者"改造"。新的社会主体和社会现实则在这种"影响"或"改造"中不断生成和再造。

正是在这种意义上，"嵌入式"的新闻学研究不仅强调真实的历史，也强调多元的思想。它不以孤立地抽象出一块"自留地"为乐，而追求将现象还原到所在的复杂联系中去体察；不以独特的学科"语法"而沾沾自喜，而试图连接多样的思想和学术资源——难道我们应该关注的不是那枚"学术鸡蛋"，而是那个"生蛋的母鸡"？

（本文的删减版发表于《青年记者》2014年6月）

附二：公共舆论平台还是精英"看门狗"？
——重思苏联解体中传媒和舆论角色

一、失控还是失灵？
——观察苏联解体中的传媒角色需要新视角

2011年，借助苏联解体20周年之机，有关苏联解体与媒体作用的讨论再次成为新闻传播界的热点。回首这些讨论，其中最引人注目的就是"舆论失控说"与"传播失灵说"。

所谓"舆论失控说"，大体认为："新闻媒介在苏联解体中起到了恶劣的作用，苏联盲目追求所谓的传媒独立自由，这种'异化'过程最终促成了这个国家的解体。"[1] "传播失灵说"则针对这一观点提出："苏联的解体是长期信息封锁、传播扭曲所造成的"，"新闻传播的确是苏联解体的重要因素，不过不是由于'舆论失控'，而是由于系统性的传播失灵。传播失灵导致了苏联媒体和政府的公信力被严重透支，为戈尔巴乔夫的公开性改革培养了潜在的支持者。在传播失灵的作用下，苏联社会表面光鲜，深层的社会矛盾却被掩盖，以致苏联社会脆弱得不堪一击。经常性的传播失灵导致了严重的社会后果，这直接为苏联的解体埋下了伏笔"。[2]

相对于"舆论失控说"的传统解释，"传播失灵说"显得更为新鲜，它从历史和社会两个维度拓宽了研究者的视野，将信息传播与更广泛的社会治理建

---

[1] 潘祥辉：《论苏联解体中的传播失灵因素——兼驳苏联解体中的"舆论失控说"》，《浙江传媒学院学报》2011年第5期，第59-68页。有关"舆论失控"，可参考李宏：《苏联解体的传媒因素及其教训》，《现代传播》2011年第4期，第30-33页；潘正祥、尹中南：《苏联解体的舆论因素》，《江淮论坛》2011年第3期，第132-135页。

[2] 潘祥辉：《论苏联解体中的传播失灵因素——兼驳苏联解体中的"舆论失控说"》，《浙江传媒学院学报》2011年第5期，第59-68页。

立了关联。但与此同时,"传播失灵说"又将传播过程中的种种失败与经典社会主义体制连在一起。"传播失灵说"的提出者潘祥辉明确指出:"传播失灵与经典社会主义体制相互嵌套,经典社会主义体制内蕴了传播失灵,传播失灵又强化并导致了经典社会主义体制的治理困境。"[1] 换句话说,在"传播失灵说"看来,正是内在于经典社会主义体制中的"传播失灵"与这一体制本身不断的相互强化,最终导致了苏联的解体。

然而,这种解释不仅与《报刊的四种理论》异曲同工,同时,也无视导致苏联解体的种种更广泛的事实。事实上,美国学者大卫·科兹和弗雷德·威尔在其所著的关于苏联解体的经典著作——《来自上层的革命——苏联体制的终结》中已经以强有力的事实证明,传统认为计划经济体制造成的经济崩溃,以及群众对这一体制的群起而攻之导致苏联灭亡的观点存在很大问题。

> 证据表明……苏联经济开始紧缩是在1990～1991年,即在废除了当时还在运行的主要的社会制度这一过程之后。尽管1975～1989年间苏联经济运行状况不佳,但是这期间经济产出并没有下降,甚至一直到这段时间结束都在缓慢地增长。正是1990～1991年中央计划的废除、国有资产的私有化,连同上面一章中所讨论的另外一些因素,引起了苏联经济的首次紧缩。苏联的计划经济没有"崩溃",它只是通过政治手段而被废除了。[2]

针对西方的苏联问题专家对有关苏联垮台提出的两种核心解释:"苏联垮台是社会主义经济体制缺乏生机造成的",以及"强调民众对该体制的自下而上的反对"[3]。在基于苏联解体前后的种种事实,对这两种解释以及"外来压力动摇了苏联""内部高层的背叛"等说法提出质疑后,作者认为"这些因素中没有一个,甚至加在一起也不能充分地解释事件的前因后果"[4]。

在大卫·科兹和弗雷德·威尔看来,关键性的问题在于:

---

[1] 潘祥辉:《论苏联解体中的传播失灵因素——兼驳苏联解体中的"舆论失控说"》,《浙江传媒学院学报》2011年第5期, 第59-68页。

[2] 大卫·科兹、弗雷德·威尔:《来自上层的革命——苏联体制的终结》,曹荣湘、孟鸣歧等译,中国人民大学出版社, 2008, 第240页。

[3] 大卫·科兹、弗雷德·威尔:《来自上层的革命——苏联体制的终结》,曹荣湘、孟鸣歧等译,中国人民大学出版社, 2008, 第2-3页。

[4] 大卫·科兹、弗雷德·威尔:《来自上层的革命——苏联体制的终结》,曹荣湘、孟鸣歧等译,中国人民大学出版社, 2008, 第4页。

"他们（戈尔巴乔夫和他的改革派）所实行的经济的、政治的和文化的改革，其结果是创造了一个新的集团和阶级联盟，这个联盟所喜欢的，却是用资本主义取代社会主义"[1]，"有关苏联体制出人意料地突然终结与和平让渡的最终解释是：它被它自己的大多数精英抛弃了，随着苏联体制的发展，把这些人和任何社会主义形式联系在一起的物质和意识形态纽带越来越脆弱了。这是一场来自上层的革命"[2]。

在这种对苏联解体的认识框架下，再来看待媒体在其中所占据的角色和所起到的作用，就会发现所谓"传播失灵"的解释有着诸多局限——既然苏联的解体并非来自体制的崩溃和群众的反抗，那么，认为"传播失灵"导致经典社会主义体制的治理困境，并由此带来苏联的解体自然就难以自圆其说。事实上，就大的背景和解释框架来说，"传播失灵说"完全基于对苏联解体原因的传统分析，是西方自由主义新闻理论的某种变体和延伸。

因此，只有重新将媒体分析置于"来自上层的革命"这个大的背景框架下来进行，我们才能够对传媒、舆论与苏联解体之间复杂而微妙的关联产生不同且新鲜的认识。

首先，"上层革命说"反对的是一种苏联灭亡的"必然论"和"宿命论"。苏联灭亡当然有其长期的、体制性的因素，但这些长期因素并非其灭亡的直接原因，认清苏联灭亡的实质必须回到其历史的现场，也就是回到戈尔巴乔夫"新思维"改革之后的历史时间。对媒体和舆论分析来说同样如此，必须把目光重新聚焦到"公开性"改革之后，关键的问题是：媒体如何参与了各种力量的争斗，发挥何种作用，而不是泛泛而论苏联传播体制的困境和局限。

其次，与西方传统对苏联解体的认识相反，"上层革命说"认为是"精英"而不是群众在这场"革命"中发挥了至关重要的作用。因此，需要考察的是，"精英"在何种情况下取得这场"革命"的胜利？"精英"的举动为何没有遭到普通民众的反抗，甚至是在公众的"默许"下进行的？苏联解体后的事实一再证明，苏联解体最大的受益者是少数寡头，而普通百姓则深受其害。那么，是谁，通过何种方式阻碍公众认识自己的利益，进而剥夺了公众捍卫自身利益

---

[1] 大卫·科兹、弗雷德·威尔：《来自上层的革命——苏联体制的终结》，曹荣湘、孟鸣歧等译，中国人民大学出版社，2008，第4页。

[2] 大卫·科兹、弗雷德·威尔：《来自上层的革命——苏联体制的终结》，曹荣湘、孟鸣歧等译，中国人民大学出版社，2008，第5页。

的权利?由此,我们才可以进一步探究"在特定政治经济条件下国家和市场的相互构建情况以及最终形成的传播体系在什么情形下,如何赋予或者限制不同社会力量的传播权力,并对社会的权力结构和社会文化发展模式产生何种影响"[1]。

再次,"上层革命说"认为,苏联体制是被这一体制下产生的大多数精英自己所抛弃的,这同样给传统的"舆论失控说"带来挑战。既然"革命"是精英们的主动行为,是"当权者"自身为其利益的最大化而采取的理性行动,那么,由此所产生的"舆论失控"在某种意义上并不是一种真正的"失控",而是一种有意无意的"放控"。这种"放松"或"放弃"的结果导致了精英自身愿望的实现和普通百姓的"失权"。如果我们愿意接受这一解释,那么,我们接着就要回答:这一切又是如何发生的?

总之,在"上层革命说"的解释框架下重新思考媒体、舆论在苏联解体中的角色,不仅能够使我们跳出"新闻自由"和"舆论控制"的狭隘的思维定式,给我们提供崭新而饶有趣味的思考角度,它更能够使我们从苏联解体中汲取有益的经验,从而为我们的媒介与传播提供更为广阔和深远的思考空间。

正如英国批判学者科林·斯帕克斯所说:

> 有关媒介和民主的讨论需将注意力从"政府和市场谁相对来说更好一些"的争论中挪移开来,然后转到媒介同公众之间的关系这一问题之上。共产主义的学说与资本主义的学说都认为,无论是过去还是现在,媒介的掌控者实际上都是那些远离公众生活的人,他们也同时控制着那些一无所有的公众。媒介要民主化,意味着我们需要打破那些精英们对媒介及舆论表达方式的控制权。[2]

---

[1] 赵月枝:《传播与社会:政治经济与文化分析》,中国传媒大学出版社,2011,第36页。
[2] 科林·斯帕克斯:《苏东剧变后的媒介理论:为何源于东西方的传统模式都不再有效》,卡伦(Curran, J.)、朴明珍编《去西方化媒介研究》,清华大学出版社,2011,第56页。

二、赋权还是操纵？

——少数人的自由操纵还是多数人的独立思考

苏联解体中一个最令人惊讶的现象是苏联人民对苏联灭亡的集体冷漠。1991年3月的全民公决结果显示绝大多数苏联人并不愿意看到苏联的解体，然而，对仅仅九个月之后发生的事变，大多数苏联人充当了与己无关的旁观者。在实质上，苏联解体给普通苏联人民的利益带来了极大损害，绝大多数人成为苏联解体的牺牲品。在那些"富有阶层的收入被用于购买西方奢侈品，或者是为了安全而存放于国外"的同时，"俄罗斯遭受痛苦的人们被迫靠在后花园中种植蔬菜或得到从苏联时代继承下来的免费的或几乎免费的商品如住房、水、电力和热能等维持生计"[1]。

为什么会如此？俄国知名政治学和社会学家谢·卡拉-穆尔扎曾对苏联解体原因及当代俄国改革进程进行了全面深入的文化审视和系统分析。在他看来，造成这种使整个苏联社会"按照同一个程序积极行动起来"，从而"给人家带去了巨大利益，但却使自己蒙受了重大损失"这种反常情形的主要原因是"社会意识操纵"：

> 通过破坏意识的稳定，以及利用大型政治表演来吸引人，使苏联人变成了"群体"——使个体和有组织的集体暂时变成了一个巨大的、全国范围的乌合之众。人们在这种状态下，对待带有相当不确定性和冒险性的生活变化失去了个性中固有的负责任的态度，大部分居民没有经过辩论，也没有产生任何怀疑，对于利益和损失也没有经过预测，在这种情况下就同意了这场毫无必要的社会革命——富足安康社会中的革命。[2]

谢·卡拉-穆尔扎随后接着说道：

> "从技术操作层面上"摧毁苏联体制是改革年代中根据安东尼奥·葛兰西的理论——通过破坏国家政权及其意识形态环节的文化统治进行的。

---

[1] 大卫·科兹、弗雷德·威尔：《来自上层的革命——苏联体制的终结》，曹荣湘、孟鸣歧等译，中国人民大学出版社，2008，"中文版序言"第5页。

[2] 谢·卡拉-穆尔扎：《论意识操纵》，徐昌翰等译，社会科学文献出版社，2004，第398页。

其手段是对苏联社会的文化核心进行"分子侵犯",使其受到怀疑,然后再清除掉苏联政治和社会体系中的合法性。[1]

显然,意识操纵的一个前提就是整个社会意识形态的破坏和重组。正如葛兰西和阿尔都塞所反复申明的,意识形态是一个需要反复斗争和争夺的场所。掌握政权的统治阶级或者领导阶级并不能像在(镇压性)国家机器中轻易地"制定"法律,以往的统治阶级不仅能够长时间地保持牢固的立场,并且能够通过斗争攻克那里的战场,从而"找到表现自己的手段和机会"[2]。而在意识形态中表述出来的东西并不是"主宰着个人生存的实在关系的体系,而是这些个人同自己身处其中的实在关系所建立的想象的关系"[3]。

换句话说,意识形态从来不是一种完全"真实"的东西,它从来都是一种对于各种实在和关系的解释权的争夺。一旦这一阵地被夺去,那么,关于过去的一切都会被解释为幻觉和伪饰,而关于未来的一切都会被自然赋予种种玫瑰色的想象。而这,正是种种操纵得以进行的前提。

也因此,在这种核心价值体系遭到破坏、意识形态的领导权已经悄然易手的背景下,"公开性"改革所许诺的言论自由带来的完全不是一个民主、理性的结果。苏联"公开性"改革后发生的种种事件充分说明,没有控制的"公开性"改革除了不断摧毁原有的团结和核心价值,还在表面上的"众声喧哗"中

---

[1] 谢·卡拉-穆尔扎:《论意识操纵》,徐昌翰等译,社会科学文献出版社,2004,第408-409页。

[2] 阿尔都塞:《意识形态和意识形态国家机器》,《哲学与政治——阿尔都塞读本》,陈越译,吉林人民出版社,2011,第284页。

[3] 阿尔都塞:《意识形态和意识形态国家机器》,《哲学与政治——阿尔都塞读本》,陈越译,吉林人民出版社,2011,第298页。

完全取消了基层民众的权利和声音。[1]正如谢·卡拉－穆尔扎评述苏联解体前最后十年的情况时所说："在最近十年里，信息自由的问题以一种新的形式在城市生活中出现，大众传媒作为报道最新消息的信息源，实际上已经完全取代了个人的沟通……对话，这个为防止意识操纵所设立的最重要的屏障从获取信息的程序中被排除了。从这个意义上讲，信息受众变得只能被动接受'媒体从业人员'所暗示的信息了。"[2]

首先，这种所谓的"言论自由"并不是普通百姓的言论自由，而是控制媒体的知识分子和文化精英的自由。苏联解体前，控制媒体的从业者和知识精英们所获得的"言论自由"无论从哪个角度讲都是"空前"的。这种"空前"的自由不仅来自和苏联自身的对比，甚至来自和资本主义国家的对比。20世纪30年代，激进的知识分子根本无法在属于大资本家所有的西方主要媒体上发声，属于他们的只有小型的左翼出版社、工人阶级自身的报刊和经过"删改"的舞台。而20世纪80年代末的苏联知识分子——正如大卫·科兹和弗雷德·威尔所说——那些编辑、记者和作家、经济学家获得了随意运用大众媒体作为工具的自由，既没有大资本家的限制，也没有国家的标尺，"报纸、杂志、电视网络以及其他新闻媒体实际上全部属于国家所有，但国家却赋予它们实质性的独立"[3]，"苏联的知识分子们……被赋予了自由进入甚至操纵更多'大众媒体'

---

[1] 谢·卡拉－穆尔扎甚至认为："若是从保存复杂而精细的社会结构（'没有被原子化的社会'）的观点来看，信息自由是不可接受的"，"资产阶级社会的言论自由是一个哲学范畴（有如法国革命的自由、平等、博爱）。在现实实践中，这种自由恰好为操纵社会舆论提供了方便。美国直到20世纪60年代，待到操纵技术开始不出故障时，才从法律上取消了对信息自由的限制"。（谢·卡拉－穆尔扎：《论意识操纵》，徐昌翰等译，北京：社会科学文献出版社，2004年，第328页）；即使是为美国的言论自由大唱颂歌的著作也承认："第一修正案1791年并入宪法后，一百多年来，它对言论、出版自由的保护功能，完全处于休眠状态。第一次世界大战期间，各州与联邦纷纷出台立法，压制言论自由……之后四十年间，最高法院才逐步适用言论、出版自由条款……但是，对那些颠覆或挑战现行秩序的言论，大法官们仍刻意排斥，不愿将之纳入第一修正案的保护范围。"（安东尼·刘易斯：《批评官员的尺度——〈纽约时报〉诉警察局长沙利文案》，何帆译，北京大学出版社，2011，第286页）。

[2] 谢·卡拉－穆尔扎：《论意识操纵》，徐昌翰等译，社会科学文献出版社，2004，第330页。

[3] 大卫·科兹、弗雷德·威尔：《来自上层的革命——苏联体制的终结》，曹荣湘、孟鸣歧等译，中国人民大学出版社，2008，第73页。

的权利"[1]。

其次,这些掌控媒体的知识分子基于实际的自身利益,或者对于自身利益的"想象",以及越来越明显的"激进化"趋向而成为所谓"亲资本主义联盟"的重要支持者。在知识分子们看来,他们的物质条件不论是在绝对的意义上还是在相对的意义上,都要比生活于资本主义西方的知识分子差很远。尤其是他们与体力劳动者相比的相对收入不断下降,这是造成他们对现有体制产生不满的物质因素。另外,"公开性"政策本身启动了知识分子"激进化"的进程,"由于他们的职业就是处理观念、理论和想象问题……因此他们在考虑用激进的替代方案取代现行制度和信仰方面,比别人开放许多。在社会改革和变迁时期,许多年轻知识分子都喜欢放弃折中性的改革,而宣扬革命性的观念"[2]。

致命的是,由于苏联媒体的高度集中,以及大众媒体成为人们接收和了解信息的唯一信源,苏联的知识分子借助其掌控的大众媒体,轻而易举地将自身的观念转换成了广大工人群众的观念,在这个意义上完成了对于公众的"意识操纵",也因此成了"最早地、最活跃地支持"亲资本主义联盟的人。[3]

正如德·格·诺维科夫在《摧毁苏联的原因:俄罗斯进行的争论及一些结论》一文中所说:

> 公开性政策是改革的基础。国家领导层认为公开性是社会民主化的

---

[1] 大卫·科兹、弗雷德·威尔:《来自上层的革命——苏联体制的终结》,曹荣湘、孟鸣歧等译,中国人民大学出版社,2008年,第74页。当然,媒体这种"独立"也与苏联当局内部的分裂和政策的摇摆有关。正如侯丽军所指出的,"公开性"改革中出现了官方议程设置混乱,"导致官方议程设置混乱的原因之一是苏共高层领导立场的分歧。由于报纸、杂志和电视为表达各种不同的观点提供了舞台,在最高领导层,终于发生了一场就局势是否已失控的激烈争论……导致官方议程设置混乱的原因之二是戈尔巴乔夫政策的矛盾性。虽然戈尔巴乔夫对改革抱有坚定的决心,但是他没有一个明确的计划。他制定的许多政策都是自相矛盾的,它们在推行过程中都导致与预期相反的后果"。(侯丽军:《对苏联"公开性"改革中大众传媒的重新审视》硕士学位论文,清华大学,2007,第35-36页)

[2] 大卫·科兹、弗雷德·威尔:《来自上层的革命——苏联体制的终结》,曹荣湘、孟鸣歧等译,中国人民大学出版社,2008,第73页。

[3] "党—国精英并不是苏联政治舞台上的唯一角色。在他们支持亲资本主义联盟时,他们给了这一联盟争夺政权的能力,但他们不是这一联盟的唯一支持者,也不是第一个。苏联的知识分子是这一联盟的人。知识分子的一部分——经济学家——在亲资本主义联盟中起到的作用是如此重要,以至于他们足以构成单独一个团体。"(大卫·科兹、弗雷德·威尔:《来自上层的革命——苏联体制的终结》,曹荣湘、孟鸣歧等译,中国人民大学出版社,2008,第134页)

基本手段。但事实上，公开性是操纵社会思想的一种机制。自由主义力量利用公开性，组织了破坏苏联社会思想基础的有力行动。"民主的"大众传媒在歪曲苏联历史、损害共产党和苏维埃国家的活动家威信的同时，抛出了大量积压的负面信息，诋毁涉及苏联社会经济制度、社会主义和共产主义的一切。为了树立苏维埃国家制度的负面形象，使用所有能够利用的各种借口，其中包括自然灾难和人为灾难。

同时，在亚历山大·雅科夫列夫的主持下，苏联共产党形成的信息政策，置有关公开性的各种论述于不顾，距离自由地讨论紧迫的问题越来越远。于是，1899年3月13日《苏维埃俄罗斯报》发表了尼娜·安德烈耶娃捍卫苏联历史的一系列想法，包括反对对苏联历史的斯大林时期进行恶意中伤。但是，这篇文章和作者本人因捍卫斯大林主义很快就遭受到大众传媒的毁灭性攻击。从各个宣传工具燃起的这把火意味着：现在可以自由地批判苏联历史，但决不许自由地捍卫苏联历史。

已经改变了方针的大众传媒坚持塑造了一个"可怕的祖国"的形象，同时赞美美国和西欧国家取得的成就。他们越来越把资本主义想象成为一种理想的世界秩序模式。[1]

三、一律还是多样？

——走向市场化的媒体带来什么

与设计者的预期相反，"公开性"改革不仅没有带来真正的民主化，反而造成了意识操纵的效果。与群众脱离并在某种程度上有着真实或想象的独立利益的媒体知识分子在苏联解体前后成为媒体实际上最主要的掌舵人，关于"改革"的争论也因此变成了一种看似参与者众多实则发言者寥寥、看似严肃认真实则轻率感性的"游戏"。

随着"公开性"政策实施的深化，以及1990年6月《新闻法》公布，新闻审查制度终止，舆论不受检查，新闻管制基本被取消。这一阶段直到苏联解体前，媒体发行量有了惊人增长。在1985年还只有142万份发行量的《论据与事实》到了1989年发行量达到了2045万份，发行量上千万，甚至两千万的报刊

---

[1] 德·格·诺维科夫：《摧毁苏联的原因：俄罗斯进行的争论及一些结论》，载李慎明主编《历史在这里沉思——苏联解体20周年祭》，社会科学文献出版社，2011，第22页。

屡见不鲜。然而，在这样一种局面下，数量和种类都急剧膨胀的苏联媒体所带来的只是表面上的多元，而不是实质上的多样。短时间的媒体爆炸式繁荣所带来的是媒体负面效应的无限放大，这种负面效应又进一步加剧了人们思想的混乱、情绪化的想象以及对自身利益得失感的彻底丧失。

应该说，随着"公开性"改革后政府对媒体和舆论管制的不断减少，媒体越来越倾向于按照西方自由主义理论来观照和构建自身。在自由主义理论看来，媒介给政府和被统治者提供了一个互通有无的渠道，有助于一个社会澄清目标，阐明政策，协调行动，完善自我。[1] 而只有通过自由市场才能最好地达到这些目标。自由市场保证媒介作为一种中间人所应该具备的独立性，以产生广泛而包容的辩论。市场的自由允许任何人发表意见，这样就保证了所有重要的观点得以传播，各种来源的信息可以获得。因此，在"观点的自由市场"中，真理会在与谬误的竞争中自然胜出。在市场的作用下，真理同时还具有自我修正的功效。[2]

且不论这种理论有多少是不切实际的哲学想象，在事实上，苏联媒体"自由竞争"和市场化的结果并没有给公众带来一个真正开放、理性的讨论平台。相反，运动式、短时间的改革，缺乏理性讨论的时间和空间，这些都使理论上的"观点竞争"变成了实质上的"情感竞争"。[3]

在实践中，新自由主义对自由市场的迷信所带来的恰恰是限制观点的自由流通和理性辩论的结果。正如詹姆斯·库兰所总结的，自由市场在实践中首先"限制了有效的出版自由"；其次，"减少了公共信息的流通，使人们变得不再见多识广了……销售最大化的市场压力，导致趣味性报道越来越多地代替了公共事务报道"；再次，自由市场"限制了公共辩论的参与度"，"许多信息丰富的报纸、杂志和电视频道特别迎合的是欧洲精英们的口味……市场巩固而不是

---

[1] 这正是"传播失灵说"所暗含的一个核心观念。

[2] 客观来说，资本主义初期的自由竞争阶段，市场化的媒体在一定程度上可以部分实现这种理论设想。但关键的问题在于：时移事易，以当代已经转变了的媒体为模板，而希望追求其历史上在某一特定条件下所发挥的功用、所推动的进步，岂不成了刻舟求剑、缘木求鱼？

[3] 对此，詹姆斯·卡伦的论述可谓精辟。卡伦分析了资本主义不同阶段媒体的功用后认为："如果说早期的报刊促进了公众参与到理性争论中去，那么新一代的大众传媒激发的是消费主义的冷漠症，把政治呈现为'奇观'，同时为受众提供了事先包装好的、通俗易懂的思想。简言之，媒体没能表达公众的意愿，而是成为操纵公众的工具。"(詹姆斯·卡伦:《媒体与权力》，史安斌等译，清华大学出版社，2011，第39页)。

挑战这种种的不平等";最后,"市场损害了明智而理性的辩论。市场导向的媒介所产制的信息是简单化的、个性化的、去情境化的、强调动作而不是过程,强调直观而不是抽象,诉诸刻板印象而不是人类的复杂性"[1]。

出版自由受限在苏联解体后体现得尤其明显,由于政府取消对媒体的补贴和纸张供应的不足,风靡一时的报刊、电台、电视台先后被新兴的寡头收购。而在苏联解体前,对发行量、收视率的追逐则让严肃的政治讨论成了一场空前绝后的"民主秀",简单化、极端化的表述充斥媒体,在决定国家前途命运的关键时刻,真正理性、认真的辩论反而付之阙如。于是,不仅公众受到种种有意无意的误导,而且公众的真实想法与呈现在媒体中的"舆论"也相互错位。本应理性的探讨成了一场针对过去和历史的极端情绪化的控诉和揭批:

> 不同政见的声音越来越出格。社会上各种各样的人,民族主义分子、立宪民主党人、无政府主义者甚至纳粹分子,都可以在报纸上发表言论……一时间,苏联新闻界出现了一个反常的现象:谁揭露阴暗面多,谁反对政府的声音强,谁的发行量就大,谁的收视率就高。追逐读者的错误需求成为许多媒体的一种重要的潮流。[2]

在情绪化表达的另外一面,则是媒体"去历史化""去情境化"[3]的特征所导致的思维的简单化。

诸多研究一再提示我们:西方资本主义国家的发展有其历史积累过程与现存世界体系的支撑。简单凭借西方现有的一套价值理论获得西方式的成功,只能是水月镜花。而"去历史化""去情境化",抽象讨论西方价值理念,而不是从自身历史和现实出发,其结果只能是对自我失去了最起码的自信,对历史失去了最基本的尊重。于是,最后的结果只能是:

> 等到1991年,当主流舆论千百次地重复苏共和苏联的社会主义实践是失败的、当各种媒体把党的领袖的形象抹得漆黑一团、当广大党员和人民群众把这些谎言和谬论误认为真理之后,面对苏共最高领导人宣布解

---

[1] 詹姆斯·库兰:《对媒介和民主的再思考》,载库兰主编《大众媒介与社会》,杨击译,华夏出版社,2006,第121-122页。

[2] 邵宁:《论苏联解体前后新闻控制的演变》,《新闻大学》2003年夏。

[3] 正如詹姆斯·卡伦所说:在所有建立宏大意识形态的过程中,对历史进行重新诠释是一种惯例。(詹姆斯·卡伦:《媒体与权力》,史安斌等译,清华大学出版社,2011,第70页)。

放共产党、推翻社会主义制度的危急时刻，还会有谁站出来捍卫共产党和社会主义呢？[1]

由此可见，即使我们把西方势力对苏联的"意识形态战"或者"心理战"的因素排除不论，媒体的市场化本身也会带来其在信息选择上的"系统偏差"。对此，著名文化社会学家布尔迪厄论述道：媒体"对那些难以察觉的变化，也就是对所有变化过程的忽视，使结构性的遗忘症后果倍增，加之得过且过的思维逻辑使然，以及不得不将新奇（独家新闻）与重要混为一谈的竞争需要，迫使记者们特别是那些日报的记者们去制造即时性的、前后割裂的世界景象。由于缺少时间，尤其是缺少兴趣和信息，他们不可能将一个个事件置放在事件所处的整个关联系统中去考察，让事件本身真正为人所理解"[2]。

应该说，媒体的这种"系统偏差"对苏联解体这样一个在短暂时间内不断纷繁变化的重大事件来说，具有决定性的意义。民众因此迷失于种种表象，而难以真正理解正在发生的事情究竟是什么。这也最终造成了民众对事态发展的种种"无力"与"冷漠"。

总之，"舆论失控说"是从政府对媒体和舆论的控制角度来解释问题，而"传播失灵说"则着重于长时段的传播不畅给社会治理带来的灾难性后果。苏联的改革是一个系统工程，正如侯丽军所论述的，某种程度上，"公开性"改革有其必然性和必要性。因此，关键性的问题并不在于政府该不该放松对舆论的控制，或者要不要解决由于信息传递不畅所可能带来的诸多麻烦，关键性的问题在于"公开性"改革或者放松媒介管制的目的究竟是为"谁"赋权，如何真正让公众成为理性讨论国家各项事务的主体，如何真正恢复"知识分子"和公众之间的"有机联系"。此外，如何克服媒体市场化取向所必然带来的种种弊端，真正让媒体成为民众理性讨论和协商的平台，而不是通过诉诸民众的情感和媒体自身的局限来实现某种"操纵"，这也值得人们认真思考。

正如汪晖所说，解决这一问题，打破知识生产的既有逻辑，需要这样一种"重建主体"的政治实践：

> 我认为仅仅追问"底层能否说话？"这样的问题是不够的。这个问

---

[1] 罗伊·麦德维杰夫：《苏联的最后一年（增订再版）》，王晓玉、姚强译，社会科学文献出版社，2009，第219页。

[2] 皮埃尔·布尔迪厄：《新闻与政治》，载《关于电视》，许钧译，南京大学出版社，2011，第143页。

题的提出必须有以下的前提，即在底层与对底层的表述或表述底层的知识人之间存在着一种既定的二元关系。对我而言，这一二元关系是真实的，但也仅仅是在针对特定情境时——例如我们现在置身的情境——是真实的。20世纪中国革命提供的经验之一恰恰是将这两个原本的确相互区别的社会阶层组织在同一个运动中，正是这一"运动"取消了"底层能否说话？"这样的问题。

……　……

运动取消了工人和知识分子之间的鸿沟，使他们成为"我们"……通过实践，各群体在运动里面打成一片，构成了新政治的主体。这种运动的实践是主体生成的条件，在这样的运动和实践中，"再现"的问题、"代表"的问题已经不能表达知识分子和底层的关系——真正要问的是具体的实践的问题，是不同的人通过运动而创造出一个政治主体的问题，而不是"底层能否说话？"的问题。[1]

（本文发表于《新闻与传播研究》2013年第2期，收入本书时略有改动）

---

[1] 汪晖：《别求新声——汪晖访谈录》，北京大学出版社，2010，第42页。

附三：素质问题还是职业危机：新闻伦理困境的再思考
—— 一种职业社会学的视角

当下中国，热点事件走马灯似的变换。每当这些热点事件退潮，事件背后的媒体渐次显露出来时，人们往往发现，事件的真相与媒体的呈现并不一致。新闻道德问题由此成为聚焦点。比如，唐慧案引发的关于媒体责任的讨论。[1]

道德作为一种社会制定或认可的行为应该如何规范，具有正确与错误之分。显然，当人们提及新闻道德时，实质上谈论的是如何树立一种正确的规范。而这种讨论，确切来说，就是新闻伦理。作为一种职业伦理，新闻伦理同样是"以一定的社会原则和规范为指导，依据社会分工形成的职业活动特点，概括和阐述（新闻）职业活动中的具体道德行为规范，研究和评价（新闻）职业行为的伦理价值"[2]。

换句话说，新闻伦理虽然与"一定的社会原则和规范"有关，但核心仍是新闻工作作为一种职业的"职业活动"和"职业行为"。另外，伦理道德的构建方式是"在各种歧异的价值观念和道德理论中寻求一些基本的共同之点"[3]，新闻伦理显然也应该是新闻行业的从业者在价值观和道德理念上长期形成的某种"共识"。

由此观之，审视和讨论新闻伦理不可能脱离新闻职业自身的发展演变，以及新闻从业者对这种"共识"的建构过程，但不无遗憾的是，多数有关新闻道德和新闻伦理的研究还落脚在媒体人个人的素养、责任和担当，而缺乏更为宏大的结构性和历史性的视野。

本文试图将关注的目光从个人转移到新闻职业的历史，以及新闻职业与社会其他部分互动的过程，以此为起点，重新审视当下的新闻伦理问题。

---

[1] 刘鹏、江海伦：《粘合社会还是撕裂社会？：〈南方周末〉"唐慧案"报道引发的思考》，《新闻记者》2013年第9期。

[2] 郎劲松、初广志：《传媒伦理学导论》，浙江大学出版社，2007。

[3] 何怀宏：《伦理学是什么》，北京大学出版社，2002。

一、作为一种社会建构的新闻伦理

1978年，被誉为"当代美国最具影响力的媒介社会学学者之一"的迈克尔·舒德森出版了其第一部著作《发掘新闻：美国报业的社会史》。在这部名著中，舒德森深入地刻画了美国新闻业的核心理念"客观性"的诞生和发展，揭示了政治、经济、文化和技术结构对新闻业和传播理念的建构过程。

舒德森在书中指出："新闻业对客观性的信念不仅关乎我们应信赖何种知识，同时也是一种道德观，关乎我们在进行道德判断时应遵从何种标准。"[1] 事实上，"客观""平衡"等新闻业的核心理念同时也是新闻伦理的基石，正是它们使新闻伦理与其他职业伦理以及大众伦理区别开来。

不只是新闻业，任何一种现代的"专业性"职业，其职业伦理都与这个职业"合法化"的建构过程联系在一起——它既是某种"专业"获得合法地位的"象征"和结果，也内在于合法化的过程本身。

在西方社会学的研究中，"职业"的意义在于："使一个行业的职业自主性与从业者所享有的声望在社会中获得合法性"[2]。可以说，对于专业性职业来说，"职业自主性"和"社会声望"是其两大核心。而某种职业之所以能够实现这种"自主性"，享有较高的"社会声望"，关键在于这样一种声称，即某一职业的从业者"对某些事务具有较他人更多的知识，尤其是对其客户的事务具有较客户本人更多的知识"。也因此，该职业的从业者得以"以知识服务于权力"，从而带来社会对其的赋权，即"社会通过给予职业共同体直接的社会控制权力而实现其对这一共同体间接的社会控制"。[3]

可以说，在某种意义上，职业伦理是为实现这种专业化技能的垄断和提高这一职业的社会声誉，从而实现其职业主体性而服务的。它与职业群体以及某一职业群体自身的利益密切相关。换句话说，它通过一方面内在的、对职业群体成员的自我约束，另一方面外在的、对公众服务和公众利益的强调，不断巩固和强化其"职业自主性"和"社会声望"，并最终实现从业者的共

---

[1] 迈克尔·舒德森：《发掘新闻：美国报业的社会史》，陈昌凤、常江译，北京大学出版社，2011。

[2] 刘思达：《职业自主性与国家干预——西方职业社会学研究述评》，《社会学研究》2006年第1期。

[3] 刘思达：《职业自主性与国家干预——西方职业社会学研究述评》，《社会学研究》2006年第1期。

同利益。

从这个角度看,职业伦理具有强烈的保守性和排他性。由于其最终目的是实现群体的集体利益,那么,一旦有外在群体或环境变化,威胁到其对于"知识"及"专业化技能"的垄断,存在降低其"职业自主性"和"社会声望"的可能,那么,"职业伦理"就可能成为从业者手中用于抵抗的有力"盾牌"。

由新闻集团"窃听丑闻"所引发的英国报业监管问题就是一例。新闻集团旗下《世界新闻报》的"窃听丑闻"短时间内将多家英国报纸牵涉其中,在时任英国首相卡梅伦推动下,包括保守党和工党在内的英国三大主要政党就报业监管条例方案达成一致,表示"将按照皇家宪章设立一个独立的报业监管机构。该机构具有对媒体罚款和要求媒体道歉的权力"。但这一监管机制受到英国各大报纸的联合反对。在英国报纸协会(Newspaper Society)代表全国和地方报纸发表的声明中,英国报业给出的理由是英国政府发表的皇家宪章"受到许多国际媒体自由机构的谴责",且"赋予了政客在监管报业方面大大的干预权力"。

施拉姆曾经给出在传媒实践中发生伦理问题的四个范畴,第一个就是"自由"——"这种自由应能抵制所受到的不同来源的挑战"[1]。反观英国报业对政府加强监管的反弹,其采取的主要策略就是诉诸媒体自由的伦理信条,暗示这种监管会损害媒体的自主性,进而影响媒体监督政府的重要职能。一定意义上,英国报纸协会援引这种职业伦理来反击的正是政府援引隐私权等公众伦理试图对之加强的监管。

把新闻伦理作为一种社会建构,去除其赋予自身的普遍、永恒的玫瑰色彩,我们对于当下新闻伦理上出现的种种"困境"就能品出不同的味道。

二、当前新闻伦理问题的一般性根源

新媒体新技术的出现像一股大潮,冲击着传统新闻业的方方面面。新闻伦理也不例外。"人人"时代的到来取消了职业记者与业余报道间的技术障碍,也使新闻产品在更深的层面实现了全球流动。当前,传统媒体在日常实践中面临的全新伦理挑战大多在此。

---

[1] 郎劲松、初广志:《传媒伦理学导论》,浙江大学出版社,2007。

（一）新的加入者、新的呈现方式、新问题

"公民记者"和"自媒体"对传统新闻业带来的最大冲击来自重大突发事件。其中，媒体越来越依赖"在场"的公众。公众拍摄的业余图像和视频成为这些重大事件中第一甚至唯一信源。上次新闻界所受到的类似震动还是海湾战争期间 CNN（美国有线电视新闻网）的全球新闻直播。这种巨大变化自然直接冲击了传统的新闻伦理观念。《视觉传播》（*Visual Communication*）杂志专门组织了一组关于"影像伦理"的专题讨论，其中，Blaagaard Bolette B.[1] 讨论了移动手机影像中的伦理问题——当有偏见的、感性的人成为某种信息传播的中介时带来怎样的伦理困境，探索"在数字新闻和传播时代，人体能否作为真实性的证据和标志"。

由于"公民记者"的出现，有激情、有态度、有偏向的个人成为"第一报道者"，一方面，这打破了西方某个机构垄断全球重大突发新闻事件报道的沉疴旧疾；另一方面，报道者在"报道"和"传播"事实的同时，也给这种事实赋予了某种解释和定义。由于这些报道者未经任何"专业"训练，在报道时自然难以遵循传统的职业伦理。

另外，传统媒体基于吸引更多受众、增加经济收入的目的而引进的较大范围的公众参与，也被认为可能带来对公正、客观等原则的破坏。如 Marie Gillespie [2] 研究了 BBC 的 G710项目，认为公开讨论包含政治性内容的节目很容易被极端意识形态的宣扬者和破坏者所绑架，因此，节目"或许可以向所有人开放"，但最终的新闻产品则"不能是无所不包的"。

（二）从技术手段到核心理念

虽然有研究表明，"自媒体"和"公民记者"的出现在某种程度上巩固和进一步实现了传统的新闻职业伦理。如 Serena[3] 发现，与报纸记者依赖外部消息来源不同，公民记者倾向于使用更多非官方的消息来源和观点。也因此，更

---

[1] Blaagaard Bolette B.," Post-human Viewing : a discussion of the ethics of mobile phone imagery," *Visual Communication* 12, no.3(2013) : 359-374 .

[2] Marie, G. ," BBC Arabic, Social Media and Citizen Production : An Experiment in Digital Democracy before the Arab Spring," *Theory, Culture & Society* 30, no.4 (2013):92-130.

[3] Serena, C.,"How Online Citizen Journalism Publications and Online Newspapers Utilize the Objectivity Standard and Rely on External Sources," *Journalism & Mass Communication Quarterly* 85, no.3 (2008) : 531–548.

少以精英为中心进行议程设置，更少呈现来自精英们的观点。而这有利于媒体为公众提供更为"平衡"的信息和观点。

还有相当一部分研究表明，传统媒体人充分注意到了"公民记者"对新闻从业者这一群体所可能带来的破坏性效应。如 Elizabeth Blanks Hindman 和 Ryan J. Thomas [1] 借助对美国83家报纸社论对于维基解密的有关评论，观察传统媒体与新媒体之间的冲突。作者注意到美国传统新闻业对维基解密的态度显示了"新""旧"媒体对于"什么是新闻"的不断扩大的分歧。随着媒体边界的模糊化，"该由谁来决定公众应该知道什么和不知道什么"成为争执的焦点。

联系到前文提到的职业作为一种"专业"得以成立的发展史，"对某些事务具有较他人更多的知识，尤其是对其客户的事务具有较客户本人更多的知识"是一个专业的底色与核心。新闻行业同样如此，无论是否承认，作为"把关人"，记者们自认为自己比公众本身更清楚什么样的信息对公众最为有益。绝大多数美国主流报纸的社论都认为维基解密所泄露的信息很可能危及国家安全。即使拿到这样的信息，主流报纸也不可能将之公之于众。

维基解密之所以引起同样以"揭丑"著称的传统媒体的一致抵制，不仅在于二者秉持不同的原则、理念——传统媒体的"瞭望者"和"看护人"身份与"公民记者"坚守的公开、对等、共享的网络"圣经"，更在于以维基解密为代表的"公民记者"的行为直接冲击了传统媒体人"比公众更懂得公众"的声称和宣誓，从而动摇了传统新闻业安身立命的"自主性"和"社会声誉"，动摇了其存在的合法性和社会地位。伦理问题，再一次扮演了"盾牌"与"尖刀"的角色。

（三）全球化与地方化

新媒体新技术不仅给传统新闻业带来挑战，事实上，它冲击了几乎所有专业性的职业，包括律师、医生等。公共和私人的界限越来越模糊，更易获取的网络知识使"专业和专家，默会的和经验的、知识和技能的重要性，所有这些面临更大挑战"[2]。研究表明，各种专业性职业事实上已经出现了更少个人化、

---

[1] Elizabeth, B.H., Ryan, "J.T.When old and New Media Collide: The Case of WikiLeaks," *New Media & Society* 16, no.4 (2013): 541-558.

[2] Julia, E., "Professionalism: Value and Ideology," *Current Sociology Review* 61, no. 5-6 (2013): 778-796.

更强组织化的发展趋势（参见下表）。

组织专业主义 （Organizational Professionalism）	职业专业主义 （Occupational Professionalism）
来自工作组织中的管理者的控制性对话不断增长	建构在专业群体中的对话
合于理性规则的权威运用形式	学院性的权威
标准化的流程	对工作的审慎的和职业性的控制
权威和决策的等级化结构	从业者得到客户和雇主的双重信任
管理主义（Managerialism）	从业者（自我）控制（约束）
制度、目标设定与绩效评价的责任制和客观化形式	由机构或协会监管的职业伦理
与韦伯式的组织方式（官僚制）有关	基于涂尔干作为道德共同体的职业模式

（表中是以知识为基础的专业主义的两种不同形式，来源于 Julia, E. "Professionalism: Value and Ideology"）

新闻业同样如此。一项基于欧洲六国、关于职业记者和公民新闻的经验研究表明，面对公民新闻的冲击，传统媒体记者对自身合法性的声称，更多来自新闻工作的集体或团队性特征，但在早期，新闻专业主义的建构强调的则是个人主义以及个人的自主权。[1]

组织化、机构化的发展趋势，使民族国家在新闻业以及其他各类专业性职业中扮演的角色越来越重要。民族国家"通过为专业工作颁发许可、制订实践的标准和法规，作为专业教育的保证人，以及为专业人士及从业者提供的服务买单，以此确保其合法性"[2]。

可以说，新媒体新技术在一定程度上打破了专业性职业对"知识"的垄断，这促使包括新闻业在内的专业性职业不断强化与国家的联系，甚至将民族国家作为另一种替代性的权力来源。这使新闻伦理的内核不断显现出地方化的特点。

另外，新闻的全球竞争、信息的国际流动，在经济上，只有以更广泛的伦

---

[1] Henrik, Ornebring, "Anything you can do, I can do better? Professional Journalists on citizen journalism in six European countries," *The International Communication Gazette* 75, no.1(2013):35–53.

[2] Julia, E., "Professionalism: Value and Ideology," *Current Sociology Review* 61, no. 5-6 (2013): 778-796.

理标准来采制新闻，才能进入更大的市场，获取更多收入，即所谓"市场的国际化要求重新定义传统的专业管辖权"[1]；在政治和文化上，只有更加声势浩大地宣扬所谓"普世价值"和"普世伦理"，才可能得到不同文化和不同地区受众的同情。

这种同时产生的地方化（或者国家化）与全球化的趋势形成了一种巨大张力，从而带来新闻伦理在"名"与"实"上的背离和扭曲。近年来，中国受众已经深刻感受到了新闻伦理上越来越突出的"双重标准"。以饶谨的"Anti-CNN"（四月网）为代表，这种反抗更多地以民间的方式来自真正洞悉真相而又获得了发声可能的"公民们"。这又从另一个角度反证了行业利益和新闻伦理间的暗通款曲。

三、新闻伦理的"地方性"问题

除普遍性问题外，当前中国新闻伦理方面的种种混乱失序，还与中国新闻行业的独特性以及中国发展的独特阶段有关。

（一）新闻伦理兼具内部生成和上部灌输的双重特点，从业者自我约束力不足

在很多新兴职业中，职业意识并不是完全内生的，而是被"从上部"灌输或赋予的。在这种情况下，关于这种职业的标准化的价值概念，就成为一种意识形态工具和机制，以用来劝服从业者按照对组织、机构更为有益的方式行事。在这种情况下，由于认同感不足，职业意识——其中最主要的便是职业伦理和职业规范——对从业者的约束作用便会减弱。

与西方相比，中国的新闻业不仅出现的时间较晚，且出现了断裂，种种迅疾变化带来了严重的时空压缩。客观来看，职业意识和职业理念的"内部生长"缓慢艰难，且各种传统间也时有矛盾。由此，来自"上部"或"外部"的伦理标准成为新闻业主导性的标准。

这种规范在前认同在后的逆向过程使中国的新闻伦理高度依赖从业者所在机构及外部环境，而不是从业者的自我约束。不仅如此，就一些具体问题来说，新闻从业者不断试探所在机构的底线，甚至与所在机构达成某种妥协。

观察我国加强新闻从业人员职业道德建设的努力，从"三项学习教育"

---

[1] Julia, E., "Professionalism: Value and Ideology," *Current Sociology Review* 61, no. 5-6 (2013): 778-796.

到"走转改",再到国家新闻出版主管部门加强岗位培训、采取统一考试、严格准入制度的举措,种种外部的努力正是为了破解从业者自我约束能力不足的窘境。

(二)新媒体外衣下的商业逻辑与炒作文化

就全球来说,"自媒体""公民记者"等新兴传播主体的加入对原有的新闻伦理普遍带来了方方面面的影响。前文提到西方的一些研究表明,新媒体背后是一种与传统新闻伦理不同的网络文化和网络价值观。但就我国来说,由于微博、微信等"社交媒体"被赋予了更为强烈的大众传播的内涵,怀揣各种不同目的的传播主体借助新兴传播手段服务于自身利益,新媒体上呈现出的伦理问题显得尤为复杂。

从近期曝光的几起"网络大V"传播虚假不实信息乃至造谣、传谣来看,谣言的传播者并没有什么宏大的价值信念,相反,谣言传播者所追求的不过是一种彻底的商业炒作——通过虚假不实信息吸引眼球,进而实现个人利益。就新媒体来说,无论怎样夸大其所带来的"颠覆性"甚至"解放性"影响,本质上,新媒体是将"商业"和"资本"作为其核心推动力,在混乱的伦理背后是清晰的商业逻辑。

某种程度上,作为一种"专业性"职业,新闻业的职业自主性要求其远离各方面的干涉和影响,从而保持某种"独立"。但在中国新闻从业者自我约束力较弱的现实背景下,新闻伦理受到商业逻辑和炒作文化腐蚀的威胁显然要严重得多。

(三)社会转型带来的混乱减弱了新闻行业自我约束的动机

从职业社会学的角度看,职业伦理的核心作用是要证明这一职业存在的"合法性"。在一种稳定的社会结构下,一个行业或职业需要通过不断的自我约束来维持社会或公众对这个职业或行业的信心,反之,就会遭到来自社会的多种惩罚。而在转型社会中,由于各方面的尺度不一、乱象频现,来自公众和社会的压力无形中减退。由此,来自职业群体内部的惩罚措施亦隐而不彰。

当前,由于缺乏坚定的核心价值体系,传统媒体惯于以单一的经济维度分析新媒体所带来的威胁和挑战,要么与新媒体面对面地争夺眼球,为此不惜改变新闻报道的焦点和结构,要么将"自媒体"和"公民记者"作为降低成本、吸引受众的手段,在"UGC"(用户生产内容)的名义下减少了最广大的公众对于新闻生产的有效参与。

在不少媒体看来,"硬新闻"不再是争夺的焦点,"因为人人拥有采集发布动态新闻的设备、渠道和能力,很多原来不成其为新闻的'故事'、街头巷尾的琐事也在包装后以'新闻故事''民生新闻'的面貌出现"[1]。同时,"在传统媒体所极力倡导的民生新闻、公共新闻的实践中就已经暴露出来的农民话语权缺失问题,不但在公民新闻的进程中没有得到改善,而且有愈演愈烈之势。"[2]对新媒体的应对和"利用"事实上形成了一种"结构"上的偏向与失衡,从而对传统媒体原有的新闻伦理形成了更深层次的冲击。

四、新闻伦理呼唤"底部重建"

回到文章标题所指明的疑问:当下中国的新闻伦理困境究竟是从业者个人的素质问题还是一种职业危机?答案似乎已经很清楚。作为一种与新闻职业有关的社会建构,新闻伦理既面临着全球性的危机,也有着鲜明的"中国特色"。换句话说,新闻伦理的困境更多的是结构性而非个体性的。因此,也只有从结构而非个人着手,才可能为当前的伦理困境寻求根本的解决之策。

(一)尊重职业伦理的"内生性"特征,在为之从外部树立"准则"和"规范"的同时,通过适度提高从业者的"自主性",培养其职业自尊心和自豪感

职业伦理是一个行业长期形成的"默会"的知识和准则,是一种自然的"生成"过程。新闻伦理问题不是简单地对从业者进行教育的问题,甚至不是个人的职业道德和职业素养的问题。就中国新闻业来说,作为一个知识性行业,不能以行政性的"规范""准则"代替新闻职业伦理的构建。在根本上,它只能来自新闻作为一个行业本身的良性发展。在这种良性发展中,不断沉淀下优秀的传统和理念,形成从业者对于职业伦理的自觉认同。

在操作上,这一方面需要认可新闻业的专业性特点,给予媒体一定的"自主",以及某种程度上"自治"的权力和机会;另一方面需要不同的媒体机构从自身做起,强化自身的传统培养和伦理建设,在此基础上,逐步形成共同的

---

[1] 刘丹凌:《困境中的重构:新媒体语境下新闻专业主义的转向》,《南京社会科学》2012年第2期。

[2] 张羽、赵俊峰:《我国公民新闻的发展现状与问题》,《西北大学学报(哲学社会科学版)》2007年第3期。

准则。

（二）在严格执行媒体分类管理的基础上，鼓励部分公益性媒体与市场以及具体的政府部门保持适度距离，坚决遏制以市场逻辑统御新闻伦理的不良趋向

当前，新闻伦理正处于市场逻辑前所未有的包围之中。新媒体本身就是市场的产物，而传统媒体也惯于运用市场逻辑应对新媒体的种种挑战。新闻行业的良性发展，绝不应是简单地一味商业化、产业化。离开文化事业的合理发展，单纯追求文化产业的发展繁荣并不现实。媒体只有在某种程度上脱离市场的逻辑，或者与市场逻辑保持适度距离，才可能生发出自己的逻辑，真正形成具有一定的自主性和认同感的职业伦理。就与市场保持距离来说，西方的公共电视等制度设计，原理上就是为了避免媒体全面彻底地卷入市场逻辑，确有值得学习和借鉴之处。

（三）深入研究新媒体的文化特点和价值内涵，以开放的心态吸收网络文化精神，逐渐形成一套新旧媒体共享的伦理标准

客观来说，当前传统的新闻记者正面临前所未有的"大变局"：记者们很可能不再是重大事件，尤其是重大突发事件的"第一报道者"；传统的设备和技术优势不断减弱；信息发布的垄断地位荡然无存。一句话，新闻记者原有的在"知识"和"专业化技能"方面的微弱优势已经消失。从普遍意义上讲，新闻行业的"合法性"及其伦理标准面临新的危机。

然而，一种职业的伦理标准并不是一成不变的。传统新闻业只有抱着开放的态度，不断融合各种新媒体、新技术合理的价值和伦理内核，才能在变化了的环境中形成一种新的、适应社会变化的伦理标准，在新的历史背景下履行新闻行业的历史使命。

（本文刊发于《新闻爱好者》2013年第11期，人大复印报刊资料《新闻与传播》2014年第3期全文转载）

后 记

一直以来，我都对一个韦伯式的问题着迷：今天中国的新闻业是何以可能的？当然，这并非认为当代中国的新闻业形势一片大好，而是想表达，今天中国新闻业中一些恒久不变的精神气质从何而来？这些精神气质包括，无论主流媒体还是所谓市场化媒体中普遍存在的家国情怀，在官方意识形态和从业者中普遍保有的对底层百姓的关心、对深入实际调查研究的倡导，还包括对新闻的专业化和大众化之间的长久争论——中国有着全球数量最多的，以培养新闻从业者为鹄的的新闻院系和新闻专业，也有历史悠久的通讯员制度和全党办报、群众办报的传统，等等。

饮水思源。回答这些问题，找出今天始终在回响的历史声音，不能不从起点处开始。本书讨论了近代中国新闻业源起端的实践，这一时期，近代报纸在中国刚刚诞生，以报纸为核心的现代传播系统正在形成，这一现代传播系统与输入式现代化、弱肉强食的丛林世界合成了一场飓风，给予万物重新定位。这是一种动态的生成，它的机理完全不是某年某月某人首次创办某报那么简单。我想了解的是：是一个怎样的人或者群体，在一个什么样的历史时期，办了一份怎样的报纸？报纸给人们呈现出一个怎样的媒介化世界？谁是报纸的读者？报纸与当时的社会政治发生了怎样的互动？如此种种，就像古代的炼金术士一样，我想知道，漫长的发展会留下怎样的传统，从而构成我们今天所有新闻活动的历史前提和精神框架。

在不舍昼夜的历史长河中，任何尝试都只能是取其一瓢。本书就代表了这种初步的努力。

本书脱胎于我的博士论文，但与最初的论文已经有很大的不同。感谢我的导师，清华大学李彬先生的悉心指导。泰戈尔说："谢谢火焰给你光明，但是不要忘了那执灯的人，他是坚韧地站在黑暗当中呢。"李彬先生总是把学生和后辈学人推向前台，而把学术的明灯高高举过头顶。感谢中国人民大学王润泽教授，王教授不仅慨然应允为本书赐序，他所提倡的新闻史的实践史研究也给了我很大的启发和强大的心理支撑——这种重在考察新闻与社会互动,并在这种互动中重构世界和重建自身的实践史研究,可能更为接近新闻社会学的真谛。